CELEBRANDO A VIRGILIO PIÑERA

Editores

Matías Montes Huidobro

y

Yara González Montes

TOMO I

Título: Celebrando a Virgilio Piñera
Editores: Matías Montes Huidobro y
Yara González Montes
Diseño de cubierta: Arcadio Ruiz-Castellano
http://www.arcadioruiz-castellano.com
Fotografía de cubierta: © Mario-García Joya
Diseño interior y maquetación: Jorge Mota
Editorial: Plaza Editorial, Inc.
Primera Edición, 2013

ISBN-13: 978-1482635232
ISBN-10: 1482635232

www.plazaeditorial.com
plazaeditorial@email.com

CELEBRANDO A

VIRGILIO PIÑERA

ÍNDICE

DRAMATURGAS

NUEVAS VERTIENTES DE LA DRAMATURGIA CUBANA DE LA DIÁSPORA

OTRAS PERSPECTIVAS TEATRALES

JOSÉ TRIANA CELEBRANDO A VIRGILIO

TEORÍA Y PRÁCTICA DEL TEATRO CUBANO

CELEBRANDO A VIRGILIO

Enero 12-15 2012. The University of Miami

Evento cultural organizado por el Instituto Cultural René Ariza, con el patrocinio de la Universidad de Miami (Cuban Heritage Collection, Cuban Digital Theater Archives), y el co-patrocinio del la Revista Caribe, (Marquette University y The University of North Florida) Project Zu, Pro Teatro Cubano. Los días 12, 13 y 14, las actividades del congreso se desarrollaron en el Wesley Center, College of Arts and Sciences, 1210 Stanford Drive, University of Miami. Las actividades del día 15 se llevaron a efecto en el Cuban Heritage Collection, Otto G. Richter Library, University of Miami.

Coordinadores: Matías Montes Huidobro, Presidente, ICRA. Yara González Montes, Lesbia O. Varona, Yvonne López Arenal, Mario García Joya, Lilliam Manzor y Orlando Rossardi.

Excepto los montajes teatrales, todas las actividades culturales del congreso estuvieron abiertas al público sin costo alguno. Se aceptaron donaciones en tres categorías: Patrocinadores (de $150 en adelante) Participantes (desde $50) Amigos (hasta $50). Las donaciones a nombre del Instituto Cultural René Ariza se utilizaron para cubrir gastos del congreso. Las donaciones a nombre de Pro Teatro Cubano han sido destinadas para cubrir parcialmente los gastos correspondiente a la publicación de estas memorias bajo el título de "Celebrando a Virgilio Piñera", editadas por Pro Teatro Cubano.

TEORÍA Y PRÁCTICA DEL TEATRO CUBANO DEL EXILIO, CELEBRANDO A VIRGILIO, HA SIDO UN PROYECTO DEL INSTITUTO CULTURAL RENÉ ARRIZA.
LA PUBLICACIÓN DE LAS MEMORIAS DEL CONGRESO BAJO EL TÍTULO DE *CELEBRANDO A VIRGILIO PIÑERA*, HA ESTADO A CARGO DE PRO TEATRO CUBANO.

Para información gráfica sobre el congreso entrar en
http://www.matias-montes-huidobro.com/

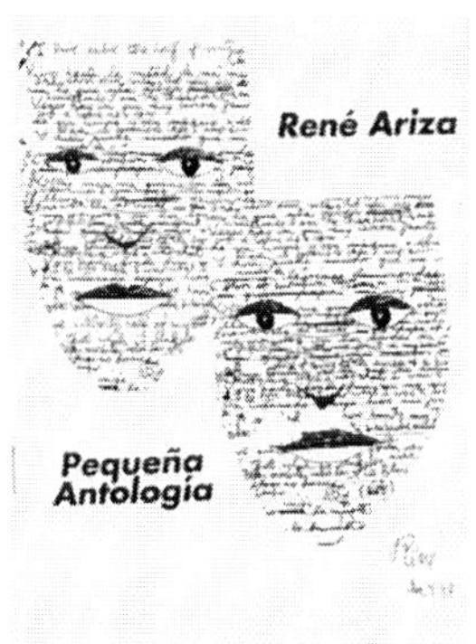

Diseño de René Ariza

INSTITUTO CULTURAL RENÉ ARIZA

Desde la fecha de su fundación en 2005, el Instituto Cultural René Ariza, (ICRA), que fuera creado en memoria de este dramaturgo cubano, actor, director y pintor, cuya vida y obra se vuelven representativas de los avatares de la vida cubana contemporánea, ha tenido como objetivo fundamental promover el teatro cubano del exilio. Ese mismo año estableció el Premio René Ariza, destinado a reconocer sistemáticamente la trayectoria de destacadas personalidades, dramaturgos, críticos y artistas, que han dejado su huella en nuestra cultura, otorgándoselo sucesivamente a José A. Escarpanter (2005-2006), Matías Montes Huidobro (2006-2007), Julio Matas, Nena Acevedo y Mario Martín (2006-2007), Pedro Monge Rafulls (2008-2009), Francisco Morín y Teresa María Rojas (2009-2010), Raúl de Cárdenas, Héctor Santiago y Magaly Boix (2010), Manuel Reguera Saumell, Iván Acosta y Miriam Lezcano (2011), llevando a efecto además una serie de lecturas dramáticas con el fin de divulgar la dramaturgia del exilio, incluyéndose entre ellas: cuentos del propio René Ariza, *Si de verdad uno muriera* de José Abreu Felippe, *Gaviotas habaneras* de Yvonne López Arenal, *Los acosados* de Matías Montes Huidobro, *El plan de las aguas* de Maricel Mayor Marsán, *Dile a fragancia que pienso en ella* de Raúl de Cárdenas, *La diva en la octava casa* de Héctor Santiago, *La visita* de Orlando Rossardi, *Los siervos* de Virgilio Piñera, *El vestido rojo* de José Corrales, *Flores no me pongan* de Rita Martin, *Siempre tuvimos miedo* de Leopoldo Hernández, *Lina* de Marcos Miranda, *El hueco en la pared* de Jorge Carrigan, *Rezando por el enemigo* de René Santeiro, *Las monjas* de Eduardo Manet, *Triángulos obtusos* de Julie de Grandy, *Las vidas del gato* de Pedro Monge, *Una rosa para Catalina Laza* de Rosa Ileana Boudet, *Gas en los poros y La Madre y la Guillotina* de Matías Montes Huidobro, *Los días del milagro* de Mario Martín, *Fuerte como la muerte* de Daniel Fernández, *El Mayor General hablará de teogonía* de José Triana. ICRA logra establecer en el corto período de cinco años una trayectoria única, no igualada anteriormente, como agente destinado a dar a conocer esta dramaturgia, gracias al apoyo de otras instituciones, como el Cuban Heritage Collection y Ediciones Universal, donde se entregaron los premios en 2011, y agrupaciones teatrales, como *Cámara Oscura, Miami Teatro Studio y Havanafama,* donde estas lecturas tuvieron lugar.

Fotografía cortesía de Asela Torres

LESBIA ORTA VARONA

Dedicamos esta edición a Lesbia Orta Varona, que merece especial reconocimiento por haber hecho posible la celebración de este congreso y por su monumental contribución a los estudios de la dramaturgia cubana, gracias al trabajo que por años ha venido desarrollando como bibliotecaria del Ritcher Library de la Universidad de Miami, y su silenciosa labor al ofrecer su ayuda personal y directa a todos aquellos investigadores que se acercan al Cuban Heritage Collection en la búsqueda de información y documentos sobre la literatura cubana. Esto incluye, intelectuales, profesores, artistas, residentes en Miami o en cualquier parte de los Estados Unidos, y por extensión en cualquier lugar del mundo, incluyendo Cuba, interesados en realizar investigaciones sobre la cultura cubana.

En el año 1988, Lesbia Varona nos hizo llegar un número de la revista *Tablas* donde aparecía *Un arropamiento sartorial en la caverna platómica,* acompañado de un artículo de Rine Leal sobre esta obra. En estos momentos, Yara y yo habíamos fundado Editorial Persona en donde habíamos publicado *Los negros catedráticos* de Francisco Fernández, *Siempre tuvimos miedo* de Leopoldo Hernández, *Ceremonial de guerra* de José Triana, *Recuerdos de familia* de Raúl de Cárdenas, *Las hetairas habaneras* de Corrales y Pereiras y mis obras *Funeral en Teruel* y *Exilio.* Al unísono, empezamos a publicar la revista *Dramaturgos,* y organizamos el primer *Seminario de Teatro Cubano* celebrado en el exilio, que se llevó a efecto durante dos consecutivos fines de semana, julio 29-30-31 y agosto 5-6, que resultó un éxito, con el mismo concepto de teoría y práctica de las artes escénicas que ha animado a "Celebrando a Virgilio".

Fue Lesbia Varona la persona que resolvió el problema de la sede donde llevar a efecto este seminario en el Brockwall Lecture Hall de la Universidad de Miami Library, auspiciado en su conjunto por la Biblioteca y el Instituto Superior de Estudios Cubanos de la Universidad de Miami, la Casa de la Cultura Cubana que dirigiera el carismático Guillermo Hernández, y Editorial Persona, que dirigíamos Yara y yo. Un verdadero suceso comunal en el cual participaron, periodistas, críticos, actores y actrices, académicos, directores y escenógrafos, en lo que fue una exitosa celebración colectiva, en homenaje a Virgilio Piñera y Carlos Felipe, teniendo lugar lecturas dramáticas de escenas de *El chino* y *El travieso Jimmy,* de Carlos Felipe, *Las hetairas habaneras* de Corrales y Pereiras, *Sombras* y *Siempre tuvimos miedo* de Leopoldo Hernández, y en particular, por primera vez, escenas de *Un arropamiento sartorial en la caverna platómica*, de Piñera, con la actuación de Orlando Varona, Marcos Casanova, Manolo de la Portilla, Celia Do Muiño y Lizaida Montes.

Otro tanto hizo cuando en el 2006, Orlando Rodríguez Sardiñas, Yara y yo organizamos *Celebrando a Martí,* del 26 al 28 de mayo del año 2006, en que gracias a la intervención directa de Lesbia Varona, se hizo posible que las actividades del mismo se llevaran a efecto en el Koubeck Memorial Center de la Universidad de Miami.

A todo esto habría que agregar los premios anuales que ha concedido el Instituto Cultural René Ariza, cuyos actos se han llevado a efecto mayormente en el Cuban Heritage Collection, gracias al patrocinio del Ritcher Library de la Universidad de Miami, el apoyo de su directora Esperanza O. de Varona y las gestiones de Lesbia Orta Varona.

Finalmente, con su apoyo, dada las dificultades de encontrar una sede idónea para el mismo, fue Lesbia la que dio los pasos necesario donde esta celebración se llevó a efecto.

AGRADECIMIENTOS

En primer término a la Universidad de Miami por haber sido la sede del congreso, al Cuban Heritage Collection y al Cuban Digital Archives y en particular a Lesbia Varona, referencista y bibliógrafa por todas sus gestiones para que este proyecto se hiciera realidad. Muy en especial también a Manny López que hizo posible la participación de José Triana como dramaturgo invitado y a Arcadio Ruiz-Castellanos por los diseños gráficos que sirvieron para divulgar el evento electrónicamente y la subsiguiente publicación del programa; a Akuara Teatro por servir de sede teatral de la conferencia; a Max Barbosa, asesor de publicidad, por divulgar el evento por diferentes medios electrónicos y llevar a efecto entrevistas de los participantes. Mención especial merecen las agrupaciones teatrales, Akuara Teatro y Havanafama, los directores José Manuel Domínguez y Valentín Álvarez Campo, el Miami Dade College y el Teatro Prometeo, en la persona de la profesora Beatriz Rizk, coordinadora del homenaje a Julio Matas, el actor Orlando Varona, y a los restantes equipos de actuación y luminotecnia, por las lecturas dramáticas que se llevaron a efecto, así como Teatro en Miami Studio, por darle espacio dentro del contexto del Tempfest a una conferencia con lectura dramática de textos de Virgilio Piñera. Agradecemos también la divulgación por vía electrónica a *cubaencuentro, teatroenmiami.com* y otros enlaces, a la revista *Baquiana*, y a publicaciones de la prensa, la divulgación de "Celebrando a Virgilio" en sus páginas impresas o electrónicas. Agradecemos también a los profesores Isabel Álvarez Borland, Rita Geada, Luis F. González Cruz, Armando González-Pérez, por haber presidido sesiones académicas; al equipo del Cuban Heritage Collection que ofreció su ayuda en la recepción de los conferenciantes, formado por Gladys Gómez Rossie, Rosa Monzón y Meiyolet Méndez; y la cooperación de Enrique y Martha García, May Betancourt,

Ana Balske, Eugene Montes, Peggy Patterson, durante el transcurso de la conferencia. A los que habría que agregar, finalmente, la contribución de los productos Goya.

También queremos agradecer las donaciones de patrocinadores, amigos y participantes:

Patrocinadores: *Revista Caribe,* Marquette University, Raúl y Olga Chao, Ileana González Monserrat, Rolando D.H. Morelli y Kurt Findeisen, Editores, *La gota de agua.*

Participantes: Iván Acosta, Magaly Alabau, Antonio Aiello, Diana Alvarez-Amell, Alejandra Cossio, Isabel Alvarez-Borland, Max Barbosa, Jesús Barquet, Lourdes Betanzos, May Betancourt, I.Carolina Caballero, Pilar Cabrera, Yolanda y Armando Cobelo, Uva de Aragón, Julie De Grandy, Marcelo Fajardo, Luis González Cruz, Mirza González, Olympia González, Maricel Mayor Marsan, Jorge Luis Morejón, Julio Hernández-Miyares, Kirsten Nigro, Ada Ortuzar-Young, Teresa María Rojas, Antonio Orlando Rodríguez, César Salgado, Phyllis Zatlin.

Amigos: Madeline Camara, Raúl de Cárdenas, María Beatriz Gutiérrez, Jorge Chen Chan, Rita Geada, Luis Jiménez, Angelica Kosberg, Héctor y Zoila Romero.

Esperamos no haber incurrido en ninguna omisión, que en todo caso, ha sido involuntaria.

PROGRAMA

JUEVES 12

De 9 a 9 y 30: Bienvenida, inscripción y desayuno

De 9 y 30 a 12:00

Palabras de apertura y bienvenida: Matías Montes Huidobro, Presidente, ICRA

Esperanza B. de Varona, Directora, Cuban Heritage Collection

Lesbia Varona, Referencista y bibliógrafa, Cuban Heritage Collection,

Presentación sobre The Cuban Heritage Collection.

Lillian Manzor, Archivos del Teatro Cubano, University of Miami

Presentación sobre los Archivos Digitales del Teatro Cubano

Conferencia de apertura:

Emil Volek, Arizona State Universiy

"Memoria del porvenir: la "familia cubana" en el ciclón de la historia en *La recurva* de *José Antonio Ramos".*

Monólogo de Lalo: *La noche de los asesinos* de José Triana.

Dramatización: Orlando Varona

Palabras de Matías Montes Huidobro dándole la bienvenida a José Triana.

DE 1:00 a 2:00 TEATRO COMPLETO DE JOSÉ TRIANA

Presentación del *Teatro completo* de Triana a cargo de Fabio Murrieta, *Editorial Aduana Vieja,* José Triana, Enrico Mario Santí y Matías Montes Huidobro

De 2:00 a 4:00 DRAMATURGOS CUBANOS DE LA DIÁSPORA

Preside: Yara González-Montes, Prof. Emérita, Univ. of Hawaii

Julio E. Hernández-Miyares, Prof. Emérito, Kinsgborough Community College (CUNY):

"Ramón Ferreira: *El hombre inmaculado:* un punto de partida"

Olga Connor, *El Nuevo Herald:*

"Julio Matas: de actor a dramaturgo"

Olympia González, Loyola University Chicago:

"Reimaginar el exilio según Raúl de Cárdenas"

Ileana Fuentes, Consultora Cultural, Museo Cubano/Cuban Museum:

"El teatro de Iván Acosta"

I Carolina Caballero, Tulane University:

"Madres, tiranas y rebeldes: los personajes femeninos en la obra de Pedro Monge Rafuls"

Rodolfo Martínez Sotomayor. Editor, *Editorial Silueta:*

"La importancia de llamarse Ernesto"

De 4:00 a 6:00 VIGENCIA DE JOSÉ TRIANA

Preside: Isabel Álvarez-Borland, College of the Holy Cross, Massachusetts

Armando Chávez Rivera, University of Houston, Victoria:
"Juegos de muerte: incomunicación, fragmentación e irracionalidad en la dramaturgia de Triana"
Jorge Chen Sham, Universidad de Costa Rica:
"Del ritual y la fiesta popular en *Revolico del Campo de Marte:* una visión desenfadada y escéptica de las revoluciones"
Marcelo Fajardo, Mary Washington University:
"Medea entre máscaras y espejos"
Kirsten Nigro, University of Texas, El Paso:
"A más de treinta años de distancia: una relectura de *La noche de los asesinos:* texto y representación"
PALABRAS DE JOSÉ TRIANA

VIERNES 13

De 9 a 11:DRAMATURGAS CUBANAS DE LA DIÁSPORA
Preside: Isabel Álvarez-Borland, College of the Holy Cross, Massachusetts
Ada Ortúzar-Young, Drew University:
"Diáspora y mujer en la dramaturgia de Dolores Prida"
Luis Jiménez, University of Tampa:
"Imágenes de la mujer en *Gravitaciones teatrales* de Maricel Mayor Marsán"
Josefina Leyva. Profesora, ensayista, novelista:
"Seis mujeres en un siglo de evolución creciente: *Feminas* de Julie de Grandy"
Elvira de las Casas. Periodista, escritora, artista plástica:
"El teatro de Yvonne López Arenal"
Waldo González López. Profesor, ensayista, teatrólogo:
"Nostalgia y crítica en la dramaturgia de Cristina Rebull"
De 11:00 a 12:00 En memoria de Gertrudis Gómez de Avellaneda.
Recordando a José Escarpanter y a dramaturgos cubanos fallecidos
Lourdes Betanzos y Matías Montes Huidobro. Textos de René Ariza en la voz de Orlando Varona
De 1:00 a 3:00 DIVERSIDAD Y CAMBIO
Preside: Rita Geada, Profesora Emérita, Southern Connecticut State University
Maida Watson, Florida International University:
"El tema del paraíso perdido en el teatro cubano del exilio"
Uva de Aragón, Profesora Emérita, Florida International University:
"Nostalgia de las dos orillas:
Una cosita que alivie el sufrir de René Alomá y *El baile* de Abelardo Estorino"
Mirza L. González, Profesora Emérita, De Paul University:
"Escapismos, la fuga del alma y escaramuzas fantasmales en el teatro de Nilo Cruz"
Beatriz Rizk, Miami Dade College:

"José Yglesias: el cronista de Ybor City"
Yara González Montes, Profesora Emérita, University of Hawaii:
"Fama, discriminación y muerte en el teatro de Manuel Martín"
Magali Alabau. Poeta, actriz, fundadora de *Teatro Dúo:*
"Teatro Dúo"
De 3:00 a 5:00 ENFOQUES MÚLTIPLES
Preside: Uva de Aragón, Profesora Emérita, Florida International University
Pedro Monge Rafuls, Editor, *Ollantay*
"La presencia negra en el teatro cubano"
Armando González-Pérez, Marquette University:
"Teatralidad, africanía y exilio en *Tirando las cartas* de Matías Montes Huidobro"
Jason Meyler, Marquette University:
"No todas las carcajadas son iguales: un análisis del humor en el teatro de Iván Acosta"
Phyllis Zatlin. Profesora Emérita, Rutgers University
"Traducción del teatro cubano: un verdadero rompecabezas"
Ernesto Fundora, *Editorial Tablas-Alarcos:*
"Tras los pasos de *Electra Garrigó:* heroínas griegas de la diáspora"
Lourdes Betanzos, Auburn University:
"José Corrales y Virgilio Piñera:
una relación intertextual entre *Las hetairas habaneras* y *Electra Garrigó"*

SÁBADO 14

9:00 a 11:00. Preside: Ada Ortúzar Young, Drew University
Lillian Manzor, University of Miami:
"Virgilio Piñera en las tablas de los Estados Unidos"
Wilma Detjens-Montero, Keiser University, Florida:
"Self-Consumption and Humor in the Works of Virgilio Piñera"
Ileana Zéndegui, Barry University:
"La *nada* como continuidad y arraigo"
Oscar Montero López, Gulliver Preparatory School, Florida:
"Implicaciones políticas en *Una caja de zapatos vacía"*
José Prats Sariol. Narrador y crítico literario. "El peso de su *Isla"*
César A. Salgado, University of Texas, Austin:
"Nota(s) sobre los poemas que Virgilio le dedicó a Lezama"
De 11:00 a 12:00. Preside: Jesús J. Barquet, New Mexico State University
Alejandro Armengol, *El Nuevo Herald:*
"Elogio a los cobardes"
Francisco Soto, College of Staten Island, City University of New York:
"(La) *Persecución* de Reinaldo Arenas:
enlaces extratextuales e intertextuales con la vida y obra de Virgilio

Piñera"
De 1:00 a 2:10 Preside: Armando González-Pérez, Marquette University
Pilar Cabrera, Augusta College:
"Salida teatral: medios masivos y melodrama en el teatro de Virgilio Piñera"
Diana Álvarez-Amell, Seton Hall University:
"Electra deja la tragedia"
Jesús J. Barquet, New Mexico State University:
"Vanguardia teatral y tradición literaria en el Virgilio Piñera de *Ejercicio de estilo* y *El trac"*
De 2:10 a 3:20 "Virgilio (Piñera) : un guía dantesco"
Preside: Rolando D. H. Morelli, Director Ejecutivo, "Ediciones *La Gota de Agua"*
Aida Beaupied, Chesnut Hill College:
"Empatía por alienación en la poesía de Virgilio Piñera"
Morbila Fernández, University of Arizona:
"Electra Garrigó y la familia cubana en el ojo del huracán"
Rolando D. H. Morelli, Director Ejecutivo, Ediciones *La Gota de Agua:*
"Virgilio en la carne viva de René: dos ediciones, dos contextos del degollamiento"
De 3:20 a 4:30 Preside: Yara González Montes, Profesora Emérita, University of Hawaii
Séverine Reyrolle, University de Paris Ouest Nanterre La Defense:
"Virgilio Piñera et le théâtre à son miroir français"
Andrew Bennett, University of Texas, Austin:
"El materialismo en Pedro Juan Gutiérrez y Virgilio Piñera"
Antonio José Aiello, College of Charleston:
"Virgilio Piñera a la sombra de los clásicos: un precursor de la literatura postmoderna"
De 4:30 a 6: 00 Preside: Matías Montes Huidobro, Profesor. Emérito, University of Hawaii
Jorge Luis Morejón, University of West Indies:
"*Electra Garrigó, Aire Frío y Una caja de zapatos vacía:* de esta orilla"
Ernesto Fundora, Casa Editorial Tablas-Alarcos:
"Todo Piñera teatral:
Itinerario de la Edición del Centenario del *Teatro Completo* de Virgilio Piñera"
Luis González-Cruz. Prof. Emérito, Pennsylvania State University:
"Virgilio Piñera en la encrucijada de la revolución"
David William Foster, Regents Professor of Spanish, Arizona State University:
"Instancias *queer* en *Dos viejos pánicos* de Virgilio Piñera"

DOMINGO 15

The Cuban Heritage Collection, University of Miami, Otto G. Richter Library

De 9:00 a 10: 00

LOS DRAMATURGOS CUENTAN SU HISTORIA

Iván Acosta, Pedro Monge Rafuls, Ernesto García, Raúl de Cárdenas, Jorge Carrigan

De 10:00 a 11:00

LAS DRAMATURGAS TIENEN LA PALABRA

Julie de Grandy, Yvonne López Arenal, Maricel Mayor Marsán, Cristina Rebull, Uva de Aragón

De 11:00 a 12:00

DOS GRANDES DIRECTORES CUBANOS: DUMÉ Y MORÍN

RECORDANDO A DUMÉ

Julie de Grandy y Rafael Mirabal

FRANCISCO MORÍN ENTRE NOSOTROS

Yolanda Cobelo

De 1:00 a 3:00

TODO PIÑERA

Preside: Luis González-Cruz

VIRGILIO PIÑERA EN VIVO

José Triana, José Prats Sariol, Rafael Mirabal, Mario García Joya, Julio Matas

UNA CAJA DE ZAPATOS VACÍA, ELECTRA GARRIGÓ Y AIRE FRIO

EDITORES, DIRECTORES, INTÉRPRETES Y CRÍTICOS

Alberto Sarraín, Teresa María Rojas, Laura Zarrabeitia, y Olga Connor

De 3:00 a 3:30

DOS GRANDES ACTRICES CUBANAS

Preside: Yara González Montes

TERESA MARÍA ROJAS Y NATTACHA AMADOR

De 3 y 30 a 4:00

CIERRE:

Yara González Montes, Lesbia O. Varona, José Triana, Matías Montes Huidobro

LECTURAS DRAMATIZADAS

JUEVES 12

APERTURA TEATRAL

8:00 p.m. Lectura dramatizada de "Electra Garrigó" de Virgilio Piñera. Adaptación de Matías Montes Huidobro. Dirección: Miriam

Lezcano Brito,
Elenco: Belkis Proenza, Yvonne López Arenal, Carlos Alberto Pérez, Christian Ocón, Lian Cenzano. Una producción de Akuara Teatro.

VIERNES 13

Pro Teatro Cubano: Homenaje a José Corrales (Wesley Hall)
De 5: 00 a 6:00 *Nocturno de cañas bravas* de José Corrales. Lectura dramatizada. Adaptación: Matías Montes Huidobro. Director: José Manuel Domínguez. Asistente de dirección: Marangeli Franco. Elenco: José Antonio Salinas (Enrique), Luis Naleiro (Oberón), Carlos Ortiz (Sergio) e Yvette Kellems (La Pasante). Con la participación de Kurt Findeisen tocando la flauta japonesa ("shakuhachi")
Homenaje a Julio Matas: *Juegos y rejuegos*
NOCHE: 8 y 30. *Teatro Prometeo*. Miami Dade College (Downtown)
Actividad coordinada por Beatriz Rizk
Con la participación de los dramaturgos: José Triana y Matías Montes Huidobro.
Lectura dramatizada bajo la dirección de Beatriz Rizk.
El cambio: Elenco: Sarah Luz-Córdoba, Boris Alexis Roa.
Tonos: Elenco: Luis Fuentes, Pablo Guillén, Luis Martínez, Rosa Méndez, Claudia Quesada, Lisset Riera
Juego de damas. Elenco: Danly Arango, Cristina Ferrari, Hanna Ghelman

SÁBADO 14

Una propuesta de Valentín Alvarez Campo en Akuara Teatro
9:00 Lectura dramatizada de *Dos viejos pánicos* de Virgilio Piñera.
Dirección: Valentín Alvarez Campo.
Elenco: Daisy Fontao y Jorge Ovies

DOMINGO 15

7: 00 Una producción de " Havanafama" en "Akuara Teatro"
El pasatiempo nacional de Raúl de Cárdenas.
Dirección: Juan Roca. Elenco: Juan Roca, Jorge Ovies, Isaniel Rojas y Tamara Melián.

PALABRAS PRELIMINARES

Celebrando a Virgilio: entre la gestación y el resultado.

Matías Montes Huidobro
Presidente, Instituto Cultural René Ariza

Sirva el título previo[1] para encaminar estas reflexiones sobre "Celebrando a Virgilio". Cuando en el 2011 se me pidió que asumiera la presidencia del Instituto Cultural René Ariza, ofrecí bastante resistencia, pero finalmente acepté la invitación. A partir de ese momento sentí la necesidad de hacer algo significativo como presidente del ICRA, y tan pronto me di cuenta que en el año 2012 se cumplía el centenario del nacimiento del dramaturgo cubano Virgilio Piñera, por mi condición de dramaturgo e investigador del teatro cubano, de escritor exiliado por ya más de medio siglo, y en particular, por el hecho de ser cubano, que antecede y preside todas las otras razones, decidí llevar a cabo la propuesta del congreso *Teoría y práctica del teatro cubano del exilio: "Celebrando a Virgilio".* Como soy más impulsivo de lo que parezco (las cosas que se piensan demasiado muchas veces no se hacen), y no me gusta estar sin hacer nada, no lo consideré dos veces (sin darme cuenta del trabajo que iba a darme) y la di a conocer el 25 de junio, durante la presentación del tomo IV de la serie *Cuba detrás del telón.* Realmente, dado el primer paso, era muy difícil dar marcha atrás, aunque hubo momentos en que tuve ganas de hacerlo.

Además, los términos ya estaban establecidos, incluyendo la propuesta de que se trataba de un "congreso", que pude haber limitado a coloquio, simposio, conferencia, o algo así; pero tratándose de Virgilio Piñera, pues no era para menos, y como

---

1 El presente trabajo, ahora con los correspondientes cambios, se publicó en una versión original en *Baquiana, Revista Literaria.* Anuario XIII, 2011-2012, 333-338

"congreso" habría de quedarse. Ya en el 2006, como presidente de *Pro Teatro Cubano,* entre Yara González Montes, Orlando Rossardi y yo, con la colaboración directa de Lesbia Varona, que hizo las gestiones necesarias para conseguir la sede del mismo, organizamos con considerable éxito, un congreso conmemorativo del natalicio de José Martí (el primero en Miami), "Celebrando a Martí". Muchos años atrás, en 1985, Yara y yo coordinamos "Language and Culture East and West Conference", en la Universidad de Hawai, que resultó francamente descomunal y nos sirvió de entrenamiento, a los que tendríamos que agregar más de treinta años de experiencia participando y presentando comunicaciones en conferencias universitarias de este carácter.

Todos los restantes términos estaban intencionalmente seleccionados a partir del nombre que le dimos, a fin de tener una meta bien definida, destacando en particular la "teoría" y la "práctica" que nos motivaba, una de mis más definidas obsesiones en relación con el teatro, debida en parte a mi doble condición de dramaturgo y crítico. Si bien la "teoría" cumplió sus metas con creces, las dificultades de llevar a efecto montajes teatrales y principalmente el costo que los mismos implican, nos obligó a limitar la "práctica" a cinco lecturas dramatizadas gracias a la cooperación de diferentes grupos dedicados a las artes escénicas en la comunidad, y de acuerdo con la tradición establecida desde hace varios años por el ICRA. Correlacionar la dinámica escénica con la investigación textual ha sido uno de los objetivos, logrado en parte pero no en toda la medida que yo hubiera querido. Celebrar a Virgilio es un ejercicio de poder cultural (tanto en Cuba como fuera de Cuba), una herencia común y un legado colectivo a un escritor del que somos deudores, sin barreras geográficas, históricas, políticas o ideológicas; razón de ser de la existencia de aquellos que asumimos una responsabilidad dentro del movimiento dramático nacional, que se superimpone a la adversidad histórica y la intolerancia, circunstancias impuestas por la historia.

Pero si bien el teatro cubano es uno solo, los avatares históricos han creado una división en el ser nacional y en su cultura, incluyendo la teatral, que no ha terminado todavía, sin contar las internas que se desarrollan dentro del contexto de cada una de las dos orillas, que son no menos dañinas: la fórmula del "divide y vencerás" que tanto daño nos ha hecho. Estas divisiones y las circunstancias políticas, ideológicas, geográficas y de otra naturaleza, que impiden que los cubanos puedan convivir de una forma normal, libre de visados y pasaportes, implica la imposibilidad de reunir a *todos* los cubanos en un mismo espacio, inclusive dentro de las mejores intenciones, lo que trae como consecuencia a su vez, lamentablemente, que el exilio, la diáspora, incluyendo el eufemístico y aparentemente inocuo término de emigración, siga separándonos; separación que es un hecho anómalo y patológico impuesto por la historia. De ahí que el término "teatro cubano" resulte incompleto, obligando a una clarificación adicional: la realidad física (dejando al margen todas las otras, que son muchas) impide que podamos "celebrar a Virgilio" *todos juntos*: dos palabras antagónicas de la vida cubana.

Comprendo que la propuesta resultaba, además, ambivalente (en el fondo, intencionalmente ambivalente), porque si de un lado era "Celebrando a Virgilio", del otro era "Teoría y práctica del teatro cubano del exilio", y ¿qué tenía que ver una cosa con la otra?

Mucho más de lo que a primera vista pudiera parecer. El teatro del exilio, hecho histórico con el cual yo me he comprometido profesionalmente desde el 27 de noviembre de 1961, fecha en que salí de Cuba, ha formado parte intrínseca de mi desarrollo como persona, escritor, ensayista y dramaturgo, y tan importante como mis trabajos sobre Piñera, están mis investigaciones, defensa y promoción de esta dramaturgia, y a favor de la cual he escrito muchos ensayos y sobre sus autores más representativos y artículos abarcadores de la participación de *todos* ellos en el movimiento dramático nacional ubicado en la diáspora[2]. Naturalmente, cuando salí de Cuba a fines de 1961, traía conmigo (desde 1951, cuando menos) las marcas indelebles de mi identidad nacional como escritor *cubano* (y permítaseme la redundancia), y muy particularmente como dramaturgo, dado los tres

---

2 Ver "El teatro cubano" en *Enciclopedia del Español en los Estados Unidos*. Madrid, España: Instituto Cervantes, 2009, 743-768

años de intensiva y fructífera labor teatral en Cuba entre 1959 y 1961. Sin embargo, la marginación sufrida por Piñera, desde sus inicios hasta nuestros días, que también lo marcó, establecía un vínculo adicional con el escritor, que aunque nunca se había ido de Cuba, sufrió un largo exilio interior que lo identificaba con la dramaturgia que se escribía en el destierro. Salvo el corto período de unos siete años después del triunfo revolucionario, Piñera ha sido un escritor tres veces marginado: por la República, por la Revolución y por el Exilio –cada una a su modo y manera.

Personalmente, además, Piñera es el dramaturgo cubano con cuya obra y las dificultades a las que tuvo que enfrentarse me siento más identificado, por la naturaleza de su teatro, la lucha que sostuvo para que sus obras se llevaran a escena o se publicaran, y un buen número de omisiones a las cuales estuvo sometido, relativamente reivindicado cien años después de su nacimiento. Precisado a mendigar la ayuda monetaria de los demás con el propósito de publicar lo que nadie le publicaba, de forma francamente humillante, y sometido a la ignorancia de los críticos, sube a escena "por amor al arte", gracias a Francisco Morín. No será hasta cuando llegue la revolución que empiece a ser colocado en un lugar que por derecho propio se merecía, estrene y se edite su incompleto *Teatro completo;* pero esto duraría lo que un merengue en la puerta de un colegio, cuando empiece a decir "no". Los principios coercitivos de que no se puede decir esto o aquello (que, por cierto, cobran creciente actualidad global), y hacer mucho menos, lo postergaron en la escena cubana, lo que explica la dimensión de su persona cuando nuestra propuesta afirma que Piñera es "la figura unificadora de la dramaturgia cubana cuya obra y vida trascienden los límites de insularidad y exilio", que me sirvió de guía para llevar a efecto este trabajo. La libertad del escritor no puede aceptar coerciones, ni implícitas ni explícitas, ni ahora, ni antes o después, aquí o allá, claudicaciones de menor o mayor monta, por razones religiosas o políticas, o de cualquier otro tipo, que restringen la libertad de decir esto o aquello; sin que por ello tengamos que insultar a nadie.

No es de extrañar que partiendo de este concepto totalizador de la cultura en general y del teatro en particular, el congreso abriera con una Conferencia Magistral de Emil Volek, profesor de Arizona State University, bajo el título de "Memoria del porvenir: la "familia cubana" en el ciclón de la historia en *La recurva* de José Antonio Ramos", porque nuestro proceso histórico y dramatúrgico parte de los Gonsálvez de la Rosa en *Tembladera,* hace crisis con la familia de la Maza en *La recurva,* y del realismo salta a la vanguardia con los Garrigó en *Electra Garrigó,* hasta hundirse en un proceso de eterno retorno con los Romaguera de *Aire frío,* y llegar al ulterior "discurso de las dos orillas", cubriéndose así el espectro total de una gran familia cubana mal llevada, que forma parte integral del teatro de Ramos y Piñera dentro de la panorámica total de las reflexiones de Volek.

Hay que tener en cuenta que el proceso cultural de una nación no se limita al presente histórico, sino a hechos que se van sumando (ibsenianamente) en una larga secuencia de causa y efecto donde una escena conduce a la siguiente, y un detalle en el último acto tiene su razón de ser en el primero, lo cual no excluye la entrada en escena de lo inesperado, que todo lo descompone (o parece descomponer) dentro de un engranaje preciso: la locura no siempre contradice a la razón porque muchas veces la reafirma. Por consiguiente, la trayectoria de Volek como punto de partida de esta "celebración virgiliana" funciona dentro de un recorrido coherente en la cual las diferencias de estilo no ignoran la identidad del planteamiento. La "pateadura" familiar va de *Tembladera* a *Aire frío* (que es pura dramaturgia de la República) de una paliza a la otra, de un ciclón a su recurva, de una crueldad a la que le sigue, de la que no escapará todo el teatro cubano que se escribe dentro o fuera de Cuba. También Ramos tuvo que pagar las consecuencias (inclusive hasta hoy en día) de no haberse puesto un tapón en la boca, atrapado en el vórtice huracanado de un criterio independiente.

Hay que tener en cuenta, además, que Piñera cubre una amplia gama de proyecciones de la estética teatral: absurdo y crueldad, expresionismo y brechtianismo, populismo y, con *Aire frío,* grotesco y realismo, colocándolo como antecedente de *todo* el teatro cubano a partir del 1959. No es casual, por consiguiente, que yo personalmente me empeñara en rendirle homenaje, y que José

Triana fuera, en una especie de metateatralidad a la que somos tan aficionados, también homenajeado en el contexto del homenaje piñeriano, entretejiéndose así, multifacéticamente, el escenario global de nuestra dramaturgia.

Desde la fecha de su fundación, y principalmente a través de lecturas dramáticas y premios otorgados anualmente, el *Instituto Cultural René Ariza*, ha sido enfático en divulgar y fomentar la labor creadora del teatro que ha tenido lugar y se ha desarrollado fuera de Cuba, ya que se trata de una comunidad teatral no participante en el quehacer dramático insular, a pesar de las señales de cambios del movimiento dramático nacional (y cuando digo nacional me refiero al que se desarrolla dentro y fuera del espacio insular). Aunque ciertamente hay indicación de subsanar las heridas recibidas, incluyendo textos (como ha hecho Tablas-Alarcos) que estaban en el "index" oficial de la cultura cubana de la Isla, las dificultades siguen siendo múltiples y los obstáculos muy difíciles de superar.

El énfasis por consiguiente "en el exilio" se debe a la experiencia histórica y al imperativo inmediato del ICRA, y al mismo tiempo a la necesidad de dejar constancia específica de un desarrollo de las artes escénicas fuera de la Isla, incluyendo a los dramaturgos que también "celebran a Virgilio". Al conmemorarse así el centenario de su nacimiento, nos encontramos que Piñera renace en el ser monocigótico de la historia cubana, como si fuera el contrapunto que nos une: esa dualidad de unos hermanos idénticos, gestados dentro de un mismo óvulo, que no pueden vivir juntos ni tampoco separados, esa dicotomía monstruosa de la cual no hemos salido todavía.

Por todas estas razones, la celebración se amplía con la "presencia" de dramaturgos claves de la diáspora a los que, implícitamente, se les rinde homenaje (un homenaje dentro del homenaje, una metateatralidad teatral, un teatro del espejo), y aunque no están todos, los que participan trazan una trayectoria, complementada con las comunicaciones que se presentaron en este evento: Julio Matas, Iván Acosta, Raúl de Cárdenas, Pedro Monge Rafuls, Ernesto García, Jorge Carrigan, que cubren varias generaciones y diferentes grados de participación, así como las dramaturgas Dolores Prida, Julie De Grandy, Yvonne López Arenal, Maricel Mayor Marsán, Cristina Rebull, Uva de Aragón; y muy en particular aquellos fallecidos en el destierro, a quienes también recordamos en estas memorias. Sin olvidar la crítica, representada en particular por José A. Escarpanter.

De ahí que "Celebrando a Virgilio" nunca tuviera criterios excluyentes de ningún tipo, tanto en cuanto a los enfoques interpretativos como a los conferenciantes que participaron en la misma. Aunque me dirigí personalmente a muchos investigadores de conocida trayectoria y a dramaturgos cubanos, cualquiera que fuera el lugar de residencia, el punto de partida trascendía todo contacto directo gracias a una circular que se distribuyó ampliamente, (incluyendo por la *internet),* fuera y dentro de los círculos universitarios donde profesionalmente me he formado, y en los cuales recibí un entrenamiento medularmente democrático y abierto, libre de simpatías o antipatías, cuyo único requisito consistía en una propuesta intelectualmente válida. No pretendía un "encuentro" donde se "encuentran" los ya "encontrados", sino los que no se han "encontrado" todavía, aunque siempre hay aquellos que prefieren no "encontrarse".

A estas consideraciones debe tenerse presente que el mundo universitario resultó un objeto adicional de "celebración" implícita, el cual contribuyó con su generosa presencia al éxito de la misma, porque sin la participación de estos intérpretes de las letras cubanas, como quedó demostrado, sencillamente la celebración no hubiera tenido la solidez intelectual que logramos alcanzar. Para los años setenta, Yara y yo empezamos nuestra actividad continuada y permanente en congresos universitarios, poniéndonos en contacto con una pléyade de investigadores, muchos de ellos específicamente entrenados en la interpretación del texto dramático, circunscrito en algunos casos al teatro latinoamericano y, a veces, concretamente, al cubano; estudiándolo y divulgándolo, trasmitiendo este conocimiento a sus alumnos y estableciendo coordenadas generacionales que han durado hasta el día de hoy. Si bien es cierto que un buen número de conferenciantes estuvo formado por especialistas que conocemos por nuestros muchos años de participación en la vida universitaria;

otro núcleo no menos importante estuvo integrado por aquellos que no conocíamos personalmente, siguiendo la norma de convocatoria pública abierta (que no está prefijada por los organizadores), dirigida a todos aquellos interesados en el tema, basada en un objetivo intelectual común más allá de edad, raza, sexo, nacionalidad o ideología política. Aunque estas aclaraciones podrían resultar superfluas, en el complejo contexto del caso cubano es imprescindible hacerlas.

Los exiliados cubanos han tenido la oportunidad única, como en ningún otro país, de integrarse a las fuerzas laborales de la enseñanza en los Estados Unidos, con beneficios prácticos y personales inmediatos, aprovechando a la vez la feliz coyuntura de poder divulgar la cultura cubana en un medio que constantemente se ha estado nutriendo del trabajo intelectual de los cubanos y viceversa. Desde el año 1959 se ha llevado a efecto un intercambio cultural intelectualmente fructífero para ambas partes, del cual muy poco se habla, y que está vigente hasta el día de hoy. Un recorrido por la nómina de conferenciantes que han participado en este congreso deja constancia de una extensa muestra de escritores y críticos cubanos, pertenecientes a diversas generaciones, incluyendo recién llegados, que constituye la prueba más importante de un intercambio cultural que ha tenido lugar entre Cuba y los Estados Unidos, firme, sin estridencias y sectarismos. Sin contar, naturalmente, los profesores norteamericanos (y sus alumnos) que han dedicado gran parte de su vida y de su tiempo, a estudiarnos.

Finalmente, la dinámica que se desarrolló el día del cierre, poco frecuente, con la participación de integrantes de la comunidad teatral de Miami, agentes directos en los montajes de esta dramaturgia (editores, dramaturgos, directores, actores, actrices y escenógrafos) le dio a "Celebrando a Virgilio" un carácter único, adquiriendo la convocatoria una textura de una naturaleza bien cercana al *performance,* a las que habría que agregar las lecturas dramáticas que se llevaron a efecto.

Este libro en dos volúmenes, "Celebrando a Virgilio Piñera", como el congreso donde se presentaron las comunicaciones, es una "memoria" sui generis, que rompe con los moldes más ortodoxos, en correspondencia con una convocatoria un tanto fuera de serie, que, para empezar, no estableció costo de inscripción tanto para los participantes como para el público, ni principios excluyentes de ninguna clase. Es por ello que los trabajos aquí reunidos tienen una diversidad que refleja la heterogeneidad de esta convocatoria. Fieles a la libertad de la escritura (y cada autor, naturalmente, es responsable del punto de vista de su propio texto), predomina la diversidad y la variedad, sobre la uniformidad, incluyendo la extensión y composición de las comunicaciones, integrando libremente la experiencia personal, el documento del quehacer teatral y hasta histórico, la dinámica periodística y escénica, y el más estricto rigor investigativo.

PALABRAS DE BIENVENIDA

ESPERANZA B. DE VARONA
Chair, Cuban Heritage Collection
University of Miami
Enero 12, 2012

Como Directora Titular de la Cátedra Esperanza Bravo de Varona de la Colección de la Herencia Cubana (CHC) de la Biblioteca de la Universidad de Miami, quiero darles la más cordial bienvenida a todos los que hoy nos honran con su presencia para conmemorar el centenario del nacimiento de Virgilio Piñera en 1912. Especialmente quiero darle la bienvenida a José Triana, el dramaturgo invitado a este congreso.

Hoy inauguramos el Congreso de Dramaturgia y Artes Escénicas: Teoría y Práctica del Teatro Cubano del Exilio con el lema de *Celebrando a Virgilio.* Piñera fue la figura de la dramaturgia cubana cuya obra trasciende los límites de insularidad y exilio.

Para quienes por primera vez nos visitan quiero informarles que la Colección de la Herencia Cubana ubicada en el Pabellón Roberto C. Goizueta incluye libros, cerca de 50,000, publicaciones periódicas, publicados y producidos en Cuba y fuera de Cuba desde el descubrimiento hasta nuestros días y material de archivo, que incluye manuscritos, mapas, carteles, tarjetas postales, fotografías, material audiovisual, memorabilia y cerca de 490 colecciones de papeles personales, de corporaciones y organizaciones. En nuestro website recientemente rediseñado, pueden encontrar nuestros fondos, muchos de ellos digitalizados, debidamente preservados y accesible a estudiantes, profesores, e investigadores interesados en la historia y cultura cubanas. Una de las colecciones más importantes es la Cuban Theatre Digital Archive, la única base de datos digitalizada de fuentes de información del teatro cubano (de Cuba y del exilio) que fue establecida por la profesora asociada de la Universidad de Miami Lillian Manzor en el 2004. Nuestra Colección de la Herencia Cubana ha sido reconocida internacionalmente como una de las más completas y mejores que existen fuera de Cuba.

THE CUBAN HERITAGE COLLECTION

LA COLECCIÓN DE LA HERENCIA CUBANA, UNIVERSIDAD DE MIAMI

Lesbia Orta Varona
Referencista y Bibliógrafa
Cuban Heritage Collection
Universidad de Miami

Conferencia ilustrada con imágenes procedentes de documentos que se encuentra en la Colección de la Herencia Cubana de la Universidad de Miami.

La Universidad de Miami está localizada en Coral Gables, ciudad que pertenece al Condado de Miami–Dade. Por su situación geográfica ha estado muy ligada a Hispanoamérica y especialmente a la isla de Cuba. En 1926, William Jennings Bryan concibió la idea de fundar una universidad en el sur de la Florida. La universidad surge como la Universidad Panamericana, que fue su primer nombre y abrió sus puertas el 15 de octubre de 1926, después que un fuerte huracán azotó a Miami en el mes de septiembre de ese año. Desde entonces ha mantenido relaciones con sus vecinos latinoamericanos y caribeños, pero especialmente con los cubanos.

El legado cultural que encierra la Colección de la Herencia Cubana, cuyas puertas están abiertas a todos los investigadores en la historia, la cultura y las letras cubanas, es de un valor incalculable, como muestra la trayectoria que paso a desarrollar a través de una serie de imágenes que ilustran visualmente esta presentación. En el Edificio San Sebastián en Coral Gables (una de las siete ciudades que forman parte del Condado Miami-Dade) se abrió la U.M y luego se convirtió en un edificio de apartamentos. En 1928 se inscribe en la UM el primer estudiante latinomericano: una joven cubana, Carlota Sarah Wright, de Santiago de

Cuba.

Los vínculos con la tradición universitaria y cultural con Cuba son muy estrechos, de ahí que comience esta presentación con una vista a la Plaza Cadenas de la Universidad de La Habana, que tiene a la derecha el edificio de la biblioteca. También nuestros archivos contienen materiales de múltiple naturaleza, incluyendo deportivos, de las que dejan constancias muestras gráficas de nuestra colección: En noviembre de 1926 el equipo los "Caribes" de la Universidad de La Habana se enfrenta a los "Huracanes" de la Universidad de Miami en Miami y en la Navidades de ese año ambos equipos jugaron en el estadio de la Universidad de La Habana. La Universidad de Miami, abrió sus puertas a profesores de la Universidad de la Habana que formaron parte de la facultad de la U.M.: Juan Clemente Zamora, Luis A. Baralt, Alberto del Junco y Antonio Sánchez de Bustamante. En 1933 a la caída del gobierno de Gerardo Machado, más de 70 estudiantes de la Universidad de La Habana se inscribieron en la Universidad de Miami y entre ellos estaba Dolores Martí que más tarde fue profesora de teatro hispanoamericano en Cuba y en el exilio y que nos donó sus papeles personales, incluyendo programas de obras en las cuales participó, que hoy forman parte de la Colección de La Herencia Cubana.

Al fundarse la Universidad de Miami, se abre la biblioteca y los primeros trescientos libros que recibe como donación son libros sobre Latinoamérica, pero especialmente sobre cultura e historia de Cuba. Más tarde con la donación de Otto G. Richter se construye una nueva biblioteca para el nuevo recinto universitario donde actualmente se encuentra. Durante el masivo éxodo de cubanos a principio de la década del '60 se incorporaron a la biblioteca dos bibliotecarias cubanas, Ana Rosa Núñez y Rosita Abella, que fueron las pioneras de esta Colección. Después de muchos años agregando y coleccionando material cubano, al fin nuestro sueño se hace realidad y el 28 de enero de 2003 se inaugura el Pabellón Roberto C. Goizueta construido gracias a donaciones de tres cubanoamericanos: Elena Díaz-Versón Amos, la Fundación Goizueta (la mayor donación) y la familia Fanjul.

Aunque no se nos oculta que a los efectos de la publicación, el texto que aquí aparece se queda corto con respecto a la información en pantalla que tuvo lugar durante la presentación, quede la siguiente referencia para darnos una idea de la diversidad de documentos con los cuales dispone nuestra colección.

Período colonial

Nuestra colección es rica en materiales de los distintos períodos de nuestra historia, como puede apreciarse en la siguiente información del período colonial. A modo de visión panorámica de lo que esto representa, recogemos algunas imágenes significativas:

1. Edición príncipe y definitiva de la novela *Cecilia Valdés,* el máximo homenaje de Cirilo Villaverde al pueblo cubano, que se conserva en nuestros archivos, publicada en Nueva York, imprenta El Espejo, 1882. Villaverde estuvo treinta y tres años desterrado y por el amor a su patria escribe esta gran novela costumbrista que se convirtió en el símbolo de la nación cubana y que termina a los setenta años. La primera parte de la novela fue originalmente publicada en La Habana en 1839.

2. Nuestra colección cuenta con una edición de la *Historia física, política y natural de la Isla de Cuba* de Ramón de la Sangra, publicada en París por A. Bertrand, 1839-1856 [i.e. 1857] 12 vs., rica en ilustraciones, entre las cuales se halla la del tocororo, pájaro nacional de Cuba.

3. Entre la valiosa documentación relacionada con la prensa colonial se encuentra "La charanga", uno de los muchos periódicos ilustrados por Landaluce, y "El negrito" , publicación extremadamente rara sobre la esclavitud, de la cual sólo se conoce el primer número.

4. Diario manuscrito de los hechos ocurridos durante el ataque a la ciudad de La Habana en 1762 por la marina inglesa, que culminó con la toma de La Habana en agosto de 1762.

5. Foto de un grupo de cubanos con José Martí en un acto celebrado en Tampa, Florida, para recaudar fondos para la independencia de Cuba.

6. Fotografía conocida como "Mambises a la carga" tomada en 1895 y donada por María Gómez Carbonell, primera mujer elegida al Congreso de Cuba.

7 Reproducción del mapa original que se encuentra en el Museo Británico de Londres, extraída de un atlas publicado en 1592. Apareció en blanco y negro, siendo coloreado más tarde.

8 Poema escrito en Nueva York el día de Navidad de 1892 y enviado a Angelina de Miranda como regalo de Navidad. Angelina era hija del Dr. Ramón de Miranda, médico de Martí, casada con Gonzalo de Quesada, fundador junto con Martí del periódico "Patria", publicado en Nueva York, que tiene la particularidad de estar escrito en tres idiomas.

9 Copia del "Pacto del Zanjón" o Tratado de Paz de la Guerra de los Diez Años entre el ejército español y el ejército mambí.

10 Carta de Maceo fechada el 5 de diciembre de 1896. Probablemnte esta fue la última carta firmada por el general dirigida al General Aguirre, el cual la recibió la noche del 7 de diciembre, cuando ya Maceo había muerto en campaña.

11 Receta manuscrita de cómo hacer un daiquirí, escrita por Jennings Cox, quien se casó a fines de 1898 con Isabel Ramsden, cubana nacida en Santiago de Cuba. Se conocieron en el barco donde viajaban desde New York a Santiago de Cuba. La donante era biznieta de Isabel Ramsden.

Período republicano

Algunas muestras de los materiales correspondientes al período republicano son las siguientes, ampliándose de este modo el marco histórico y literario de nuestra colección:

1 Constitución de la República de Cuba: La Habana, Tipografía "El Fígaro", 1901. Al final del libro aparecen las firmas de las miembros de la Convención Constituyente, siendo la primera la de Domingo Méndez Capote, presidente de la misma.

2 Revista *El Fígaro.* Portada donde aparece don Tomás Estrada Palma, primer presidente de la República de Cuba.

3 Manuscrito del libro *Areré Marekén* escrito por Lydia Cabrera e ilustrado por la gran pintora rusa exiliada en París, Alexandra Exter, que fue profesora de Lydia Cabrera y de Amelia Peláez. De este libro se publicó hace relativamente poco en México, una edición facsimilar. El libro estaba listo para publicación desde 1930.

4 Carta autografiada de Fidel Castro escrita desde su celda en la prisión de Isla de Pinos y dirigida al periodista Luis Conte Agüero.

Período revolucionario

El carácter diverso de la información gráfica que sigue, deja constancia de la multitud de opciones al alcance de nuestros investigadores, desde la cultura popular hasta aspectos muy específicos de la investigación literaria:

1 Álbum de postalitas para niños con la historia de Fidel y la Revolución.

2 Carta autografiada de José Lezama Lima a su hermana Eloísa, la cual hizo entrega de más de cien cartas personales del célebre escritor José Lezama Lima a la Colección de la Herencia Cubana el 23 de mayo de 2001. Las cartas fueron enviadas entre 1961 y 1976.

3 "Sonia Calero en rumba." Cartel publicado por el Instituto Cubano de Arte e Industria Cinematográfica, de una película cubana diseñado por el gran artista gráfico Antonio F. Reboiro que desde hace años reside en España. Su colección de más de 184 carteles y portadas de revistas francesas y españolas diseñadas por él se encuentran en nuestros archivos donados por el Dr. Samuel Yelín

Período del exilio

1 Portada del primer ejemplar de la revista Bohemia publicada en el exilio en 1960, a la salida de su director, Miguel Angel Quevedo hacia Venezuela.

2 Manuscrito original de uno de los periódicos publicado por los balseros en uno de los campa-

mentos de Guantánamo, donde fueron llevados en 1994 por los guardacostas norteamericanos cuando los encontraban tratando de llegar a las costa de los EE.UU.

3 *El patio de mi casa: nosotras que nos quisimos tanto.* Novela de Rosario Hiriart basada en anécdotas y vivencias familiares. Barcelona: Icaria Editorial [200?]. Una de las múltiples ediciones de obras publicadas por cubanos en el exilio que se conservan en la colección.

4 Programa del estreno de la obra "Exilio" del dramaturgo cubano Matías Montes-Huidobro que actualmente reside Miami.

5 Entrada al estudio donde se grababan los episodios de la serie "¿Qué pasa USA?" que salía al aire en el Canal 2 de TV en Miami y otras ciudades de EE.UU. Obra cómico-satírica de una familia cubana exiliada en Miami en la década de 1970. Primer programa bilingüe filmado en los Estados Unidos.

6 Parque Máximo Gómez, o Parque del Dominó. Sitio favorito de reunión de los cubanoamericanos en la "Pequeña Habana" en Miami, donde se discuten temas políticos, la actualidad de Cuba y del exilio mientras juegan una partida de dominó.

7 Vista de uno de los aviones conocidos como los "Vuelos de la Libertad", o "Freedom Flights", establecidos por el gobierno norteamericano en diciembre de 1965 para que los cubanos que se quisieran ir de Cuba, lo hicieran de una manera segura. Esos vuelos duraron hasta el año 1973.

8 Edificio llamado por los cubanos "Torre de la Libertad" o "Refugee Center" que servía como centro de inscripción de los cubanos que llegaban a Miami por los "Vuelos de la libertad". Actualmente nos donaron la colección del Centro de Refugiados Cubanos.

9 Carta-poema dirigida por Gastón Baquero desde Madrid a Lydia Cabrera que vivía en Miami en diciembre de 1987, como regalo de Navidad. Es parte de la Colección Gastón Baquero.

10 Cartel de la obra del dramaturgo cubano Virgilio Piñera "Una caja de zapatos vacía", presentada en el II Festival de Teatro Hispano en Miami, 1987. Pertenece a la Colección de Teatro Avante.

Memorias del porvenir: la "familia cubana" en el ciclón de la historia y en *La recurva* de José Antonio Ramos

Emil Volek
Arizona State University, Tempe

Esto es la recurva, viejo. . . . Un giro regresivo del ciclón, que centuplica su fuerza. (Eulogio).

Un doble estreno

José Antonio Ramos (1885–1946) es la figura fundacional del teatro cubano moderno.[1] Sus primeras piezas dramáticas hacen un balance crítico de la recién estrenada República, coartada por la Enmienda Platt, cargada de "generales y doctores" (título emblemático de la novela de Carlos Loveira, de 1920) y castigada por la politiquería "criolla". Donde sobraban caudillos, faltaban "republicanos", aquellos que estableciesen y cuidasen las instituciones republicanas, sin las cuales la "res publica", invertebrada, no podía resistir los embates de los demagogos "redentores". La nueva república había emergido en 1902 de la ocupación norteamericana después de la corta guerra contra España, de 1898, y de la larga serie de insurrecciones independentistas locales (1868–1878, 1879–1880, 1884, y finalmente la más sangrienta contienda de 1895–1898), que multiplicó el número de los generales mambises pero no logró su meta sin la intervención estadounidense. Así nació aquella república que hoy no celebra nadie.

En realidad, fue un doble estreno: la República cubana emerge de la mano del incipiente imperialismo norteamericano que re-

1 Ver Matías Montes Huidobro, *El teatro cubano durante la república: Cuba detrás del telón* (Boulder, Colorado: Society of Spanish and Spanish-American Studies, 2004); también AA., *Historia de la literatura cubana, Tomo II: La literatura cubana entre 1899 y 1958. La república* (La Habana: Letras Cubanas, 2003). Sigo a Montes Huidobro en muchos puntos de mi planteamiento e interpretación de la obra de Ramos.

ción entonces sale al escenario del mundo a expensas del vetusto imperio español. Los estrenos, y aún más los improvisados, denotan cierta inseguridad en sus actores y pueden crear efectos cómicos involuntarios, prolongados, más tarde por alguna gestión diplomática desde Washington y por la actuación caótica o miope del Congreso.

Recordemos que José Martí se ilusionaba con pensar que la anhelada independencia cubana pararía la previsible expansión de los EE.UU. en el Caribe; y que, sorprendentemente, fueron sus más íntimos colaboradores del exilio neoyorquino, después de la temprana muerte accidental del Mártir, quienes llevaron a su éxito la campaña *por* la intervención norteamericana en el conflicto que, otra vez, no prometía un buen fin. Pero el logro de esta misma intervención pudiera haber terminado precisamente con el sueño de la independencia (ver el destino que le tocó a Puerto Rico). Aún así, en el imaginario nacionalista cubano quedó una oportuna huella del trauma, que se podría sacar para su buen uso en condiciones adecuadas.

Recordemos también mucha buena fe, aunque mal reconocida, con la que los EE.UU. reconstruyeron durante los escasos cuatro años de la ocupación la infraestructura del país, devastado por décadas de guerras intermitentes; encararon con éxito la precaria situación sanitaria (por ejemplo, erradicando la malaria); crearon de la nada un sistema progresista de educación moderna; y hasta se pusieron del lado de los obreros en sus luchas por mejoras laborales… Si al final la novia cubana le da calabazas al brioso norteño, éste se aprovecha de la situación y de la geografía para enredarla económica y políticamente en lazos de íntima "amistad".

Recordemos que los mismos antiguos colaboradores de Martí tuvieron que chantajear a los americanos, en 1906, para cumplir con las amenazas de la Enmienda e intervenir en su conflicto interno con el Partido Liberal, partido que reunía a los veteranos de la guerra, insatisfechos, porque esperaban una rica recompensa por haber destruido el país en sus repetidos intentos de liberarlo. Y que un mero gesto retórico de la metrópoli —desembarco de un puñado de marines (dos mil exactamente)— logró calmar la situación... Y no dejemos de apuntar que los EE.UU. en aquella ocasión, celosos del buen funcionamiento de las instituciones democráticas (aún más de las de los otros que de las propias, siempre pasa), se tomaron el trabajo de investigar (y así conservar para la historia) los desmanes del primer gobierno independiente, conservador y más allegado a los Estados Unidos; y, que, para "hacer justicia" a su manera justiciera, entregaron luego el poder precisamente a los liberales y rabiosos nacionalistas. Notemos cierta hipocresía de los nacionalistas de primera hora, quejosos de la Enmienda Platt, pero siempre dispuestos a manipularla para su propia ventaja cuando les llovía en las alpargatas.

Por otro lado, en el país devastado entraba libremente el capital norteamericano: esto tuvo que generar conflictos, porque la capa propietaria criolla tradicional quedó en la ruina y no tenía recursos ni para restablecer ni, mucho menos, para modernizar la producción azucarera y tabacalera, destruida en las guerras (por la práctica generalizada de la "tierra quemada", avalada aun por el humanista Martí con la esperanza de acelerar la justa victoria en la pronosticada corta "guerra fraterna").[2] Estar en la bancarrota y verse obligados a vender sus propiedades a precio de liquidación tuvo que crear resentimientos; los emergentes enclaves norteamericanos, los casi estados dentro del estado y protegidos por la Guardia Rural, aún más.[3]

El capital europeo, que normalmente habría entrado en competencia con el norteamericano, se autodestruyó en la gran guerra mundial. Y después de ésta, sabemos, todo capital comenzó

---

2 Orden de guerra firmada por Martí y Máximo Gómez el 28 de abril de 1895 (*Obras completas*, vol. 4, La Habana: Editorial Nacional, 1963): 140–41. Aún antes de empezar en serio, la pragmática de la guerra se impone a los sueños del poeta.

3 En lo de la política "criolla" en las primeras décadas de la independencia sigo a grandes rasgos a Lillian Guerra, *The Myth of José Martí: Conflicting Nationalisms in Early Twentieth-Century Cuba* (Chapel Hill, N.C.: U of North Carolina P, 2005). Para una excelente sinopsis complementaria ver Louis A. Perez, "Cuba, c. 1930–59", en Leslie Bethel, ed., *The Cambridge History of Latin America, vol. VII: Latin America since 1930* (Cambridge: Cambridge UP, 1990): 419–55.

a mirarse de reojo; las soluciones empezaron a buscarse en otra parte: en la restitución imaginaria de una comunidad romántica (el fascismo) o en la utopía romántica de la revolución del proletariado aparentemente demandada por la severa Historia de la humanidad (en el marxismo). El lento pero seguro progreso decimonónico y su correlato cauteloso: educación y reformismo, fueron sustituidos por la fiebre de los atajos radicales.

En vista de lo que hemos anotado rápidamente es obvio que achacar todos los males del país y del continente a la interferencia norteamericana, como se ha hecho benemérita costumbre más tarde, sería excesivo y demasiado cómodo. La élite cubana, tal como las élites latinoamericanas en general, no encontró la clave para hacer la transición hacia la sociedad moderna. Acurrucadas en el *arielismo*, estas élites ni se molestaron en buscarla.[4] En el caso cubano esto es aún más sorprendente ya que la élite independentista que se haría cargo del gobierno a la hora de la liberación había vivido largas temporadas en los EE.UU. (por ejemplo, el mismo Martí más de una década en Nueva York).[5] En

---

4 Cuando más, la tarea de la modernización fue asignada al intelectual y al escritor, quienes produjeron bellas profecías sobre el espíritu de la cultura "latina" y modernizaron apenas la literatura. Ver mi "From Argirópolis to Macondo: Latin American Intellectuals and the Tasks of Modernization." *Latin American Issues and Challenges.* Eds. Lara Naciamento and Gustavo Sousa (New York: Nova Science Publishers, 2009): 49-79.

5 Parece que los cubanos utilizaron los EE.UU. como una base segura de conspiración, sin intentar compenetrarse con la vida de la sociedad y sin entender los resortes de su rápida modernización. El caso de Martí es típico: largos años antes de siquiera conocer el país, ya expresa un antiamericanismo visceral en unos de sus primeros apuntes de estudiante recién llegado a España en 1871 (ver mi "Crónicas marcianas, 1. José Martí, grado cero de Nuestra América." *Magazine Modernista: Revista digital para los curiosos del Modernismo.* No. 16, Mayo 2011. Web). Habrá leído el muchacho algún escrito sobre la "cultura latina" como radicalmente opuesta a la anglosajona (que empezaron a proliferar en Francia bajo Napoleón III como parte de su proyecto imperial "panlatino" y que confundieron tantas mentes hispanoamericanas hasta bien entrado el siglo XX y más). La actitud negativa que se supone que se originó en Martí del contacto íntimo con el país en los 1880, vemos con sorpresa que estaba firmemente asentada en él desde muy antes, desde siempre. Es luego ilustrativo el incidente con *La Nación* cuando Martí es invitado a ser su corresponsal, en 1882: la primera entrega sobre los EE.UU. que escribe para el periódico es censurada en Buenos Aires por su

Cuba, la modernización después de la liberación de España se reduce a la plantación (caña de azúcar), y recuerda lo que pasó con la pampa en la región de la Plata en la segunda mitad del siglo XIX; o sea, es una modernización mínima y parcial (aunque trajera en su momento riquezas inauditas a los pocos propietarios grandes), cuyas limitaciones serían pronto reveladas por las crisis económicas y políticas por venir. Por otro lado, ¡quién lo disputara ni excusara!, hubo interferencia, bien y no tan bien intencionada, y el mismo imperialismo iba aprendiendo su papel de "hermano mayor" entre las "repúblicas bananeras" ya sin las reticencias iniciales.

Trayectoria ideológica y teatral

José Antonio Ramos escritor —novelista, panfletista político y dramaturgo— es parte de esta historia que, con el tiempo, sólo irá de mal en peor. Su arte dramático madura en la transición del realismo y naturalismo a las primeras corrientes vanguardistas. A lo largo de su aprendizaje, recibe, primero, los impulsos finiseculares de Ibsen, Strindberg y Chejov, para abrirse, más tarde, a la experimentación vanguardista de Pirandello y, más tarde aún, de Eugene O'Neill (con este último toma contacto durante su larga estadía diplomática en Filadelfia, 1922–1932). En sus obras (incluyendo la novela *Coaybay,* clave transparente de "Cuba", 1926), Ramos arremete contra la corrupta burguesía cubana como expresión de su desaliento por la República de 1902.

La "política criolla", la corrupción endémica, la inseguridad de las instituciones republicanas, la violencia cíclica, las crisis económicas y, finalmente, la dictadura del general Gerardo Ma-

---

estridente tono criticón, y obtenemos un interesante intercambio de cartas entre Bartolomé Mitre, quien le pide una "mercancía" más apropiada para el mercado noticioso local, y Martí, quien capitula ostentativamente (necesitaba el dinero) sin rendirse realmente. La diferencia con la actitud de un Sarmiento, quien busca en los EE.UU. inspiración para modernizar su propio país y convertirlo en competidor con el Norte, no podría ser más clara. El rechazo sin aprender la lección va a costar muy caro al país y al continente.

chado, derrocado en 1933 por una revolución popular, radicalizarán a Ramos, quien empezó como un buen dramaturgo liberal. Su tardía pieza de un acto *La recurva* (1939) está situada en la mitad de los agitados años treinta y alude con el título al ciclón que retorna sobre el mismo lugar que acaba de devastar, agravando la destrucción en esta segunda vuelta.

Miremos rápidamente algunos de los hitos más importantes de la primera producción dramática de Ramos. *Calibán rex* (1914) y *Tembladera* (1917) son refundiciones más maduras de obras juveniles o de melodramas.[6] *Calibán rex* (reelaboración de *Una bala perdida,* 1907) gira en torno al conflicto ideológico planteado entre una propuesta de política idealista y otra, realista, oportunista, "criolla". El idealismo es interpretado en el sentido del novecentismo, crítico de la democracia de masas; marca la repulsión visceral que siente un "aristócrata" del espíritu frente a la masa (la "masa inculta" que levanta la cabeza amenazadora ya en Martí), masa que no le hace caso a los alados "Arieles", dominada como está por demagogos populistas. El intelectual que abandona el resguardo de su estudio y de la literatura para entrar en el espacio público, corre el riesgo de perder su noble apuesta en la despreciable política real y, con ella, simbólicamente, pierde también la vida.

Se nota la influencia de los escritos como *Ariel,* de Rodó; pero el título alegórico viene más bien de la fuente moderna de *Ariel* mismo, del drama "filosófico" *Calibán* (1878) de Ernesto Renan, donde Calibán es el demagogo, el instigador de la rebeldía del populacho contra el noble Próspero, cuyos poderes mágicos han mermado en el mundo moderno, crecientemente desencantado.

6 Rine Leal va a hablar de obras hundidas en "el melodrama, lo cursi y lo anecdótico", *Islas*, 36 (1970): 90–91. Cito según Montes Huidobro, *op. cit.*, p. 20. Este juicio severo, sin embargo, responde también al nuevo criterio de valor impuesto ya bajo la Revolución en los años setenta, el marxista, y sus rigores. Y Ramos, por más que se esforzara en sus últimos años, "no llegó a ser nunca enteramente un marxista", porque, según va la canción, no entendió el papel privilegiado del proletario y siguió siendo "individualista sin remedio"; ver las acusaciones ortodoxas en José Antonio Portuondo, "El contenido político y social de las obras de J.A.R.", *Revista iberoamericana* 24 (junio 1947): 215–50.

La fecha de la composición es importante porque Renan reacciona con su escrito a la trágica experiencia histórica de la Comuna de París, de 1871.

En el drama de Ramos, este debate está planteado en forma excesivamente abstracta. Aún así, el espectador cubano podría haber pensado en cómo se habría desempeñado un Martí en las condiciones degradantes y degradadas de la República; en este sentido, el fracaso de un Vasconcelos en México, una década más tarde (en 1929), es instructivo: mientras que este intelectual mesiánico creía en "el plebiscito del pueblo", resultó que las elecciones presidenciales fueron orquestadas en su país de una manera completamente diferente.

Tembladera retoma el tema de una familia burguesa disfuncional. En *La hidra* (1908), se trataba de un estudio melodramático, naturalista, de una familia burguesa en total decadencia física y moral. *Tembladera* desplaza el problema hacia la decadencia moral y, aún más, hacia la crisis de la cubanía en varios de sus miembros, situación agravada por las incidencias y las atracciones del imperialismo yanqui: la familia está decidiendo si vender o no la plantación en quiebra a un inversionista norteamericano, irónicamente llamado Carpetbagger (históricamente, un norteño que se fue al Sur después de la Guerra de Secesión para aprovecharse de la situación). En el drama también se siente un eco de *El jardín de los cerezos* chejoviano, trasplantado a la situación cubana después de la guerra de liberación. En la *Tembladera* el conflicto se da entre padres e hijos, éstos interesados en todo menos en cultivar la tierra patria.

La "familia cubana" en crisis será también el tema de *La recurva,* y anunciará toda una serie de obras dramáticas y narrativas que situarán los emergentes conflictos sociales y éticos, según el buen consejo aristotélico, en el seno de la familia, destrozada por estos conflictos (*La noche de los asesinos,* 1965, de José Triana, *Los siete contra Tebas,* 1968, de Antón Arrufat, para nombrar sólo algunas de estas obras).

La recurva fue escrita probablemente en 1939,[7] fue estrenada en 1940 y publicada en el año siguiente (junto con otras dos obras breves). En este "drama en un acto", el autor condensa con ventaja su largo aprendizaje dramatúrgico y su experiencia de un cubano y de un hombre de la primera mitad del siglo XX.

La acción de *La recurva* está situada exactamente en "octubre de 1936". La fecha es importante: bajo el gobierno del general Gerardo Machado (1925–1933) se acentúa la crisis económica y política de la Isla. La crisis mundial será un tiro de gracia para la política criolla tradicional (derroche en obras públicas y corrupción sindical y partidista). Contra Machado se juntan diversos grupos radicalizados (estudiantes, sindicatos, agrupaciones terroristas) y también los conservadores engañados (*doublecrossed*) por el anterior presidente Zayas (un liberal vuelto conservador vuelto liberal, según la conveniencia). La represión no logra dominar la situación, y también el ejército, purgado cíclicamente según las lealtades partidistas, titubea. La revuelta de los "sargentos" convertirá en "hombre fuerte" a Fulgencio Batista. Entre agosto de 1933, cuando renuncia Machado, y diciembre de 1936, Cuba estrenará siete presidentes.

Para colmo, en los años 1930, Cuba sufrió también unos de los peores ciclones de su historia. En noviembre de 1932, el huracán que pasó por Camagüey causó más de tres mil muertes; en el mismo comienzo de septiembre de 1933, la amenaza de otro ciclón lleva a Oriente al novísimo presidente interino, Carlos Manuel de Céspedes; su ausencia de La Habana, motivada por la buena intención de paliar el desastre que se avecina, facilita su derrocamiento por la rebeldía de los sargentos y de los estudiantes radicales. Cuando se estabiliza la situación (que tantas veces se le escapa de las manos aún al hábil procónsul americano Sumner Welles), por diciembre de 1936, el gobierno vivirá de ahí en adelante bajo la sombra de Batista hasta la Revolución de 1959, y el nombre del mulato y sus ambiguas tentativas sociopolíticas, que anticipan —aunque más desde la izquierda— las

7 Aceptamos la fecha propuesta en *Historia, op. cit.*, p. 616.

futuras maniobras de un Perón, seguirán justificando todo lo que pasará en la Revolución hasta la actualidad.[8]

Mi amigo Enrico Mario Santí me sugiere todavía otro importante contexto referencial de la obra: si aceptamos como la fecha más probable de la composición de *La recurva* el año 1939, su creación caería en el tiempo de la Constituyente, donde se debatía ampliamente el futuro de la Isla y de donde salió la Constitución de 1940, la constitución más democrática que jamás tuviera el país. Hoy sabemos que aquel ensayo de una solución democrática sería de corta duración. Sea como sea, *La recurva* sería también una contribución premonitoria del dramaturgo a este debate.

La imagen del "ciclón que vuelve", entonces, evoca la devastadora sombra de los últimos huracanes que azotaron la Isla repetidamente en 1932 y en 1933, dejando atrás miles de muertos; recuerda los recientes ciclos de la violencia política, que culminaron en 1933, 1934 y alcanzaron su paroxismo en 1935; y también crea un poderoso símbolo de un amenazador cataclismo destructivo que seguirá apareciendo en la literatura cubana siempre que los autores se refieran a la atormentada historia del país (el símbolo del vendaval figura de manera prominente también en la primera novela mexicana de la Revolución, *Los de abajo,* de Mariano Azuela, de 1915). El "octubre de 1936", mes en que se sitúa la obra y tiempo que está firmemente inscrito en la conciencia histórica del público cubano de aquel entonces, se convierte en el vórtice de las fuerzas sociales que se disputan el

---

8 Fulgencio Batista como prototipo de Juan Domingo Perón arroja una contextualización alucinante: uno divinizado, otro demonizado, según el turno que toma la historia local. Las revoluciones tienen que desmarcarse de sus sombras. Sin embargo, aun los villanos tienen sus momentos de reivindicación: por 1944, Pablo Neruda le cantaba sus glorias a Batista; y en 1953, reclasificado Perón de "casi fascista" a "casi comunista", y en un gesto de reciprocidad por algunas "gauchadas" del caudillo, el bardo facilita su aceptación entre los intelectuales izquierdistas chilenos (extrañamente, los argentinos tardarán todavía casi dos décadas en darse cuenta plenamente de este supuesto cambio histórico y en responder positivamente a la misma pregunta que, más de un siglo antes, se había planteado ya un Alberdi frente a Rosas, para unirse a la marcha de las masas hacia el desastre histórico: la Argentina, ese chiste trágico del siglo XX).

futuro de la Isla.

Si el presunto aldeano de Martí vivía todavía feliz sin tener noticia de los cometas, ni de los gigantes y, menos, de los tigres de adentro y de afuera, los personajes de Ramos y de la Cuba de su momento ya estaban zarandeados por el vendaval histórico que sólo nosotros y ahora, como el ángel de Walter Benjamin, podemos observar con horror, desplegado a la simple vista.

Los de abajo

La acción se desarrollará en el seno de una familia cubana del campo. A diferencia de la *Tembladera,* no será una familia burguesa, de "los de arriba", representativa del drama burgués, sino una de "los de abajo", más al ton y son del país.

Estamos en "una humilde casa campesina de madera y tejas" de los Maza, trancada contra el ciclón que acaba de pasar cerca, pero parece que está a punto de volver, y con más fuerza. El viento y sus ráfagas cada vez más amenazadoras se convierten en un sublime actor simbólico de la tragedia que asedia a la pobre familia atrapada. En la superficie, la casa está presentada con todo el realismo criollista; pero es también una trampa existencial y social: si vuelve el ciclón, sus habitantes afrontan el peligro de ahogarse (debido a algunas obras mal hechas para la vivienda cercana de los dueños de los terrenos, los Pradillo), y si salen, corren el riesgo de desaparecer en el vendaval con la precaria casa y todo.

El contraste con la casa señorial convierte la morada de los Maza también en una trampa social: las familias de los Maza y los Pradillo están íntimamente entrelazadas a lo largo de generaciones de la historia cubana, pero siempre en plan de amos y dependientes. Y, finalmente, la precaria casa rústica será un símbolo de un país sacudido por las intemperies mundiales donde las salidas están cerradas, símbolo de una perfecta encerrona.

Los personajes representan dos o tres generaciones de cubanos (aunque los niños, de la última generación, son simples estatistas y no interfieren en la acción; pero están allí, heredarán el futuro que se fragua para ellos). Una larga nota "psico-biográfica" ofrece el trasfondo puntual de los personajes principales, tres varones de distintas generaciones y experiencias históricas. El patriarca de la familia, Juan de la Maza, llegó a capitán en la Guerra de Independencia (1895–1898), sirviendo bajo el caudillo mártir Eulogio Pradillo; por este servicio fiel, un rico hermano sobreviviente de éste, lo mantiene como arrendatario informal de las tierras que posee. En la medida en que el recuerdo de aquella guerra retrocede en la memoria, la situación de los Maza se vuelve más y más precaria.

El hijo mayor, Juan, creció en los primeros años de la República; empezó como miembro de la Guardia Rural (cuerpo de policía que vigilaba las grandes propiedades del campo, especialmente las americanas), pero fue tentado por la "Danza de los millones" y "bailó" en ella con la ayuda económica del vecino, como era de esperar; arruinado en 1931, participó en la conspiración antimachadista, estuvo preso y fue torturado junto con su hermano menor, Eulogio; cuando cayó la dictadura, ingresó en el ejército. Quiere vivir en paz y espera que un día se va a resarcir económicamente.

Más información merece el hijo menor, Eulogio, nombrado así en honor del desaparecido héroe. Al crecer en los años de la abundancia, su destino debía ser la carrera universitaria, y todas las aspiraciones de la familia se centraron en él; pero los tiempos de las vacas gordas terminan bruscamente, la universidad —foco conspirativo— es cerrada por la dictadura, y el joven se mete en uno de los grupos subversivos radicales, junto con el hijo del hermano del prócer. Este los salva a los dos de las garras de la "porra" (la policía represiva), facilitándoles escape a México, refugio preferido de los prófugos radicales. Entretanto, la revolución antimachadista gana, pero los grupos radicalizados no están contentos con los resultados, y la lucha por las "utopías sociales" degenera en un gangsterismo a sueldo, que va a azotar a Cuba por décadas. Al volver de México, Eulogio sigue siendo sospechoso por sus vínculos con sus antiguos amigos, y después de un sonado atentado, temiendo por su vida, huye de La Habana para esconderse por un tiempo prudencial en la casa paterna.

Las mujeres merecen sólo una mínima mención: la madre es

una campesina resignada y, Andrea, la segunda esposa joven de Juan, es eco y sombra de la madre. Efectivamente, la historia de Cuba ha sido y sigue siendo "cosa de hombres".

Por las diferencias de la edad, experiencias históricas e influencias del ambiente, el conflicto entre los varones está servido. Con el padre como trasfondo simbólico del pasado glorioso y del fracaso de la República hasta ese momento, los dos hermanos se disputan el presente y el futuro de la Isla. Juan, con una creciente familia a cuestas, tiende a aceptar los resultados mixtos de la revolución antimachadista, con la idea de utilizar la paz para trabajar en pro del paulatino cambio y progreso.

Eulogio, apenas estudiante universitario, impaciente, se siente atraído irresistiblemente por las soluciones más radicales, y se deja arrastrar por "el ancho camino de las violentas utopías sociales" (así lo puntualiza el autor en la mencionada nota "psicobiográfica": definitivamente no era marxista Ramos en 1939). Para Eulogio, las soluciones intermedias, los compromisos, no valen. Precisamente en el periodo indicado, entre la renuncia de Machado y el establecimiento de Batista como figura hegemónica, fracasa en Cuba un gobierno tras otro, porque si es demasiado radical para unos, es demasiado conservador para otros; nunca logra satisfacer a todos, incluidos los norteamericanos con la cuchara en la olla del *ajiaco* cubano. Se abre el camino que va a llevar la historia cubana hacia la insurrección de Fidel Castro (1953-1958) y sus consecuencias. El diálogo conflictivo entre estos personajes-generaciones es profético de las cosas por venir en Cuba, y no sólo en la Isla.

Para los hermanos, el duelo verbal repetido "hoy" es también una "recurva", ya que tuvieron su conflicto "ayer", cuando Juan había vuelto a casa de sus padres para encontrarse con la sorpresa de su hermano instalado allí. Obviamente, también siente celos porque su segunda mujer, que vive en la misma casa, es mucho más joven que él, de la edad del hermano menor. Y Eulogio, a su vez, peca por dirigirse a Andrea como a un interlocutor válido; cometiendo así una ofensa al lugar del macho en la familia, que su hermano no le puede tolerar. Eulogio se disculpa diciendo que eso ha pasado por la camaradería revolucionaria, "sin preocupación sexual de ninguna clase" que le ha dejado el hábito de confianza con las mujeres de su edad (254).[9] Nos damos cuenta de que hay mucho más simbolismo del futuro condensado en esta obra.[10]

Eulogio también ve peligros concretos que los otros no quieren ver porque prefieren entregarse ciegamente a la fatalidad: el nuevo camino construido para la mansión de los Pradillo puede atascar fácilmente el desagüe, y si llegara a pasar eso, la casa, los animales y las tierras del viejo Maza quedarían bajo el agua. Esta preocupación provocará la confrontación final: Eulogio quiere salir para dinamitar el camino (y tal vez junto con el mismo la casa de los Pradillo) y Juan intenta impedírselo; pero ya es tarde: al abrirse la puerta, el ciclón se los lleva a todos.

Las posturas de los hermanos son irreconciliables. Juan quiere vivir y prosperar (que es mayormente ganar dinero); Eulogio aspira a cambiar el mundo aunque le cueste la vida (mientras tanto, claro, prefiere disfrutarla, y para eso servían las compañeras, igualmente ilusionadas). Entre las propuestas de Juan y de Eulogio, no es pensable ningún compromiso. O sea, la convivencia democrática de uno al lado del otro se hace imposible. Esto también será profundamente profético, y aún más allá de la Isla.

Comenta el viejo: "¡Igualito que si fueran enemigos y no hermanos!" (252). Y, sin embargo, lo que plantean los dos son perspectivas sobre la misma realidad, a veces incluso compartida. Eulogio reconoce que su hermano es buen hombre, un "hombre de trabajo y de orden", "el mejor de los hermanos" (257). Pero le llama la atención sobre la corrupción que lo rodea y que cancela los posibles buenos frutos de su trabajo. Para el radicalismo de Eulogio no existe nada en el país que valga la pena.

La corrupción es un tema que abre la caja de Pandora: Eulo-

---

9 Cito por José A. Ramos, *Teatro.* Selección y prólogo de Francisco Garzón Céspedes (La Habana: Editorial Arte y Literatura, 1976): 245–76.

10 Pienso en el papel servicial, en todos los sentidos, de las mujeres en los movimientos guerrilleros por venir; pero el tema, en realidad es de larga data, ver la figura de la mujer (la soldadera) en la Revolución mexicana, o rusa (el diario de Isaac Babel da unas inquietantes pistas), o aún en las guerras de Independencia.

gio señala la corrupción de los benefactores Pradillo, quienes se "voltearon" contra Machado en el último momento; pero Eulogio también está consciente de la degradación del impulso revolucionario mismo, de la diferencia entre el gesto puro y glorioso de "ayer" y el puro gansterismo de "hoy". Juan, al defenderse del nihilismo absolutista de su hermano, pone en tela de juicio aun aquel supuesto "glorioso ayer" de la revolución; pregunta: "¿Estaba el país mejor cuando ponían ustedes sus bombas, y mataban a derecha e izquierda, cuando asaltaban y robaban y secuestraban a discreción?" (267).

Es una cita que nos trae a la memoria, otra vez, la historia más reciente de América Latina: ya que tanto se está hablando de la memoria histórica en los últimos años, pienso que la única memoria honesta es recordarlo todo, y no limitarse oportunamente a la memoria selectiva, si bien "políticamente correcta" y servida como un plato de autojustificación.

Ramos nos ofrece un diálogo abierto, sin cortapisas: cada uno de los hombres tiene su razón. Todos son honestos en sus pareceres, pero al fin y al cabo no podrán entenderse. Afuera acecha el vendaval. Para la historia cubana, por decirlo así, *alea iacta est.*

Si los hijos heredaron el impulso de su padre y se metieron en la revolución que les tocó vivir en su tiempo, aunque terminasen sacando una lección distinta del proceso; y si las íntimas relaciones entre las familias se traspasan de una generación a otra; también parece que lo mismo sucede, simbólicamente, con la cadena de las traiciones: el padre de un policía de la "porra" actual fue quien había delatado a Eulogio Pradillo en la Guerra de Independencia, y su hijo no sólo torturó a los prisioneros bajo Machado, incluyendo a Juan y a Eulogio, sino que sigue activo también "hoy" porque, dice Eulogio: "Así andamos, te digo. Ahora se echa mano de cualquiera que esté dispuesto a todo" (256). Constatamos que el mundo de *La recurva* es un mundo cerrado simbólicamente sobre sí mismo: la alegoría del país como la "familia" en cierto momento se tiñe de simbolismo transhistórico.

No todo es confrontación, por supuesto; en momentos, el diálogo divaga, saltando de una cosa a otra. Los personajes recuerdan los grandes ciclones de las últimas décadas, o al constructor americano, culpable del nuevo camino y del mal "parche" de la mansión de los Pradillo ("parche" es un retruécano, por contaminación por el famoso *porch,* "porche, veranda" de las casas americanas, 264). La Guerra de Independencia es un recuerdo sagrado que los problemáticos revolucionarios "de ahora" no deben ni tocar (270).

Y, entre todo, va y viene la pugna entre hermanos, hasta llegar al clímax final. Juan acusa a los revolucionarios de envidiosos, de hablar mucho y trabajar poco. Llama la atención sobre ciertos conceptos populares acerca del mundo comunista, "un mundo... donde todo —hasta las mujeres— sea de todos. ¡Y nadie trabaje!" (268). Eulogio responde, qué tal si ese trabajo sigue siendo un "sistema colonial de explotación, con el trabajador cada día más pobre, más desesperado: ¡y menos libre para decir lo que siente y lo que quiere!" (270).

Los personajes andan cada uno con su pedazo de la verdad bajo sus brazos. Arrastran su experiencia histórica, defienden su visión de la realidad. Eulogio en tanto intelectual es el único que intenta salir de su encierro; dice al hermano: "Te estoy dando la razón. ¡Y tú me la das a mí, completamente! Parece, sin embargo, que no podemos entendernos" (270).

Si nos preguntamos, ¿con cuál de ellos se identifica el autor?, tenemos que respondernos que con todos y con nadie en particular. Ninguna voz está puesta inequívocamente sobre las otras. Encontramos en *La recurva* un buen caso de la polifonía dramática: nadie vence ni convence al otro; al final, a todos se los lleva el huracán, el ciclón de la historia.

La obra, pese a ser corta, está rica en cultura y en historia del país, aunque el horizonte se limite al mundo criollo, pero no exclusivamente al del *guajiro,* el campesino cubano, si bien su casa será el foco de la historia de la "familia cubana". Se matiza el lenguaje individual, generacional, de los personajes. Se destacan los lazos informales entre el caudillo y sus hombres, que cruzan varias generaciones; la "danza de los millones" de los años veinte y la quiebra en la crisis mundial de los treinta. Hemos notado ya que el debate sobre el porvenir de la Isla va entre los varones;

en el mundo de los machos, la mujer está puesta al margen, está presente como una utilería o como un trasfondo que da un toque de humanidad al escenario.

La recurva rebasa el nivel del realismo criollista y se convierte en una parábola profética, en una alegoría "negra", de múltiples niveles: la de una familia, destrozada internamente, expuesta a la merced del "viento" huracanado y de las circunstancias históricas; la de un país y también de un mundo captados en un periodo y en un momento histórico preciso: Cuba, en su corta historia independiente y en las deliberaciones del momento; el mundo, en el eje de los años 1930 (el temporal de las "violentas utopías" de distintos colores). *La recurva* será también un recuerdo del porvenir: presagio de la Cuba del futuro, donde este país desembocará en el papel protagónico imitado religiosamente por toda América Latina de la segunda mitad del siglo XX (los "tiempos heroicos" de las revoluciones continentales que derivarán en el paroxismo de las guerras "sucias"). Pero detrás de la alegoría, asoma la ironía simbólica de la inercia transhistórica, el mito de un mundo que se destroza cíclicamente, sin que cambie nada.

Al final, la última palabra la tiene *la recurva,* el ciclón de la historia que vuelve sobre sus pasos y barre con todo y con todos aquellos que se encuentran en su camino. Con la mirada puesta hacia el futuro, desde aquellos aciagos años treinta, diríamos que "se los llevará la Revolución". Hoy en día, castigados como estamos los visionarios por el tiempo y por la historia ya cumplida, tendríamos que aceptar la sabiduría de la expresión mexicana: "se los llevó la chingada".[11]

---

11 En 1932, Ramos renunció a su puesto diplomático y pasó más de un año en México, hasta la caída de Machado; en sus obras posteriores utilizó algunos chistes típicamente mexicanos de la época.

Bien podría terminar aquí, pero la obra siguiente y final de Ramos ofrece un brevísimo epílogo que enriquece la visión anticipatoria del autor plasmada en *La recurva.*

Parece que Ramos mismo ha quedado algo desconcertado por la profecía dramática de su obra y necesitaba desquitarse de alguna manera. En 1944, escribe su última obra, una comedia situacional, *FU-3001.* El enigmático título corresponde al número de teléfono privado de un acomodado político criollo, ahora sólo un recuerdo paródico del revolucionario que fue supuestamente en 1933 (y será la autoparodia de los revolucionarios que se quedan con el poder). Ya con esto nos podemos imaginar una buena parte de la acción que la obra pondrá delante de nuestros ojos, y que la realidad hasta hoy en día repetirá con variaciones siempre sorprendentes... Tenemos una comedia satírica, casi "doméstica", situada —en aquel entonces— en plena guerra mundial, que arremete contra todo oportunismo, pretensiones falsas, máscaras de los personajes (valga la redundancia), sean éstos intelectuales de izquierda, refugiados de guerra, o hasta héroes de la reciente guerra civil española.

Ramos se burla de todos los pseudo-revolucionarios habidos y por haber. Nadie se escapa a su mueca de risa. Esta victoria del dramaturgo sobre el autor-político podría sorprender porque el escritor militaba ya en las filas del partido comunista cubano, si bien sus mismos correligionarios reconocían que "no llegó a ser nunca enteramente marxista". En fin, ¿qué partido y qué marxismo era? Los comunistas cubanos pactaron con Machado, pactaron con Batista, quien los elevó al gobierno por sus propios alientos populistas, y pactaron, en el último momento, también con Fidel Castro, quien los necesitaba por sus buenos contactos con Moscú, hasta que fueran barridos en sucesivas purgas cuando sus servicios ya no eran necesarios, a lo largo de los años sesenta.

Frente al corrupto político revolucionario, criollo y marido, se destacan en esta obra los personajes femeninos: la esposa conservadora que defiende su hogar con inteligencia y maña, la tía ultraconservadora que desenmascara a otro buen simulacro de revolucionario, y la antigua miliciana española que defiende su orgullo y honor no sólo del político interesado en sus encantos sino también de su propia celestinesca madre, harta de vivir en la pobreza del exilio, dispuesta a entregar a la hija al mejor postor. El revolucionario Rojo, quien confiesa que prefiere que lo llamen "pederasta" que no "comunista" (351), es obligado a revelar que se llamaba en realidad "Rosado", y es rebautizado "Blanco" por la simpática tía (389): blanco – rosado – rojo, rojo – rosado – blanco. Este vaivén de colores nos arroja toda una rápida síntesis del siglo XX latinoamericano (siglo que, mirado por sus locuras, no ha terminado aún, a pesar de la útil profecía de Jorge Volpi). Parece que el autor, como mucho buen intelectual de su tiempo, también era rojo hacia fuera, y blanco o rosado por dentro... Pero tal vez por este aspecto complejo de su complexión nos ha dejado una obra que nos sigue interesando e interrogando, por encima del paso de la historia, de sus fines y continuos recomienzos de la comedia humana.

LA DRAMATURGIA CUBANA DEL EXILIO

"CELEBRANDO A VIRGILIO"

Nacidos en Cuba y Fallecidos en el Destierro. Recordando a Marcelo Salinas, Luis Alejandro Baralt, José Cid Pérez, Leopoldo Hernández, Ramón Ferreira, Fermín Borges, Manuel Martín Jr. * José Corrales, Miguel González Pando, Reinaldo Arenas *, Dolores Prida *, René Alomá, René Ariza

MARCELO SALINAS (Cuba 1889-Destierro 1976). Llamado "obrero escritor" por Dolores Martí de Cid, era un hombre humilde que ganaba su subsistencia en modestos oficios manuales. Fue tabaquero y se dedicó a las labores agrícolas. Peón de albañil y plomero, fue perseguido, encarcelado en España y en Cuba. Como polizón, con motivo de estas luchas, viajó varias veces a los Estados Unidos. En Nueva York, durante la Segunda Guerra Mundial, fundó el semanario *El Corsario,* junto con españoles, puertorriqueños y cubanos. Escribió muchas obras dramáticas, algunas premiadas, otras estrenadas y muchas de ellas perdidas: *El mulato, La Santa Caridad, El poder, El vagón de tercera, Y llegaron los bárbaros, Boycot, La tierra... La tierra... la tierra..., Las horas de un pueblo viejo...* y su obra cumbre, *Alma guajira (1928).* En síntesis, Salinas fue un anarquista sinceramente interesado en los problemas sociales de nuestro país.

LUIS ALEJANDRO BARALT (Cuba 1892-Destierro 1969) Una figura de extraordinaria importancia en el teatro cubano, se contaba entre los fundadores de la Sociedad de Fomento del Teatro. Fundó también el Teatro de Arte de la Cueva, donde trataba de descubrir nuevos caminos en cuanto al montaje y dirección.

Fue Director del Teatro Universitario, donde realizó una labor extraordinaria. Inolvidable resultaron sus puestas en escena de obras de teatro griego llevadas a cabo en la Plaza Cadenas de la Universidad de La Habana, donde la arquitectura de sus edificios formaba parte integral de la escenografía, de la misma forma que sucedió con la maravillosa puesta de *Fuenteovejuna* en el atrio de la Catedral de La Habana. Autor prolífico, escribió una valiosa colección de dramas entre los que sobresale *Tragedia indiana,* donde la figura del despótico y violento Porcallo de Figueroa ejemplifica la tiranía. A él se opone el personaje de su mujer, Martirio, que representó una verdadera avanzada feminista.

JOSÉ CID PÉREZ (Cuba 1906-Destierro 1994) fue entre la primera promoción de dramaturgos cubanos de la República anterior a los años cuarenta, la figura que cosechó mayores éxitos: sus obras se estrenan y recibe múltiples reconocimientos nacionales e internacionales. En 1927, a los veinte años, recibe el Premio Nacional de Literatura "Bodas de Plata de la República" por *Cadenas de amor.* En 1931 el Círculo de Bellas Artes le premia *Altares de sacrificio. Estampas rojas* es de 1934, así como *Y quiso más la vida...*, premiada también por el Círculo de Bellas Artes. *El primer cliente* es de 1943 y *Hombre de dos mundos* es de 1945. En noviembre de 1960 toma el camino del exilio, donde publicará, en 1972, su obra más de vanguardia *La comedia de los muertos,* con versiones previas en 1937, 1944 y 1951. En realidad, la única obra que corresponde al exilio es *La última conquista,* aunque no será hasta 1977 que se publique la versión definitiva de *La rebelión de los títeres,* iniciada en Cuba en 1939.

LEOPOLDO HERNÁNDEZ (Cuba 1921-Destierro 1994). En una entrevista publicada en *Guángara Libertaria,* Hernández declara: "Yo participé en la revolución, primero, escribiendo sin encomendarme ni a Dios ni al diablo, artículos que no podían firmarse porque si lo hubiera hecho, me habría buscado muchos problemas". Bajo peligro de encarcelamiento, escapa a México y publica, bajo el seudónimo de Karlo Thomas, sus piezas *La espalda, La consagración del miedo* (reproducida en 1988 en *Dramaturgos)* y *Los hombres mueren solos.* Tras el triunfo revolucionario, regresa a Cuba, donde publica *Sombras (*1959), *El mudo,* estrenada en el Festival de Teatro Obrero y Campesino, en un acto y muy lograda, decididamente comprometida, y gesta *El infinito es negro (1959),* misteriosamente subversiva. Al regresar a Cuba se da cuenta del fraude revolucionario cuando tienen lugar los juicios sumarios acompañados de sus correspondientes fusilamientos. Empieza a luchar contra el régimen y tendrá que tomar nuevamente el camino del exilio en 1960. Como hombre y como dramaturgo, se verá atrapado entre dos fuegos y tendrá que pagar bien caro las consecuencias. Hernández es el primer dramaturgo cubano con el cual se reinicia activamente el teatro cubano del exilio, con varias obras inéditas de principios de los sesenta. Sobresale, *Infierno y duda,* de 1969 y *940 S.W. Segunda Calle* que se estrena en Miami ese mismo año. Desde principios de la década de los ochenta, su obra dramática adquiere nuevos bríos y un reconocimiento más decidido cuando la Fundación Bilingüe de Los Angeles, California, estrena *Martínez* (1980) y *Do Not Negotiate, Mr. President. Siempre tuvimos miedo* (publicada por Editorial Persona en 1988), su obra más importante, tiene una primera lectura dramática en el Coconut Grove Playhouse en 1986, seguida de una puesta en escena, en inglés, en la Universidad Internacional de la Florida, en 1987. *Tres azules para Michael* fue finalista en el Concurso Letras de Oro de 1987. Algunas de sus innumerables piezas fueron publicadas por Editorial Persona en 1990 bajo el título de *Piezas cortas.*

RAMÓN FERREIRA (España 1921-Destierro 2007) A pesar de no ser un escritor cubano por nacimiento, ya que nació en Lugo, llegó a Cuba a la edad de nueve años, donde desarrolló su carrera como narrador. En 1946 le otorgaron el Premio Hernández Catá y en fecha tan temprana como el 1951 recibió el Premio Nacional de Literatura por *Tiburón y otros cuentos.* Como dramaturgo no es sólo cubano sino representativo de la década de los cincuenta, y uno de los que tiene mayores reconocimientos, ya que escribe y estrena, bajo el patrocinio de Andrés Castro, uno de los directores más importantes de esa década. Sus obras conocidas, cuatro solamente, aparecieron reunidas en *Teatro,* en Miami, en 1993, y *Donde está la luz (1952),* protagonizada por Adela Escartín, otra figura representativa de la escena cubana de los cincuenta, puede considerarse uno de los grandes éxitos del teatro cubano antes de la revolución. Fue publicada en la prestigiosa revista *Ciclón.* En esta obra, Ferreira integra hábilmente al argumento, numerosos elementos líricos que contribuyen a crear una marcada textura poética, que entreteje con una corriente de violencia que adquiere fuerza de huracán al final de la obra. *Un color para este miedo* es de 1954 y *El mar de cada día* es del 1956. Pero su obra más importante, controversial y paradójica, es *El hombre inmaculado,* dedicada por el dramaturgo "a los estudiantes cubanos que murieron por la democracia luchando contra la dictadura de Batista". Sin embargo, su tratamiento de Inocencio, el esbirro de la tiranía batistiana que protagoniza la obra, no fue bien recibido por la crítica más radical, debido al énfasis sicológico que le da el autor al desarrollo, y Ferreira será uno de los dramaturgos cubanos que más pronto se irán de Cuba, en 1960, después de instaurado el gobierno revolucinario.

FERMÍN BORGES (Cuba 1931-Destierro 1987). Borges es una de las pérdidas más lamentables del teatro cubano. Escribía un teatro donde sus personajes principales pertenecían a las clases pobres, cuyas vidas él reflejaba con mucha autenticidad, y de una forma completamente realista, sufrimientos y marginaciones de los más desamparados; siendo una de las grandes promesas del teatro cubano de fines de la República y principios de la Revolución, vendrá a morir en el exilio, sin ver realizados los sueños que abrigaba con respecto al teatro cubano. *Gente desconocida (1953), Pan viejo (1954), Doble juego (1954)* dejan constancia de todo esto, mientras que *Una vieja postal descolorida (1957)* y *Breve homenaje a los comediantes cubanos (1958),* de fines de los cincuenta, son muestras de su sentido teatral en proceso de desarrollo. Después escribirá *Con la música a otra parte,* título que tal parece una premonición. En 1966 se lleva a escena, en Cuba, por Morín, *La danza de la muerte,* que Rosa Ileana Boudet ha llamado "revalorización nostálgica del bufo", inspirada en un danzón cubano sobre "el volumen de Carlota". Su entusiasmo a principios de la revolución, su deseo de colaborar con ella y sus planes, bordeaban el delirio. En Miami, trata de hacer teatro, pero sencillamente, a nadie le interesaba ayudarlo. Escribe *Cantata para un joven poeta cubano asesinado por Fidel Castro,* dedicada a Luis Aurelio Nazario, y una obra legendaria, una trilogía, *Los naranjos azules de Byscaine Boulevard,* de cuyo primer acto hizo una lectura teatral, pero que posiblemente se ha perdido. Ariel Remos, en un breve artículo publicado en el Diario las América, fue testigo de la crisis: "Llegado a estas tierras en el éxodo del Mariel, en mayo de 1980, Borges está en el limbo de una adaptación difícil para un hombre que no va a la zaga de algunos de sus personajes agónicos. Pero, inmerso en su vocación de escritor teatral, escribe mientras espera, ya que en su mundo de imágenes y fantasías, prorrogan la vida y el dolor humano una resignación no ausente de esperanzas". Estas palabras de Remos podrían servir de epitafio.

JOSÉ CORRALES (Cuba 1937-Destierro 2000). Con José Corrales termina el siglo XX en espera de renacer en el siglo XXI. Coautor con Manuel Pereiras García de *Las hetairas habaneras,* escribió además *El espíritu de Navidad (1975), Juana Machete o la muerte en bicicleta (1978)*, ambas estrenadas, y *Bulto postal (1976).* En la década de los ochenta escribe *Un vals de Chopin (1985), Orlando (1987), El vestido rojo (1987)* y *Las sábanas (1988). Detrás del suceso, Vida y mentira de Lila Ruiz* y *Walter a primera vista* fueron escritas en 1991. Entre 1991 y 1993 escribe una trilogía bajo el título de de *Los tres Marios,* formada por *De cuerpo presente (1991), El palacio de los gritos (1992), Miguel y Mario (1991). Nocturno de cañas bravas* es de 1994 y *Brillo funerario* de *1996.* De ese mismo año es *Cuestión de santidad.* En 1998 escribe *Allá en el año 98, Catalina la inmensa y otras mujeres, La forma y el tacto* dos escena de *La neblina ha ganado la ciudad.* En 1999 da a conocer su pieza dramática *Pájaro Pájaros,* siendo, además, un poeta de primera línea. Enfermo de parkinson, estuvo escribiendo hasta sus últimos días, siendo muy lamentable que toda su producción literaria se encuentre dispersa, inédita y sin estrenar. En su exploración ilimitada de todas las posibilidades que ofrece el sexo, en *Las sábanas,* por ejemplo, describe las sensaciones femeninas del orgasmo, habitando el cuerpo de la protagonista, mientras que en *Orlando,* intercambia roles de la sexualidad, apoderándose, en último término, del discurso femenino. Estos ejemplo, dan la medida de la complejidad de su teatro.

MIGUEL GONZÁLEZ PANDO (Cuba 1942- Destierro 1998). Involucrado en la lucha clandestina contra Batista, sale de Cuba en 1958. Al triunfar la revolución regresa a la Isla, pero pronto se desencanta del castrismo y siendo casi un adolescente pasa a formar parte de la Brigada 2506 que lleva a cabo la invasión de Bahía de Cochinos. Después de sufrir prisión, es liberado y regresa a los Estados Unidos. Realiza estudios en la Universidad de Miami y en Harvard. Enseñó en Florida International University. Como periodista, trabajó en *El Nuevo Herald.* Como dramaturgo, escribió en inglés y español. *La familia Pilón,* que se estrenó con considerable éxito en 1982. *The Great American Justice Game* es del 1986 y *The Torch* del 1987, año en el cual también escribe, *Había una vez un sueño*, finalista en el concurso de Letras de Oro, de la cual Teatro Avante realiza una lectura dramática en el 1991 y que se publica en inglés en la edición de Rodolfo J. Cortina, *Cuban American Theater*, 1991, bajo el título de *Once Upon A Dream.*

RENÉ R. ALOMÁ (Cuba 1947-Destierro 1986). Aunque su obra dramática está escrita en inglés, Alomá fue un joven dramaturgo santiaguero que murió prematuramente en Toronto, que bien merece recordarse para darnos cuenta de las dimensiones y repercusiones que ha tenido el exilio, que ha llegado a crear una dramaturgia de origen cubano escrita en inglés. Según ha indicado Alberto Sarraín en la antología *Teatro cubano contemporáneo* coordinada por Carlos Espinosa Domínguez, donde aparece *Una cosita que alivie el sufrir,* cuyo estreno en Miami, en traducción del propio Sarraín, tuvo considerable importancia,

Alomá "vibraba de manera muy particular cuando escribía sobre Cuba". Estudió en Ontario, obtuvo una maestría como dramaturgo en Tarragon Theatre, Toronto, y por *A Little Something to Easy the Pain* recibió varios galardones y en particular el otorgado a un nuevo dramaturgo por Southampton College, en 1976, que se estrena en el St. Lawrence Centre en Toronto, en inglés, 1980, y en Miami, en español, en 1986.

*Ver ensayos sobre estos autores en la presente edición.

RENÉ ARIZA (Cuba 1941- Destierro 1994)

Perteneciente a la última promoción de los años sesenta que sigue los lineamientos del teatro de vanguardia que preside Virgilio Piñera, es una figura relevante del proceso histórico y teatral que nos ocupa. Yara y yo conocimos a René Ariza cuando en 1960 iniciaba sus actividades dramáticas en Cuba haciendo de refrescante naranjero en *La taza de café* de Rolando Ferrer. Desde esos años, Ariza tenía una condición angélica, lírica, con un imperceptible toque alucinado que iluminaba su personalidad. Los vínculos se estrecharon gracias a una empatía que sentíamos con él, una fraternidad sin dobleces, un goce en la compañía mutua que todavía no había sido sometido a los sombríos matices de la historia. El interés por el teatro nos acercó más todavía y René se inició en el teatro cubano más decididamente dirigiendo dos obras mías, *Los acosados* y *La botija,* en los *Lunes de Teatro Cubano,* proyecto de Rubén Vigón en la Sala Arlequín, cuando él apenas tenía veinte años y yo no había llegado a los treinta, sin la menor idea de lo que la historia cubana nos tenía en reserva. Al año siguiente puse en sus manos otra pieza mía, *Las vacas,* que se estrenaría en el Palacio de Bellas Artes; la primera obra que recibió el Premio José Antonio Ramos en 1960, que en 1967 se le otorgaría a René por *La vuelta a la manzana,* que fue llevada a escena en los Estados Unidos por el *Latin American Theatre Ensemble* bajo la dirección de Mario Peña. Víctima de acusaciones, expulsiones y purgas, acusado de escribir literatura contrarrevolucionaria, sufre un sin fin de humillaciones y es condenado a ocho años de cárcel hasta que finalmente lo dejan salir en 1979. En breves encuentros en Miami, el desasosiego interior reflejaba la fuerza destructora del régimen castrista sobre el individuo, mucho más intensa tratándose de una criatura indomable. Con motivo de nuestra geografía nos vimos poco, pero pudimos admirar su talento y compartir escenarios cuando New Theatre llevó a escenas obras de él y mías durante el Primer Festival de Teatro Hispano de 1987. Sus recitales eran documentos históricos del valor, la inteligencia y el virtuosismo histriónico. En 1980 hizo una lectura de *Contra el orden socialista y otras cositas* que anticipa su ulterior participación en el filme *Conducta impropia.* En 1983, en la revista *Mariel* aparecen tres muestras de este pequeño teatro de estructura circular y claustrofóbica: *El que faltaba, El asunto* y *Juego con muñeca.* En traducción al inglés, *La reunión (1971), Declaración de principios (1979)* y *Una vendedora de flores de nuestro tiempo (1980),* aparecen en *Cuban Theater in the United States: A Critical Anthology,* edición de Luis F. González-Cruz y Francesca Colecchia. El espectáculo *El cuento de René,* presentado por *Prometeo* en el Festival Internacional de Teatro Hispano del 2006, donde se conjugan sus textos con su biografía, es una prueba de su presencia e importancia, así como la creación del Instituto Cultural René Ariza y la instauración del Premio René Ariza, que llevan su nombre. (MMH)

EN MEMORIA DE JOSÉ A. ESCARPANTER

Lourdes Betanzos
Auburn University

El día 30 de mayo de 2011 el mundo perdió a un gran colega de la crítica del teatro cubano del exilio, José A. Escarpanter. La visión del teatro hispanoamericano y, particularmente del exilio cubano, que tenía este profesor, investigador y ensayista, era fuerte, apasionada y siempre meticulosa. En 1957 con su tesis de doctorado, Escarpanter comienza su trayectoria de investigación y crítica, pero su afición por las artes germinó mucho antes. Arturo Arias-Polo de *El Nuevo Herald* afirmó en un artículo posterior al fallecimiento de Escarpanter que éste "fue uno de los primeros intelectuales cubanos en preocuparse por el rumbo del teatro de la isla en el exilio, una pasión que manifestó en sus textos, los cursos que impartió y en las constantes visitas al Festival Internacional de Teatro Hispano de Miami". En el 2002, recibió "La Palma Espinada", otorgada por el Cuban American Cultural Institute por las contribuciones que había hecho al estudio del teatro cubano. En 2005, el *Instituto Cultural René Ariza,* patrocinador del presente congreso, le otorgó el Premio René Ariza por sus aportes al estudio del teatro cubano.

José Antonio Escarpanter nació en 1933 en La Habana, Cuba. En 1955 completa su Licenciatura en la Universidad de La Habana y en 1957 recibe su Doctorado en Filosofía y Letras de la misma institución con su tesis titulada "El teatro en Cuba en el Siglo XX" bajo la dirección de Raimundo Lazo. Trabajó como Profesor de Historia del teatro en la Academia Municipal de Artes Dramáticas entre 1956 y 1965, mientras también era profesor en la Universidad de la Habana. Hasta 1968 tuvo varios cargos educativos en el Consejo Nacional de Cultura en Cuba, la Universidad de Karlova en Praga y la Universidad de Sofía en Bulgaria. En 1970, se traslada a España donde imparte clases y dirige programas en el extranjero de varias instituciones españolas y estadounidenses, en Madrid, a lo largo de once años. En 1982 empieza a enseñar en Auburn University donde obtendrá cátedra y permanecerá hasta su jubilación en 2001. Sin lugar a dudas, su impacto en la diseminación de conocimientos y apreciación de la dramaturgia hispanoamericana, española y, en particular la cubana, ha sido considerable tanto para sus colegas como para sus estudiantes.

Como bien señala Matías Montes Huidobro en su reciente artículo sobre Escarpanter en *cubaencuentro.com*, somos pocos los que se dedican a la investigación del teatro cubano del exilio y, yo añadiría que, a veces, hasta sentimos que estamos nadando contra-corriente entre la intelectualidad que trata el teatro latinoamericano. A pesar de esto, Escarpanter se mantuvo activo como crítico y teatrero aún después de jubilarse. Sin lugar a duda, sus profundos estudios de Carlos Felipe, José Triana y José Corrales son de suma importancia para el campo de teatro cubano del exilio como también lo son sus publicaciones y ponencias sobre la dramaturgia de Pedro Monge Rafuls, Julio Matas, Matías Montes Huidobro, José Abreu Felipe, Manuel Martín, Jr. entre muchos más. Su conocimiento del teatro a nivel mundial se percibe en los nexos que él subraya en sus trabajos como, por ejemplo, cuando analiza los rasgos del teatro griego en *Las hetairas habaneras* y su interpretación del personaje de Menelao Garrigó como encarnación de Fidel Castro. Sus raíces en el estudio de la dramaturgia cubana del exilio siempre estuvieron bien arraigadas. A pesar del énfasis de la crítica en el teatro hispanoamericano, Escarpanter siempre siguió hacia adelante con su pasión por lo cubano, no sólo en su investigación sino también en los cursos que impartía. Por lo tanto, la huella que ha dejado su fallecimiento en nuestro entorno intelectual es innegable.

Yo conocí a Pepe el año 2001 en una de las cenas durante mi entrevista para suplir el puesto que él había dejado cuando se jubiló. En cuanto llegué para comenzar el trabajo en Auburn University, tanto él como Gina, su esposa, me acogieron con el contagioso cariño con que recibían a todos aquellos que conocían. Desde el primer momento, Pepe Escarpanter fue para mí un mentor en la investigación del teatro caribeño y del exilio cubano. Generosamente, me ofreció acceso a su vasta colección personal de textos cuando todavía era una novata en busca de “tenure”, como también más tarde cuando él vio que mis intereses eran afines a los suyos. Recuerdo que Pepe fue quien me introdujo al festival anual de teatro internacional aquí en Miami y fue una experiencia inolvidable poder disfrutar y comentar con él todas las ponencias y representaciones de grupos teatrales mundiales. Sus observaciones de cualquier representación teatral o de alguna función cultural surgían de un ojo crítico muy agudo y perceptivo. Nunca escatimaba las palabras en su análisis de una puesta escena en general, ni de un actor o director. Era un genuino placer discutir las representaciones teatrales, las óperas y las películas con alguien que desmenuzaba los más mínimos detalles.

En homenaje al gran intelectual y educador que fue Pepe Escarpanter, un grupo de antiguos alumnos suyos de Auburn University están estableciendo una beca que se otorgará a un alumno principiante de la universidad que haya declarado oficialmente que su especialización será el estudio del español. La beca se llama José A. (Pepe) Escarpanter Endowed Scholarship y el estudiante premiado recibirá $1000 al año durante cuatro años académicos.

El profesor Escarpanter se preocupó por el progreso y el éxito de todos y cada uno de los estudiantes que pasaron por su aula. Lo recuerdan siempre por su constante sonrisa y por sus frases célebres, especialmente cuando se trataba de una que otra oveja extraviada o de mirada perpleja que estuviera en su clase, del cual solía decir que estaba “perdido en el bosque”. El cariño entre Pepe y sus estudiantes se hizo evidente con la numerosa presencia de antiguos alumnos en el servicio conmemorativo que se hizo en Auburn con posterioridad a su fallecimiento, muchos de los cuales viajaron desde otros estados para poder asistir.

No cabe duda que José Escarpanter ha dejado una huella increíble en la crítica del teatro cubano del exilio, en sus estudiantes y en todos aquellos con los que trató durante su vida y sus viajes. Todos damos gracias por el hecho de que él haya tocado nuestras vidas y/o enriquecido nuestras actividades intelectuales. Se extraña su ausencia y participación en estos eventos del teatro cubano.

NOTA

Si a cualquiera persona le interesara hacer una contribución a la beca "José A. (Pepe) Escarpanter Endowed Scholarship del College of Liberal Arts de Auburn University", favor de comunicarse con Lourdes Betanzos por correo electrónico a betanlo@auburn.edu para así poder indicar cómo y dónde se pueden hacer donaciones.

OBRAS CITADAS

Arias-Polo, Arturo. "Muere el crítico José Escarpanter". *El Nuevo Herald.* 2 de junio, 2011.

Montes Huidobro, Matías. "José Escarpanter, una vida dedicada al teatro cubano". *Cubaencuentro: Cultura,* Sección: *Literatura.* 13 de junio, 2011. Web

FUNDADORES

Julio Matas: de actor a dramaturgo *

Olga Connor
Periodista y ensayista, *El Nuevo Herald*

Julio Matas —nacido en 1931 en La Habana, Cuba— fue de abogado a actor, profesor, crítico, poeta y dramaturgo, pasando por muchas instancias, como la de director del teatro dramático y del teatro lírico, mientras vivía en la isla, y también de la televisión y del cine. Entre todo ello había un dramaturgo intercalado, porque ya un año antes de partir de Cuba, en 1965, a los 33 años de edad, publicó, por obra y gracia de Virgilio Piñera, que era su gran amigo, una obra escrita en 1963. Era *La crónica y el suceso* (La Habana: Cuadernos Erre, Ediciones Revolución), cuyo verdadero estreno no ocurrió hasta su lectura en *Teatro en Miami Studio* en Miami, en 2009. "No tenía asunto político y en Cuba no interesó", afirma Matas en su apartamento de Miami Beach en diciembre de 2011[1]

---

1 Esta presentación la reseñé el 18 de agosto de 2008, en *El Nuevo Herald*, con el título "Recibe homenaje Julio Matas en Teatro en Miami Studio": "En merecido homenaje al dramaturgo, narrador y ensayista cubano Julio Matas, Laura Zerra y Eddy Díaz Souza, en colaboración con *Teatro en Miami Studio*, presentaron la lectura dramática de la obra *La crónica y el suceso*, dirigida por Díaz Souza. La obra emocionó a Virgilio Piñera, contó el escritor Luis González–Cruz, en su breve introducción el jueves pasado en el teatro de la Calle Ocho y la Avenida 25, pero nunca fue estrenada hasta ahora, 44 años después de publicada. González Cruz expresó que cuando lo conoció en La Habana, Matas acababa de realizar estudios en Harvard University, y se le recordaba por haber puesto en escena *La soprano calva*, de Eugene Ionesco en 1956. Matas, quien fue actor y director dramático en Cuba, dejó luego la isla y obtuvo una cátedra de literatura en Pittsburgh University, en Pennsylvania, desde donde comenzó a realizar trabajos críticos, pero siguió escribiendo obras dramáticas y la novela *Entre dos luces*, "aunque su verdadero anhelo ha sido siempre el teatro", dijo Matas. Con el elenco de Fernando Pelegrín, Mercedes Ruiz, Jorge Ovies, Laura Zerra, Rodolfo Valdés Sigler, Lisiada Mansito, Reinaldo González Guedes, y Pedro Muñoz,

Antes había publicado dos poemarios, *Homenaje*, en 1958, y *Retrato de tiempo,* en 1959, mientras estudiaba en la Universidad de Harvard, Boston, Estados Unidos, donde había recibido una beca en 1957 para estudiar la Maestría y en la que llegó a terminar el doctorado más tarde.

A él lo recuerdo de joven, larguirucho y solemne. Iba entonces por los pasillos y las escaleras que llevaban al último cuartito del nuevo edificio de nuestro plantel de secundaria, donde se encontraba el grupo de teatro que dirigía Mercedes González, quien precisamente lo había presentado a Virgilio Piñera, pues ambos procedían de Camagüey. Ya Matas era estudiante de Derecho en la Universidad, pero su alma teatral le paseaba por dentro de aquel cuerpo espigado. El no sabía que yo lo espiaba. La doctora González lo conocía bien. Había sido su profesora en el grupo de teatro en el Instituto "Viejo" de la Víbora. Ahora estábamos en uno rebosante de granito y mármol. Yo era parte de ese grupo nuevo de teatro que le caía a González todos los años.

También se sabía que iba a despuntar en las artes escénicas, porque estudiaba en el Seminario de Artes Dramáticas de la Universidad de La Habana que dirigía Luis A. Baralt. Pero las familias cubanas querían que sus hijos estudiaran Medicina, Derecho o Ingeniería. La madre de Matas no deseaba que fuera actor, porque su papá —que había fallecido cuando él tenía seis años— había sido abogado y juez, y guardaba su flamante biblioteca legal. De modo que, para complacerla, consiguió el título de abogado, que colgó luego en la pared. Lo que en realidad le interesaba era la dirección teatral, pero confiesa que "consideraba que un

---

la lectura de *La crónica y el suceso* resultó entretenida y creó la expectativa de una posible futura puesta en escena por su estructura tan novedosa –"no tiene arrugas después de tantos años", comentó Gónzalez Cruz—y por su tema de personajes citadinos que se reúnen en un café y terminan en una corte de justicia. Con distintos puntos de vista en una escenificación de un juicio en el escenario, Julio Matas como autor es también personaje ficticio que resulta muerto. Los crímenes pasionales aparecían en la crónica roja, y los juzgados eran tema de sainetes y sketches del teatro bufo. Matas hace aquí un cruce de lo bufonesco, como dice Pedro R. Monge Rafuls en el programa, con el teatro del absurdo y el realismo de la típica comedia cubana, lo que lleva a sorpresa tras sorpresa en el desarrollo de la obra.

buen director tenía que ser antes un buen actor". En el Instituto de la Víbora, entrenado y dirigido por Mercedes González, hizo varias obras y entre ellas recuerda principalmente *La Numancia*, de Miguel de Cervantes Saavedra. Trabajó luego bajo la égida de Baralt en el teatro de la Universidad de La Habana.

Por consiguiente su destino era otro al propuesto por su familia, y ha sido reconocido como uno de los dramaturgos cubanos más importantes de la segunda mitad del siglo XX. El historiador del teatro cubano, además de dramaturgo, novelista y poeta, Matías Montes Huidobro, lo ha clasificado como "de la vanguardia intelectual de fines de los cincuenta", que procedía "del teatro del absurdo y de la crueldad", junto con Antón Arrufat, quien ha permanecido en Cuba.

> "Desde niño yo tenía siempre una fijación con el teatro, representar las cosas", cuenta Matas. "Formé un pequeño grupo con los niños del barrio de la Víbora donde vivía; hacíamos los sainetes de los hermanos Quintero, pero aquello no trascendía. Cuando iba a ingresar en la Universidad decidí matricularme también en el seminario de Artes Dramáticas que dirigía Baralt, y me fui entrenando en todos los aspectos del teatro en aquel periodo [del 48 al 52], de luminotécnico, asistente de dirección, y por último actor, porque quería probarlo todo; era una vocación a la cual le di toda su rienda en aquel momento".

Pensando sobre algunas de las obras en las que actuó en la Plaza Cadenas de la Universidad de La Habana, cita *Una viuda difícil*, del autor argentino Conrado Nalé Roxló (1898-1971), dirigida por Baralt. Matas se iba preparando en el Teatro Experimental de la Universidad, y comenzó a dirigir ciertas obras, ya desde 1948, como algunas escenas del *Quijote*, y la obra *Casina*, de Plauto, donde actuó también en el papel de un viejito. "Una comedia con tremendas insinuaciones, y donde la gente se reía muchísimo", relata Matas. Muchas de estas obras se realizaban en el Auditorio de la Escuela de Pedagogía de la Universidad de La Habana.

A los 23 años se lanzó a dirigir la *Medea* de Eurípides (en

1954), que se puso en el Sindicato de Torcedores de La Habana, el cual era muy apropiado porque tenía un salón con una columnata, parecida a la de la Plaza Cadenas de la Universidad, que se pudo aprovechar muy bien. Desempeñó además en ella el papel del mensajero, el que describía los horrores que habían ocurrido. Luego siguió ese impulso buscando el teatro del absurdo de Ionesco, y dirigió *La soprano calva*, en 1956, primero en el teatrito del Lyceum, todo el invierno del 57 en *El Atelier*, y después de la Revolución, cuando regresó en 1960 a La Habana, en el teatro *Prometeo*, y en 1963 en el teatro *Talía*. En algunas de las representaciones de *La soprano calva* figuró Julia Astoviza —uno de mis mitos juveniles— la Julieta de *La Habana para un infante difunto*, de Guillermo Cabrera Infante.

Después de la Revolución actuó a la vez que dirigía, en *La verdad sospechosa*, de Ruiz de Alarcón, con Laura Zarrabeitia y Ana Viñas. Como no aparecía nadie apto para hacer el papel de Don García, un personaje con el vicio de la mentira, le rogaron que lo desempeñara él. "Empecé a dirigir esta obra en verso, y no encontraba un actor que encajara y se aprendiera todo el parlamento", afirma Matas.

De Virgilio Piñera también dirigió y actuó en *Falsa alarma*, haciendo el papel del asesino, en 1957, y luego en *El flaco y el gordo*. Y ensayó otra obra de este dramaturgo que se llamaba *Siempre se olvida algo*, pero en ese momento intervinieron la Sala Talía del Retiro Odontológico y no se pudo llevar a escena. *La lección* de Eugene Ionesco, y *El pescado indigesto,* de Manuel Galich, en 1962, publicada en Cuba por Casa las Américas, en 1961, fueron otras de sus experiencias teatrales en La Habana. Sin embargo, en lo que más se distinguió en esa década del 60, fue por su papel protagónico como Oscar —al alter ego del autor Virgilio Piñera— en *Aire frío*, estrenada en 1963. Dirigida por Humberto Arenal en el teatro *Las Máscaras*, se conserva en parte por la filmación del director de cine cubano Enrique Pineda Barnet, que fue vista gracias a los buenos oficios de Lillian Manzor en la Universidad de Miami. Confiesa Matas que "la idea que teníamos todos cuando se estaba ensayando la obra era que la gente se iba a ir, porque era demasiado larga [dura cuatro horas], y aquello fue un éxito tan grande que estábamos asombrados; el público reía y lloraba. Me sentí realizado", confiesa Matas.

En la televisión hizo el trabajo de director alterno en Teleteatro, en el que se representaban obras del repertorio universal moderno. Las adaptaciones eran de Andrés Núñez Olano, poeta de la generación de Piñera, y duraban una hora aproximadamente. Uno de los que Julio recuerda es *La señorita Julia*, de Augusto Strindberg, con Violeta Jiménez en el papel protagónico. Dirigiendo las cámaras se hallaba Tito Borbolla, fallecido en Miami. También participó varias veces en el programa *El cuento universal,* del que recuerda un cuento de Antón Chéjov, por el que fue muy aplaudido.

En cine participó como director de actores en la película *Las 12 sillas,* de Tomás Gutiérrez Alea, "Titón", pero éste no le dio crédito en la cinta. "Habló en una entrevista de que yo había colaborado, pero no me dio crédito, lo que me dolió mucho, porque éramos muy buenos amigos, y me correspondía a mí el trabajo que había hecho", se queja Matas. Pero en años previos al ICAIC, (Instituto Cubano del Arte e Industrias Cinematográficas) trabajó en cortos fílmicos con Gutiérrez Alea, Ramón Suárez y Néstor Almendros. "Hicimos una versión de un cuento de Kafka que se llamaba 'Una confusión cotidiana' ", recuerda. "Eran dos individuos que habían concertado una cita de negocios y nunca se producía el encuentro. Otra cosa que hice fue un monólogo de Hamlet, que me iba leyendo Natividad González Freyre, y yo lo trasmitía, sin hablar, con la mirada, pero todo el mundo pensó que era muy aburrido".

Por otra parte, llegó a ser director de actuación en el Teatro Lírico de La Habana, donde se interpretaban zarzuelas como *Luisa Fernanda*, y allí entrenó a cantantes como Georgia Gálvez y Rosita Fornés entre otras luminarias cubanas.

Ha sido en el exilio donde Matas se decidió a cambiar de actor y director a dramaturgo, y siguió escribiendo teatro, mientras ocupaba una cátedra en la Universidad de Pittsburgh, Pennsylvania, donde ejerció por 25 años. Matas no llegó a estudiar literatura formalmente en Cuba, sino en Harvard. Pero se reunía con los amigos intelectuales en la década de los 50, antes de la Revolución, en *Nuestro Tiempo*, una sociedad cultural donde exponían sus cuadros, entre otros, los pintores Wifredo Lam, Ponce y Agustín Fernández, a quien Matas conoció muy bien. Allí ofrecían conferencias y películas, aunque no se proclamaba que estaba organizada por el Partido Socialista Popular, de la dirigencia comunista.

Por ese entonces, Virgilio Piñera regresó de la Argentina, donde había estado unos años desde fines de los 40, y fue al tiempo que se fundaba la revista *Ciclón*, que patrocinó José Rodríguez Feo. "*Ciclón* surgió por una diferencia de opinión entre [José] Lezama Lima y José Rodríguez Feo, era una especie de bofetón a *Orígenes*. Participé en cierto modo, porque *Ciclón* se hacía en casa de Virgilio, y aunque no publicaba nada ahí, colaboré con ellos", nos dijo Matas, lo que también es parte de su hoja de servicios intelectuales.

¿Fueron estas experiencias con las obras clásicas en el Teatro Universitario en la Plaza Cadenas de la Universidad, al aire libre, donde Ramón Valenzuela, que organizaba las funciones y parecía saber la fecha exacta, a principios de agosto, en que no habría lluvias; lo que le influyó a escribir versiones modernas del teatro y los mitos griegos, como, por ejemplo, *El extravío* (de 1987-88)? Basada en el mito del Minotauro, su única puesta en Miami por el *Teatro Avante*, dirigida por Mario Ernesto Sánchez, tuvo lugar en el VII Festival Internacional de Teatro Hispano de 1992.

> "No, eso fue una coincidencia", aclara Matas. "Virgilio escribió *Electra Garrigó* mucho antes que las obras clásicas de Baralt. Era la época: estuvo de moda traer las obras clásicas al presente, [Albert] Camus escribió *Calígula*, y Jean Paul Sartre, en *Las moscas*, resucitó a Orestes".

En *El extravío*, explica Matas, él quiso utilizar los paradigmas del mundo antiguo, aunque no hay ninguna obra escrita sobre Teseo y Ariadna, pero el mito de Creta le pareció extraordinario. En una casa en el campo, la acción se desarrolla en un portal, pero en la distancia hay un monstruo con una mancha en el rostro, un niño engendrado por un extraño que se encuentra con la esposa del dueño de la finca. Sus dos hijas legítimas sufren el castigo de ese extraño, que es su hermanastro, mientras la madre se vuelve loca y grita todo el tiempo desde el piso alto de la casa. La acción se complica cuando el padre decide terminar con la presencia del monstruo y se busca a un asesino en la capital. Este enamora a las dos hijas, a una la abandona al principio, a la otra al final. Es un Teseo matarife y burlador, en cierto modo un tipo de Don Juan, y las chicas, unas desgraciadas solteronas. Pero es el misterio lo que tiembla más allá del río y el mito del Minotauro determina toda la acción, como señala Aurora en el siguiente parlamento de *El extravío.*

> A nosotras, como éramos chiquitas, no se nos había explicado nada. Un día se me ocurrió llegarme hasta el Palmarito. Es una jornada larga desde aquí. Ya cerca del lindero, oí un chapoteo en el río y me detuve... Tenía miedo de que alguna persona de la confianza de papá me sorprendiera y le fuera con el cuento... Ya iba dar vuelta, cuando lo divisé. En ese momento, salía del río corriendo como asustado por algo... miraba para atrás y daba unos berridos horribles... Es tan feo, tan feo, que da lástima, con aquella cabeza enorme y aquella mancha en la cara que es como la señal de su destino... Cuando pienso en él, lo veo así, corriendo con aquella expresión de susto, como si estuviera siempre huyendo de una amenaza...Y lo peor es que cuando me lo imagino de esa manera, no puedo dejar de decirme que es mi hermano, ese hermano desgraciado que, a pesar nuestro, no podemos querer, porque nos avergüenza y hasta tenemos que admitir que nos inspira repulsión.

La crónica y el suceso, escrita mucho antes es muy diferente, y presenta un lenguaje muy de solar, de casa de vecindad y de café. ¿De dónde lo saca el autor, cuya manera de hablar no es nada "barriotera"? "Las casas de vecindad eran cajas de sorpresa", comenta Julio, que las visitaba cuando era estudiante, "en una de ellas vivía [Guillermo] Cabrera Infante [de quien era muy amigo]. Era un mundo de un ambiente muy mezclado y allí convivían desde el burócrata hasta la prostituta".

Raimundo Lida, su profesor de postgrado en Harvard, le dijo que *La crónica y el suceso* tenía una cercanía con la obra de

Piñera. "Es que Virgilio siempre fue maestro, consejero y amigo en el plano literario", le replicó Matas. "Abilio Estévez [autor de *La Noche*] se formo también a la sombra de Virgilio", cuenta Julio. "Virgilio era como una gran gallina: le gustaba empollar a hombres jóvenes, y jamás sintió ninguna rivalidad. Virgilio y yo nos carteábamos al principio; esa relación se disolvió, porque le perjudicaba recibir cartas. Pero seguí siempre leyendo su obra". Aquél era un mundo muy articulado de amigos que se movían en el ámbito de la literatura y el teatro. "En aquella red uno se encontraba amparado", comenta. Uno de sus primeros amigos fue el poeta Roberto Fernández Retamar – que luego sería director de la Casa Las Américas —, y que por cierto visitaba mucho el Instituto de la Víbora donde tenía a un hermano estudiando. Nunca más se hablaron Retamar y Matas después del exilio.

"Esa profunda relación a nivel intelectual artístico no la he vuelto a tener en este país...", dice Matas con nostalgia. Incluía al novelista Cesar Leante, al poeta Pablo Armando Fernández, al camarógrafo Néstor Almendros, además de los mencionados antes. Muchos eran parte del grupo de *Lunes de Revolución*. Allí también estaban Heberto Padilla, Matías Montes Huidobro, Fausto Masó. Algunos se fueron, otros se quedaron. "Era un grupo donde había una coherencia de todo tipo. Nos estábamos viendo constantemente", confiesa Matas.

Pero le fue imposible adaptarse a las nueva circunstancias Cuando regresó del norte a principios de la Revolución le habían dado un puesto de director en el Teatro Nacional y se le ocurrió presentar la obra de Thornton Wilder "Our Town" ("Nuestro pueblito"), y la gente protestó porque era una obra norteamericana. La directora del Teatro Nacional, Isabel Monal, escogida principalmente por méritos revolucionarios, no lo respaldó. Otros la pasaron peor. "Virgilio tuvo que sufrir más de lo que conocemos aquí, porque como castigo hasta lo colocaron de portero en algún lugar", comenta el dramaturgo.

Al salir por España les escribió a sus antiguos profesores de Harvard Raimundo Lida y Stephen Gilman una carta muy alarmante, y lo recomendaron inmediatamente para una cátedra en la Universidad de Pittsburgh, desde donde escribió a través de los años una serie de obras dramáticas que se reúnen mayormente en *El rapto de La Habana* (2002) y, finalmente una novela, aquí en Miami, *Entre dos luces* (2003), que confiesa será la única, porque es un género demasiado laborioso[2]

Para él los géneros literarios, sobre los que ha escrito el libro de ensayos *La cuestión del género literario* (1979), dependen de lo que se quiera decir, porque "la literatura es un medio de comunicación de lo esencial, que funciona en distintos niveles: como un acto emocional e intelectual, y al mismo tiempo como obra de arte [...] He vivido siempre dividido entre las dos cosas: entre dedicarme a la crítica y a la necesidad de expresarme de otro modo. Cuando no pude hacer teatro, ni dirigir, ni actuar —después del 65—, empezó a crecer la obra creadora que ya yo había empezado en Cuba, entre el 61 y el 64, con un libro de cuentos llamado *Catálogo de Imprevistos*, publicada en los Cuadernos Erre que dirigía Virgilio Piñera"[3].

---

2 En una reseña que publiqué el 15 de octubre del año 2010 en *El Nuevo Herald,* con motivo de la presentación de *Entre dos luces,* señalé lo siguiente: "El viejo amigo Julio Matas es dramaturgo por excelencia, pero también se ha destacado como narrador y como poeta. Sin embargo, *Entre dos luces* es su primera novela. Apunto algunas de las palabras del autor el sábado 11 de octubre sobre su nueva obra, que trata de las memorias de Anastasio Dueñas, alias Chacho, quien vive desde los 20 hasta los 70 la vida de su isla antillana, describiendo su destino entrelazado con el suyo. ´La novela se puede leer a dos niveles, el de la anécdota, (la historia de Chacho, y el destino buscado por él) y el de los símbolos: el contrapunto de lo blanco y lo negro, de la sombra (o lo sombrío) y la luz, del blanco y el negro´, dijo Matas. ´Desde la infancia, los personajes tienen, por ejemplo, juegos blancos (inocentes) y juegos negros (agresivos): estos juegos negros anticipan las acciones sombrías que ocurrirán en el futuro, la violencia, la rivalidad de grupos, las matanzas recíprocas de los años 40... […] Chacho es un espíritu torturado y para él la salvación está en la fusión del blanco y el negro: la mulatez absoluta', continuó diciendo Matas. 'La gran ironía de la novela es que ésa es su solución, la que le trae la paz, la serenidad personal'. Matas aclaró que esta temática de la novela, que yo veo como una influencia del ensayo del mexicano José Vasconcelos *La raza cósmica*, no es su teoría personal, sino la de su personaje, y que quizás haya sido influenciado por Vasconcelos subconscientemente".

3 En Miami, Julio Matas ha estrenado además de las obras ya mencionadas, *Diálogo de Poeta y Máximo*, en *The New Theater* de Rafael De Acha,

A Julio Matas lo borraron de la historia del teatro nacional, y solo recientemente lo han restituido, cuando Magaly Muguercia publicó "El teatro cubano en vísperas de la Revolución", que incluye, entre otros, a Francisco Morín, creador de Prometeo, y a Andrés Castro, fundador de la sala Las Máscaras, todos ellos gente del teatro antes del año 59.

Ha sido una devoción total, como dijo Matías Montes Huidobro al concedérsele el Premio René Ariza en 2007: "La dedicación de Julio Matas al teatro cubano se extiende por más de medio siglo como actor, director, ensayista y dramaturgo, a partir de 1953 cuando funda en La Habana el grupo teatral Arena. Cuando en 1965 Julio Matas toma el camino del exilio, lejos de cerrar con ello su labor en el teatro cubano, no hizo más que ampliarlo y solidificarlo con una obra dramática que le quedaba por escribir. A las difíciles circunstancias que representa el exilio para todos los escritores, el teatro ofrece barreras, a veces insalvables, que hacen más ardua la dedicación al mismo. Julio Matas, fiel al idioma y a su función como escritor cubano, siguió ascendiendo en una trayectoria iniciada en Cuba décadas atrás".

* La entrevista que ha sido la base de este trabajo se realizó en diciembre de 2011, en el apartamento de Miami Beach, de Julio Matas, donde convive con Luis González Cruz desde la jubilación de ambos.

---

y *Juego de Damas* en el mismo teatro, dirigida por Kathleen Toledo, en sus versiones al inglés. También en *Cámara Obscura* se presentaron obras de teatro leídas por actores profesionales, en la serie *Tercer Jueves: es Teatro,* que promovió el *Instituto Cultural René Ariza, ICRA*. Entre esas obras se leyó *Los parientes lejanos*, del libro *El rapto de La Habana*, una obra cómica y a la vez satírica de la situación de muchos cubanos de Miami con parientes recién llegados de Cuba. También escribí la reseña el día 22 de mayo de 2006 con el título "Julio Matas y *Los parientes*": "Fue casi una representación formal, se movían, se tiraban unos arriba de otros, y la gente contentísima, quedé muy satisfecho con todo", comentó Matas. Sandra García, del Interamerican Campus del Miami Dade College, estuvo a cargo de todo, como directora general, y el nicaragüense Christian Ocón fue el director". La obra tiene un humor sardónico, muy típico del estilo de Matas, que provoca, por lo absurdo, una risa que hace pensar.

Afrocubanía, teatralidad y exilio en *Tirando las cartas* de Matías Montes Huidobro.

Armando González Pérez
Marquette University

Terry L. Palls, en su artículo "The Theater, 1900-1985", publicado en el *Dictionary of Twentieth-Century Cuban Literature,* señala el poder omnipotente de la Revolución Cubana del 59 y su impacto en la creación dramática tanto dentro como fuera de la isla. "The radical ideological shift to a socialist (Marxist-Leninist) society, which occurred with the Revolution of 1959, changed the entire cultural milieu and presaged the dawn of a new view of the Cuban theater...Undoubtedly the Revolution that occurred has been a determining factor in the thematic and stylistic development of the contemporary Cuban theater both in and outside of Cuba" (459, 464). No cabe duda alguna que las consabidas "Palabras a los intelectuales" pronunciadas por Fidel Castro en el salón de actos de la Biblioteca Nacional de La Habana en 1961 contribuyeron significativamente a la pauta que debía seguirse en cuanto a la creación artística con su "dentro de la revolución: todo; contra la revolución ningún derecho." Posteriormente, El Congreso de Escritores y Artistas Cubanos en 1968 y las declaraciones hechas por Nicolás Guillén, antiguo presidente de la UNEAC, corroborarán el sofocante proceso sociopolítico que estaba ocurriendo en las isla: "... si en Cuba todo ha cambiado, si todo está cambiando bajo el imperio de la Revolución, no puede concebirse una literatura ni un arte en desacuerdo con este proceso, es decir, que lo niegue o contradiga para servir a nuestros enemigos" (*Cuba Internacional*, 1972, 21). El control total del pueblo cubano está captado singularmente por Paul C. Sondrol cuando afirma que "Fidel Castro is the totalitarian dictador of Communist Cuba. Overwhelming government power encroaches upon virtually every aspect of Cuban life. No autonomous groups or non-regulated <<counter-revolutionary>> forms of behavior exist independent of Castro" (606). Esta postura intransigente del nuevo discurso revolucionario, desde luego, será un factor determinante en el exilio de muchos escritores y artistas.

El Diccionario Larousse (10ª reimpresión, 206) indica que el vocablo exilio significa "destierro" o "expatriación" y los verbos exilar y exiliar pueden referirse a cualquier persona que tiene que abandonar su patria por razones políticas, como ocurrió en la mayoría de los casos con muchos de los escritores y artistas cubanos después de 1959. Paul Tabori en su libro *Anatomy of Exile: A Semantic and Historic Study* amplía esta definición cuando afirma que "An exile is a person compelled to leave or remain outside of his country of origin on account of a well-founded fear of persecution for reasons of race, religion, nationality, or political opinion; a person who considers his exile temporary (even though it may last a lifetime), hoping to return to his fatherland when circumstances permit- but unable or unwilling to do so as long as the factors that made him an exile persist"(27).

La cualitativa y cuantitativa creación artística de Matías Montes Huidobro está influida por su condición de exiliado y su idiosincrasia cubana. En una conferencia leída en 1987 en el *Congreso del Instituto Internacional de Literatura Iberoamericana,* celebrado en The City College of New York, Montes Huidobro explica su partida de Cuba y su rechazo a ser un escritor oficialista:

> Tras recibir en 1960 el Premio José Antonio Ramos por mi versión absurdista de *Las vacas*, escribo en 1961 *La madre y la guillotina*, y al hacer en ella una representación de la historia que no me es posible dar a conocer, entiendo a plenitud que no había nacido, como escritor, para oficialidades históricas, que dejaba para otros *personajes*. El destino era partir, representar la historia desde adentro y desde afuera, seguir la continuidad, establecer el nexo alienatorio de irse, mantener el cordón umbilical con aquellos que habían partido por los caminos de la alienación: Milanés, Casal, Luisa Pérez de Zambrana. En el reino de la indivinidad, como diría Virgilio Piñera, partir es la voz de Orestes, y la historia podía representarse también, no con menor autenticidad, en los remotos horizontes de lava,

arena y mar, y en los atardeceres de la distancia. (*Matías Montes Huidobro: acercamientos a su obra literaria*, 219.)

La posición de Matías Montes Huidobro como escritor cubano está plasmada brillantemente en su célebre pieza *Exilio* y en la cita siguiente al hablar de su quehacer literario.

> Mi obra preferida es siempre la última que estoy escribiendo, pero dentro de eso, quizás tenga una particular preferencia por *Exilio,* que representa un momento de mi plenitud como dramaturgo… Además, me define completamente como escritor cubano, que siempre seré… Cuba sale siempre en todo lo que escribo… Yo defino mi cubanía en cada una de las palabras que escribo. Simplemente, soy cubano, no importa el lugar de la tierra donde me encuentre, o como excluyan o incluyan mi escritura. (*Matías Montes Huidobro: acercamientos…*, 231.)

Su última pieza dramática *Tirando las cartas*, escrita en el 2009 y publicada en el 2010 por Luis de la Paz en su atractiva antología *Teatro cubano de Miami*, forma parte esencial de esa cubanía que afirma el autor y a su condición de escritor. Esta obra también refleja algunas de sus vicisitudes biográficas e históricas como escritor aparecidas en previos textos como *Los acosados, La navaja de Olofé, Ojos para no ver, Hablando en chino, Sobre las mismas rocas, Desterrados al fuego* y *Concierto para sordos.* Sin embargo, *La navaja de Olofé,* con su componente mágico afrocubano, es la obra fundamental para el planeamiento, con su hipotético montaje teatral en La Habana. La afrocubanía de *Tirando las cartas* también se relaciona estrechamente con el ritualismo mágico de la *La navaja de Olofé*. Montes Huidobro en su libro capital, *Persona, vida y máscara en el teatro cubano,* destaca la relación e importancia que la magia y la liturgia de procedencia africana tienen en nuestro teatro:

> La magia nos llega de modo muy directo a través de lo negro, constituyendo integrante esencia de lo afrocubano. La liturgia negra ha tenido siempre una particular fuerza dentro del panorama cubano, tan fuerte como la liturgia cristiana; más

> fuerte según algunos… Nos encontramos así con un fuerte elemento mágico de primera mano procedente de las religiones africanas supervivientes en Cuba, de un rico mundo literario, religioso y mágico que se puede encontrar en las fuentes de los negros yorubas, llamados en Cuba lucumís. Mundo mágico, mundo teatral y mundo negro parecen ser sinónimos. Lo negro y lo mágico como recurso dramático son fácilmente reconocibles. (41-44)

Tirando las cartas, a las que alude el título, son las que se proyectan en pantalla y que recrean cada una de ellas aspectos de la vida cubana mediante la perspectiva pesadillesca del personaje masculino. En esta pieza se conjugan brillantemente una rica gama de recursos típicos de su dramaturgia como son el teatro dentro del teatro, el espacio y el tiempo de la acción de la obra, la escenografía, la música, la magia afrocubana y, desde luego, el manejo excepcional del lenguaje. Los protagonistas de *Tirando las cartas* se llaman ÉL y ELLA, nombres cargados de resonancias simbólicas. No se trata sólo de un tal Juan y una tal María sino de todos los cubanos exiliados frente a la problemática cubana actual que plantea el diálogo de las dos orillas. Es decir, *Tirando las cartas* se enfoca en las vicisitudes personales, económicas y teatrales de una pareja de exiliados, dentro de un contexto histórico cubano que está por solucionarse.

Esta problemática se plantea desde un principio cuando los protagonistas discuten la posibilidad de un montaje escénico de *La navaja de Olofé* porque según ELLA es una obra apolítica. Sin embargo, ÉL no está seguro de la propuesta de este hipotético montaje en la isla porque en Cuba cualquier cosa puede considerarse política: "En Cuba político puede ser cualquier cosa… El arroz con pollo o el café con leche" (96). ELLA alega que la idea de montarla en La Habana fue de ÉL: "…la de llevarla a Cuba y ponerla de San Antonio a Maisí… En el Milanés de Pinar de Río… El Sauto de Matanzas… El Terry de Cienfuegos… y el Nosequé de Jatibonico… De La Habana a Santiago de Cuba. ¡Hasta en Cifuentes y Sagua la Grande! Y en Miami, naturalmente. ¡El montaje de las dos orillas! Como tú sabes, en Miami se hace mucho teatro y en Cuba, ¡ni se diga!" (94). Ella sigue insistiendo que llevarla a las tablas en Cuba es posible porque han pasado muchos años y las cosas se olvidan con el tiempo. Además, ahora se están extendiendo puentes y se habla de la reconciliación y del reencuentro. Pero para EL, esos puentes se están cayendo y los cubanos, desde luego, tienen memoria de elefante; es decir, no se olvidan de nada. El mismo tampoco se ha olvidado de lo que le hicieron en Cuba. Aquello fue como el suplicio de Tántalo. Por eso, enardecido y medio desquiciado le recuerda el juicio sumario que le hicieron que terminó con EL en el Cementerio de Colón:

> Oye. Escucha. La investigación se había desarrollado de una manera precisa, como una ecuación matemática, pitagórica... Dos y dos son cuatro... Fue un juicio sumario... Ni podía decir ni que sí, ni que no, porque siempre quedaba mal y la cabeza me la iban a cortar de todos modos. Los números, tú sabes. "¿Culpable? ¿Culpable de qué?", le dije sin abrir la boca. ¿Condenado a muerte? ¿Acaso me aplicaban la ley de fuga y de un momento a otro la metralla me entraría por el omóplato y me saldría por el corazón? ¿Patria o Muerte? ¿Viva Cristo Rey? ¿Venceremos? No podía saberlo mientras corría por aquella pesadilla circular. ¡Con la Revolución todo! Como es natural, me mandaron al cementerio. (98-99)

Este delirante recuento de lo que le ocurrió continúa como si fuera un monólogo en la surrealista escena del Cementerio de Colón. Montes Huidobro alude al elemento carnavalesco de *La navaja de Olofé,* con sus comparsas santiagueras, para introducir otros componentes intertextuales en la pieza, especialmente el referente al capítulo "Réquiem" de su novela *Concierto para sordos.* El lenguaje coloquial empleado en esta escena, en la que pasa revista a la plana mayor de la música cubana, que va del Areito a la Nueva Trova, se ajusta perfectamente al irónico concierto para sordos en el cual se parodia la situación cubana como si fuera una danza de la muerte:

> Eso pensaba yo, que a lo mejor Olofé estaba metido en aquel tinglado, porque Olofé se mete en todas partes. Entonces fue cuando empecé a oír acordes pachangueros, porque ya tú

> sabes como a los cubanos les gusta la música, las maracas, los tambores, los güiros, las claves... El Ángel del Silencio nos mandaba a callar a todos, pero nadie le hacía caso... Me parecía oír de lejos aquello de... *(cantando)* "¡Ay, caballero, esto le zumba tan pronto sintió la conga el muerto se fue de rumba!"... Poco a poco se empezaron a entremezclar la rumba, el guaguancó, la conga, el danzón, el son, el mambo y el chachachá, con la plana mayor de la música cubana. (101)

Él, bailando y todo contorsionado, comenta en un lenguaje altamente erótico que los esqueletos rumberos, entre vírgenes y cristos crucificados, se fueron enardeciendo, al repique del bongó; es decir, cuando hicieron su aparición "las bolleras" se formó una algarabía llena de lujuria:

> Como todo el cementerio se fue llenando de aquella alegría carnavalesca, el ritmo del bongó fue acentuando los movimientos y enardeciendo aquellas partes que habían pasado a mejor vida. Cuando hicieron su aparición "Las bolleras" se formó una algarabía de apaga y vámonos, provocando la más absoluta desesperación de las falanges. Fue entonces cuando los esqueletos se dieron cuentas que les faltaba el instrumento musical que más necesita y sin el cual no hay música que valga (103-4).

La gran tragedia nacional es que el pueblo cubano, como los esqueletos, se ha quedado sin flauta y maracas; es decir, que metafóricamente ha sido castrado por el nuevo discurso revolucionario. Para ELLA, eso no es más que chusmería, dramatismo y pura exageración y, por consiguiente, imposible de representarse porque no se ha llegado a tanto. Pero para ÉL se ha llegado a mucho más: "¡Y en Miami, ni se diga! ¡Viva la chusmería! ¡El reencuentro! ¡El discurso de las dos orillas!" (105).

Montes Huidobro por medio de otros intertextos como *Desterrados al fuego, Los acosados* y *Las vacas,* continúa aludiendo a las injusticias sufridas en el pasado y cuestiona si las cosas en Cuba han cambiado o siguen igual que antes. Para el protagonista de *Tirando las cartas*, volver o quedarse es el dilema de todos los cubanos: "¡Partir o quedarse! *That is the question*, como decía Shakespeare. El ser o no ser de todos los cubanos."(106-7) ÉL sugiere que se consulten los caracoles curis porque sólo allí se encontrará una solución definitiva a este dilema. ELLA, sin embargo, propone que se tiren las carta del Tarot, lo cual ÉL acepta porque "El tarot lo dice todo y no tiene pelos en la lengua." (109) Las acotaciones de esta escena indican que las cartas que se proyectan en pantalla corresponderán con la descripción de cada persona. Cuba, desde luego, seguirá siendo el foco central de los personajes en esta interrogatorio a las cartas de la baraja. De hecho, hay referencias directas e indirectas a la problemática cubana, como son el caso Padilla, los Balseros, la tarjeta de racionamiento, el clásico verbo "resolver" en la jerga cubana, el pasaporte, el permiso para salir de Cuba y a los más de cincuenta años de dictadura en la que el pueblo sigue sufriendo como si fuera un Prometeo encadenado. Finalmente, sale en pantalla la carta que representa a Olofi Olodumare, el creador del universo. Olofi, desde luego, no podía abandonarlos porque como dice ELLA: "…Después de todo, tú escribiste *La navaja de Olofé*. Somos el sueño de Dios. ¡El teatro! ¡El teatro dónde somos libres!... Un teatro que no deja de crear más allá de todos los torniquetes y de todos los exilios…" (113-14). Las acotaciones también indican que para el ensayo de *La navaja de Olofé* se está haciendo teatro dentro del teatro pero sin máscaras. Se escucha de trasfondo música afrocubana. Se ilumina la pantalla y aparece una sábana con una tela de araña. Frente a la pantalla hay un colchón con una sábana. El escenario se aclara con luces rojizas. Estas anotaciones sobre el montaje coinciden con el realizado por Mauricio Rentería en Madrid en el 2008, que difiere del que hizo Rafael de Acha en 1986 en el estreno de la obra durante el Festival de Teatro de Miami.

El ritualismo de *La navaja de Olofé* plantea la lucha simbólica por el poder mítico de la navaja/falo de Olofé, pugna que también se enfoca en *Tirando las cartas* en el debate entre ÉL y ELLA sobre el hipotético montaje de la obra en Cuba. *La navaja de Olofé* se desarrolla en un entorno musical afrocubano a ritmo de tambor con sus desfiles y comparsas durante los carnavales santiagueros. Para que ÉL entre en acción, ELLA se le acerca insinuante y le recuerda que nadie puede quedarse en casa en una noche de juerga como ésta. Changó está en la calle, cantando, bailando y gozando. Le incita cantándole: "Oculé Mayá, oculé Mayá./ negro prieto, ¿dónde tú estás?/ Oculé Mayá, ocule Mayá,/ negra prieta, ¿dónde tú vas?" (108). ÉL sigue sin prestarle mucha atención. Se contempla en el espejo con el torso desnudo como si fuera Narciso. Continúa arreglándose para salir en esta noche de carnaval a gozar con las mulatas calientes. Pero de pronto, saliéndose de situación, deja de ensayar y repite que no quiere volver a representar esta obra ni en Cuba ni en ninguna parte. No quiere hacer más teatro. Pero ELLA, como la Madre/Amante en *La Navaja de Olofé,* le abraza y le besa apasionadamente. Los dos caen en la cama reintegrándose eróticamente de nuevo al texto de *La navaja de Olofé.*

Tirando las cartas concluye con la escena final de *La navaja de Olofé* donde aparece la Madre/Amante en su lucha por el poder mítico sexual de la navaja/falo de Olofé/Changó con el Hombre/Hijo/Amante, quien la había abandonado por las sandungueras mulatas santiagueras. El paroxismo del acto sexual en la cama, principio y fin de la vida, termina con el triunfo de la Madre/Amante al llevar a cabo la castración simbólica. Aunque el hombre le diga "¡Yo tengo lo que tiene Olofé! Ahora es mío. Ahora lo tengo yo. Ahora soy yo, para siempre, el hijo de Olofé. ¡Yo soy Olofé! (118). ELLA, como la Madre/Amante es la que ahora tiene el poder: "¡Es mío y ya no puedes irte! ¡Yo soy la que tiene lo que tiene Olofé! ¡Yo soy la tierra y el cielo! ¡Yo tengo la espada de Olofé!" (118).

El desenlace trágico de *La Navaja de Olofé* no ocurre en *Tirando las cartas* porque según ELLA, ÉL hizo trampa al cambiar el final de la obra. ÉL le responde que: "¡Pero claro que hago trampas! ¿Crees que te iba a dejar que me cortaras los testículos como lo hiciste en aquel montaje?" (118) Para ELLA este final es un fracaso porque carece de *pathos*, no tienen transcendencia y es un anticlímax. Cae el telón con los dos abrazándose y besándose apasionadamente. ¿Significa este final que ELLA como la Madre en *La navaja de Olofé* ha ganado la batalla por el poder y se podrá llevar a cabo el supuesto montaje de la obra en Cuba?

De esto no estamos seguros ya que cuando ELLA le pregunta si se van para Cuba, ÉL le contesta con otra pregunta: "¿Te has vuelto loca?" (119). Para ÉL, este final no es más que el triunfo del amor sobre todo los obstáculos que han tenido y que plantea la actual problemática cubana.

La creación artística de Montes Huidobro pone de relieve una evolución dramática fundamentalmente relacionada con el proceso político cubano, su condición de escritor y su cubanía, que él afirma categóricamente: "Por mi formación, mi historia y mi concepción del mundo soy esencialmente un escritor cubano."(*Matías Montes Huidobro: acercamientos...*, 229) *Tirando las cartas* es, pues, una provocadora y valiente pieza dramática en la cual Matías Montes Huidobro plantea por medio de la metateatralidad, los elementos sonoros, la magia afrocubana, el manejo excepcional del lenguaje y, mediante la brillante incorporación de textos previos, los conflictos, dudas e incógnitas relacionados con el diálogo de las dos orillas que todavía está por resolverse.

OBRAS CITADAS

Bianchi Ross, Ciro. *Cuba Internacional*, junio, 1972, 14-21.

De la Paz, Luis. *Teatro Cubano de Miami.* Miami: Editorial Silueta, 2010. Todas las citas referentes a *Tirando las cartas,* provienen de esta edición.

Febles, Jorge, y Armando González-Pérez. *Matías Montes Huidobro: acercamientos a su obra literaria.* Lewiston/Queenston/Lampeter: The Edwin Mellen Press, 1997.

Montes Huidobro, Matías. *Persona, vida y máscara en el teatro cubano.* Miami: Ediciones Universal, 1973.

Palls, Terry L. "The Theater, 1900-1985." En Julio A. Martínez, ed. *Dictionary of Twentieth-Century Cuban Literature.* New York: Greenwood, 1990, 458-464.

Sondrol, Paul C., "Totalitarian and Authoritarian Dictators: A Comparison of Fidel Castro and Alfredo Stroessner," *Journal of Latin American Studies*, 1991, Vol. 23, 3.

Tabori, Paul. *Anatomy of Exile: A Semantic and Historic Study.* London: Harap, 1972.

La Trinidad es más de tres: pesadillas de la familia cubana en el teatro de Raúl de Cárdenas

Olimpia González
Loyola Universiy-Chicago

La familia es el grupo más real y tangible a nuestro alcance, un molde que contextualiza las vivencias más elementales del nacimiento y la muerte. En el teatro de Raúl de Cárdenas, la familia aparece en versiones que reproducen estructuras religiosas, algunas en estado de retroceso o involución, cuestión que explora este trabajo. La impresión de decadencia o desajuste de la institución familiar en la cultura cubana forma parte de una experiencia histórica en que se conectan pasado y futuro, herencia y conveniencia, de ahí que surjan conflictos que provocan tensiones adaptables al texto dramático. Como institución formada para mantener sus estructuras dentro del cambio inevitable o de la evolución, pero también sacudida con los embates de cambios erráticos o empujes ajenos a la cultura nacional, la familia se resiste a las manipulaciones forzadas por el sistema político, aunque siempre termine desfigurada, por lo que su nivel profundo sigue existiendo en continua destrucción para rehacerse a través de sucesivas generaciones, como plantea de Cárdenas en sus obras. Al enfocarse en las fracturas, lealtades y trampas que deforman y al mismo tiempo sostienen las relaciones familiares entre cubanos, este autor expone una tenue red plagada de envolturas, nudos y cabos sueltos que se atan y desatan sin cesar.

En una perspectiva muy enriquecedora que aporta de Cárdenas con su teatro, se replica el modelo de una familia extendida a través del espacio, situación prácticamente universal en el caso cubano cuya población se ha desperdigado en diferentes países y culturas. En estas obras siempre encontramos personajes que se preparan a marcharse del país, o que se ven forzados a escoger entre quedarse en Cuba o trasladarse a otro lugar desconocido del que saben muy poco o "conocen" por medio de una imagen estereotipada. Se trata de personajes forzados a escoger entre quedarse y aceptar el sistema político organizado por un régimen autoritario y unipersonal, una caricatura de la familia, o arriesgarse a darles la espalda a su entorno y a sus seres queridos para comenzar de nuevo en otra parte donde se les recibirá como extraños. Arrojados a un mundo con otros valores, estos personajes se desdoblan y desgarran y, aunque unos pocos logran renacer en un nuevo ambiente, abandonando su identidad original, la mayoría de ellos, lo mismo los que se van que los que se quedan, se pierden en un laberinto de locura o de muerte.

La Santísima Trinidad

Hay una vía que nos acerca al teatro de Raúl de Cárdenas por medio de esquemas de carácter religioso. Aquí exploraremos un concepto muy significativo que contiene las nociones de fragmentación y cambio tan centrales a su obra. Me refiero al arquetipo de la Santísima Trinidad en el imaginario cristiano. Son las tres personas en una que la teología cristiana identifica con las personas del Padre, el Hijo y el Espíritu Santo. Esta imagen el dramaturgo la adapta funcionalmente a un análisis de la familia cubana, entidad a través de la cual se nos permite ver las crisis nacionales y también los conflictos personales comunes entre muchos cubanos. La naturaleza religiosa de este concepto central en la obra de nuestro autor apunta acertadamente hacia los rasgos existenciales y al mismo tiempo la naturaleza trascendental en que se funda la unidad del grupo familiar a partir del cual se originan las nociones más esenciales de la cubanidad. La Trinidad, interpretada como unidad tripartita de rasgos culturales, nos permite reconocer problemas y contradicciones nacionales, en términos políticos y culturales, basándonos en nuestros valores más conocidos. Siendo miembros de un país que se ha extendido más allá de sus fronteras, nos reconocemos y nos rechazamos, nos dividimos y nos mantenemos unidos, y nos plegamos a un instinto de continuidad que tiende a convertirse en prisión.

El diccionario de la Real Academia Española define la Trinidad como "Distinción entre tres personas divinas en una sola y única esencia, misterio inefable de la religión cristiana." Las personas de la Trinidad habitan, por definición, una dentro de las otras, son inherentes porque están tan unidas que no se pueden separar. En teología se recurre a la teoría de la 'perichoresis' según la cual cada persona vive dentro de las otras dos, y viceversa, y se envuelven mutuamente como si llevaran a cabo una danza del ser. Sin duda, se trata de una imagen muy poderosa a través de la cual Raúl de Cárdenas ha volcado su intuición para reconstruir las obsesiones de los cubanos.

Nuestra Señora de Mazorra

Una versión del esquema trinitario aparece en su drama *Nuestra Señora de Mazorra,* título que pone en evidencia los paralelismos religiosos dentro del teatro de Cárdenas. María, la protagonista, vive recluida en el Hospital de Mazorra, una institución infame que todos los cubanos asociamos con la locura. María enloqueció después que Luis, su marido, la abandonara por otra mujer y se marchara durante la debacle del puerto de Camarioca, en la que decenas de miles de cubanos escaparon hacia los Estados Unidos. Además, sufrió la pérdida de dos de sus hijos, uno ahogado mientras trataba de escapar por el estrecho de la Florida, y el otro en Angola donde peleaba con el ejército cubano en sus aventuras africanas. Solamente le quedan dos hijos, una hija que sufre una malformación debido a un tratamiento médico inapropiado y un hijo que pronto será padre. Naturalmente, a todo esto hay que sumar los innumerables sufrimientos, terrores y privaciones que ha sufrido por pertenecer a una familia titulada "burguesa", además de negarse a aceptar la ideología del sistema político establecido en Cuba. En sus alucinaciones, María conceptualiza al castrismo en la figura de tres personas que son manifestaciones de un mismo principio esencial. Por eso emplea la imagen de la Trinidad, de figuras diferenciadas pero íntimamente unidas entre sí. En su locura, la metáfora religiosa mencionada por el personaje nos remonta a un espacio fundacional, del origen. En el pasaje siguiente, María se refiere a la prometida llegada de un nieto y al significado que esto tendrá para su familia. Este segmento está situado en la década de los 80, aunque no se trata de un discurso cronológico, pues el tiempo no cuenta para ella y sus memorias no siguen una secuencia específica. Su tema es la renovación de la familia con otra generación. El mecanismo se transmite por medio del resorte familiar que también incluye a la clase gobernante:

> Mi primer nieto venía a anunciarme el comienzo de una nueva generación en mi familia, nacida en la oscuridad de Cuba, la oscuridad de la otra familia, la santísima trinidad de la Isla, que se ha mantenido en nuestras vidas por tanto tiempo. La trinidad cubana consta de tres generaciones, los más miserables del gallinero nacional. El padre, el malvado... el hijo, el oportunista... el espíritu santo, el frustrado. El padre, ser supremo, que todo lo sabe y todo lo ve... (canturrea) ¡FIDEL! ¡FIDEL! ¡FIDEL!... que reúne a las gentes para que lo aplaudan, para que lo halaguen, para decirle al pueblo no lo que el pueblo quiere, sino lo que él quiere, porque él, y sólo él, en toda su majestad, es la voluntad del pueblo. El hijo, el canciller, Robertico... vestido como un imberbe salsero, con las mejores telas de China y calzando zapatos italianos... pequeño no solamente de estatura sino de corazón, apóstol de la inmoralidad nacional, atado sin remedio a una vida cómoda y fácil, burgués entre los burgueses... El espíritu santo, Alarcón, presidente de la Asamblea Nacional, mariposa intelectual que babea los preceptos del padre en consignas y raciocinios que son del agrado de todos aquellos que le han dado la espalda a Cuba (229).

A pesar de su locura, o quizás debido precisamente a la condición de su mente, María parece intuir una esencia elemental que ella percibe en el tinglado social. Ella sabe que hay algo que une a esos tres personajes quienes, aunque parezcan diferentes, participan en una "perichoresis" o inherencia, porque ninguno puede existir sin los otros; es imposible separarlos porque son tres personas en una, el discurso paternalista, la superficialidad intelectual y la fiesta. Ellos asumen cualidades propias de la familia donde el padre ejerce la autoridad, y es la fundación que hace posible la veleidad asumida del hijo mimado, que ofrece una versión de alegría juvenil, pero también la cualidad del hijo frustrado, el espíritu, el que nunca pudo obtener lo que quiso o no estuvo a la altura de las circunstancias con las que aspiraba a medirse, aunque se exhiba con un disfraz de pensador. María funde el esquema político en el esquema familiar por medio de esta imagen religiosa. El mismo modelo de autoritarismo, veleidad y frustración inserta Raúl de Cárdenas en otras obras con el fin de indagar en los esquemas de la familia cubana, como ocurre en *El pasatiempo nacional,* que comentaremos más adelante.

El esposo de María hace el papel del oportunista en la trinidad cubana, ya que su salida por Camarioca se llevó a cabo con la intención de seguir a su amante más que por evadir su país por razones políticas. Mezcladas con estos recuerdos, la conciencia alterada de María reproduce las experiencias políticas del país de casi cien años utilizando un esquema que une a distintas generaciones. De esta manera, los conflictos privados entre esposos, padres e hijos se interpretan paralelos a las crisis políticas de la historia cubana. María acude a los recuerdos de la abuela mientras dirige la mirada a los primeros años de su propia familia:

> Abuela dice que en nuestra familia, cada vez que se menciona alguna fecha de importancia, una boda, un cumpleaños, siempre la relacionamos con un momento político... "en la época de Machado se casó mi hija. (...) Fue en aquel verano de tanta lluvia, después de la elección de Carlos Prío, que parí por primera vez. ¡Y qué parto! [...] En La Habana estaban todavía con la algarabía de las elecciones pero cuando las contracciones empiezan no hay quien les preste atención a los políticos. Así nacieron mis primeros... ¡Jimaguas! Una hembra y un varón." (180-81).

A primera vista parece como si las crisis políticas fungieran de agregado dramático al evento familiar, sin embargo, la perspectiva que toma el personaje nos sugiere que no se trata de una simple coincidencia en el ritmo de estos eventos y que los cambios familiares apuntan también a un esquema histórico que se repite, un avanzar de cataclismos políticos que, en vez de demostrar un crecimiento, como el de los hijos de la familia, apunta a un peligro constante de desintegración. Y cuando todo parecía alcanzar un nivel estable, María termina el relato de la historia cubana con una imagen familiar:

Con la llegada de su hijo Luisito, aparece ese otro miembro de la Trinidad que representa lo más valioso y espiritual de la familia de María. Se trata del personaje que se abre a la reflexión, el que piensa y se cuestiona. Debido a esa capacidad para pensar, Luisito asumirá el papel del hombre frustrado que ve más allá de sus preferencias y circunstancias cuando ya es demasiado tarde, como queda demostrado en la carta que Luis le escribe a su madre desde Angola y que ella recuerda junto con la imagen de su traje militar manchado de sangre, afirmando que es "una carta que no puedo, ni quiero olvidar..." De cierta manera, estas fueron las últimas palabras de Luisito, donde hace un comentario sobre las patrañas del "padre" por cuyo prestigio "revolucionario" moriría en Angola:

> Desde aquí todo me luce diferente, muy diferente y he tenido bastante tiempo para reflexionar. [...] Ojalá pudiera decirte que me siento un héroe, pero no lo soy. Sólo siento este vacío como si hubiese tenido una gran oportunidad que he desperdiciado. Por las noches, a veces, para dormir, cantamos un poco, y cuando canto, pienso en ustedes, en ti, en mis hermanos, en casa, en el barrio. Las noticias que nos llegan de allá son las mismas, pero yo sé que están tratando de tapar el sol con un dedo. ¿Si lo que está pasando allá es tan maravilloso, cómo no pasó seis meses atrás, cuando yo estaba allá? (233)

Luisito también nos recuerda la figura de Prometeo, el gigante que trató de traer al hombre la luz del conocimiento. Vemos una simbiosis en la que la idea cristiana del amor se funde con la del héroe atrapado por castigo de su terca lucha por la verdad. Este individuo representa el ideal de la generosidad y posee cualidades físicas y mentales en las que apoyarse para mostrar su superioridad, cualidades que lo acercan al Prometeo de Esquilo. Como Prometeo, contra él existe algo que le impide incorporarse dentro del esquema de valores de su sociedad. Por efecto de la figura patriarcal, lo mismo del ausente que del que está en todas partes, de su fuerza y dominio, se le impide ser lo que podría ser. Está encadenado, en este caso, a la ignorancia de un padre, al fanatismo político, al odio clasista, o a la envidia de los que no poseen sus cualidades físicas y mentales.

En este paradigma, es el padre mismo el que ata a su hijo. María, la madre, recuerda una escena cuando Luisito era pequeño y lo oyó gemir en el lecho. Cuando ella le pregunta al niño si había tenido una pesadilla, éste le contesta: "Creo que sí... Estaba soñando con papá... me parecía que estaba ahí... me estaba regañando..." Cuando María lo trata de confortar diciéndole que no era más que un sueño, el niño le da más detalles: "Me parecía que era verdad. Me decía que me había portado mal, que era muy desobediente y que tenía que castigarme. Me puso en un cuarto muy oscuro y yo los llamaba, pero nadie venía" (190) La devoción de Luisito a los ideales representados por el modelo castrista en contraposición abierta a la huida de su padre hacia los Estados Unidos, representa un intento de reemplazar a un padre por otro, que a su vez lo abandonará en medio de los campos de Angola. Incapaz de sentirse heroico, como dice en su carta, presiente que pudo haber logrado algo en la vida. Detrás de todo esto se detecta una ironía, ya que ese vacío que siente Luisito unos días antes de morir demuestra que dentro de él lleva también a ese padre, que es parte de su esencia, un instrumento de castigo y castración.

El pasatiempo nacional

Un personaje similar al de Luisito lo encontramos en *El pasatiempo nacional,* cuyo tema se basa en el juego de béisbol y las pasiones que este deporte despierta entre los cubanos. Miguel Ángel es un deportista con excelentes cualidades que se vio apartado de la práctica del béisbol por razón de sus ideas políticas, ya que no se doblegaba a repetir las consignas y regulaciones impuestas por la clase gobernante. Como Luisito, este personaje tiene capacidad para reflexionar y prefiere gozar de cierta independencia en su modo de pensar, aunque esto lo lleve a enfrentarse a la imagen de autoridad representada por el padre. Sin embargo, al igual que Luisito, Miguel Ángel no puede alcanzar esa libertad que solamente se hace posible en un individuo que logre romper la simbiosis que lo ata a los otros miembros del trío, en este caso, el padre, César, y Yuri, su amante. Yuri representa al individuo nacido para el goce, destinado a disfrutar del momento, ya sea en el amor, pues seduce a Miguel Ángel, o en sus aspiraciones como deportista, pues logra escapar de Cuba y recomenzar su carrera en otro lugar.

En la figura del padre en *El pasatiempo nacional* encontramos los mismos defectos que de Cárdenas nos sugiere en su modelo de la Trinidad: se trata de un hombre limitado, extremadamente autoritario y también fanático, que, además, culpa a su hijo de sus propios fracasos. A Miguel Ángel se le prohibe, inclusive, asistir a los juegos donde se lleva a efecto el entrenamiento de los peloteros, como "si fuese un leproso"; pero, al mismo tiempo, su padre le exige que lo cuide y que regrese a casa a las horas que le dicte, para cumplir los deberes filiales correspondientes. Por consiguiente, César funciona como engranaje dentro de esa máquina de control establecida por el Padre, con mayúscula.

Un aspecto de la estrategia del padre (con minúscula) consiste en negar que exista relación alguna entre los problemas entre ambos y las circunstancias de su país. César interpreta las tensiones entre los dos como puras diferencias personales y no admite que lo público y lo privado sean dos variantes de una misma cosa: el laberinto en que está atrapado Miguel Ángel. Al padre le es más fácil echarle la culpa a Miguel Ángel de su propio fracaso: "Miguel Ángel pudo haber llegado a ser uno de nuestros mejores peloteros," le dice a una vecina, "pero lo botó todo por la ventana. Si no fuese tan cabezón y tan "bocón" todavía pudiera estar jugando. Pero uno educa a los hijos y a veces ellos se desvían del buen camino. Mira que traté de darle consejos, que pensara en su futuro..."(253) En la fórmula de las tres personas, César hubiera preferido que Miguel Ángel siguiera el camino de un oportunista que se adapta a las circunstancias, pero Miguel Ángel terminó en el vacío de una criatura frustrada, confirmando su naturaleza de fuerza espiritual destinada a convertirse en una promesa que no puede lograrse.

No es por casualidad que esta obra termine con la muerte de

César a manos de Miguel Ángel, quien a su vez se suicida, ya sin esperanzas de recobrar su relación amorosa e intentar ser feliz. Delante del cadáver de César, Miguel Ángel plantea la pregunta que nos remite a la indestructibilidad del triángulo: "¿Por qué, viejo? ¿Por qué? ¿Por qué tuvo que ser así? ¿Por qué nos hemos hecho tanto daño, papá, por qué? ¿Por qué dejaste que nos convirtieran en extraños? Lo único que yo quería es que tú me quisieras como era... pero lo único que tú supiste hacer fue enseñarme a vivir sin esperanzas... y cuando la encontré, después de tanto tiempo, no me dejaste vivirla... preferiste que siguiera viviendo en este infierno sin poder mirar al cielo... "(323).

Conclusiones

Para Miguel Ángel, al igual que para Luisito, la posibilidad de vivir otra vida, alejado del padre, es la pasión que lo mantiene luchando hasta caer desfallecido. Como el amor que emana del Espíritu se asimila al héroe y quiere trascender un *status quo* donde no se le permite convertirse en lo que quiere ser. Al imposibilitársele esa transformación, ambos caen víctimas del poder de la muerte porque tienen que negarse a sí mismos. Cada uno vive contra el otro, pero en el otro. De esta manera, fallecen atrapados en la repetición. Sin embargo, el ejemplo de bondad y rebeldía de Miguel Ángel permite que en estas obras se vislumbre una esperanza, aunque siempre amenazada por la intolerancia y la ausencia de diálogo. A pesar de la traición del Padre y la falta de escrúpulos de muchos, en la obra de Cárdenas el amor y la reflexión sobreviven como promesas del héroe que no pudo liberarse de sus cadenas.

OBRAS CITADAS

Cárdenas, Raúl, *El pasatiempo nacional* en *Teatro: Cuatro obras escogidas.* Miami: Alexandria Library, 2010, 245-323.

______. *Nuestra señora de Mazorra* en *Teatro: Cuatro obras escogidas.* Miami: Alexandria Library, 2010, 169-244.

Kofman, Sara. *Prometheus: The First Philosopher,* Substance, 15, 2, 26-35.

Stramara Jr, Daniel F. *Gregory of Nyssa's Terminology for Trinitarian Perichoresis* Vigiliae Christianae, 52, 3, 257-263.

La semilla del marañón: Apuntes sobre el teatro de Iván Acosta

Ileana Fuentes
Consultora Cultural
Museo Cubano/Cuban Museum

"*Todo ser humano debería estudiar drama para comprender los problemas de sus semejantes*"
Miguel Ponce, teatrista cubano exiliado (1931-2012)

Creo que no hay mejor contexto para hablar del teatro de Iván Acosta que este Congreso en que conmemoramos el centenario del autor de *Aire Frío.* Iván Acosta, desde su medio siglo de exilio nuyorquino se sintió inspirado un día a retratar —directa o indirectamente—, la cotidianidad de los exiliados cubanos. Lo ha hecho sobre las tablas, y también en la pantalla grande. Eso lo hace un cronista de la cotidianidad nuestra —en los pasos del Virgilio que plasmó la cotidianidad de los años cincuenta de la República en algunas de sus obras— en otra latitud, en otro tiempo, en otras circunstancias.

¿Es Iván Acosta discípulo —o sea, seguidor de una tradición— de Virgilio Piñera? En mi opinión, lo es, como también de otros dramaturgos cubanos, Héctor Quintero y Abelardo Estorino, por ejemplo.

Si como dijera Miguel Ponce, estudiar drama puede ayudarnos a comprender los problemas del prójimo, estudiar y conocer una parte de la dramaturgia de Iván Acosta posibilita el conocer los problemas —y los deseos más profundos— de un exiliado cubano de la segunda mitad del siglo 20. Y digo "parte de la dramaturgia" porque en este trabajo voy a referirme específicamente a tres de sus obras más conocidas: *El súper*, escrita entre 1975 y 1976 y producida bajo su propia dirección por el Centro Cultural Cubano de Nueva York en 1977; *Amigos*, que comenzó como obra de teatro en 1981 y terminó como guión cinematográfico producido en 1983; y *Rosa y el ajusticiador del canalla*, escrita en 2001 —también iniciada como obra de teatro—, y llevada al cine en 2005.

Es propicio decirles que Iván escribe cinematográficamente. En una reciente conversación, me dijo: "En mi caso, como he logrado dominar ambas disciplinas —teatro y cine— pues el teatro es cine y el cine es teatro. No creo que podría haber cine sin teatro."

Antes de abordar esta especie de trilogía del anti-héroe cubano exiliado, me gustaría hacer un breve recuento cronológico de la producción teatral de Iván Acosta. Su trayectoria artística es nuyorquina y se remonta a 1970 con el monólogo *Esperando en el aeropuerto* (Premio Ariel, en Uruguay). Esa trayectoria despega sobre las tablas en 1971, año en que escribió y produjo el musical rocanrrolero *Grito '71.*

Le siguió *Abdala José Martí*, en 1972, con textos martianos y música. *Abdala José Martí* fue una colaboración entre Acosta y el poeta Omar Torres. Torres será el conspirador cultural inseparable de Iván Acosta por las próximas dos décadas. Estos son los años novatos del escritor en que referentes literarios cubanos —y de corte patriótico— se emplean literalmente; una primera etapa en que la temática cubana no se ha mimetizado aún en el imaginario del autor. Pronto todo esto iba a cambiar.

En 1972, Iván Acosta encabezó un movimiento cultural en la comunidad artística cubana exiliada en Nueva York, que sigue vigente hasta el día de hoy, 40 años más tarde. Me refiero a la fundación del Centro Cultural Cubano. En una reciente entrevista, aún inédita, Iván me habló del reto que fue la primera convocatoria a artistas exiliados en Nueva York que vivían prácticamente en el anonimato. Ese reto se asumió como respuesta a declaraciones desde Cuba en que se pronosticaba que la cultura y el arte "de la gusanera" estaban destinados a desaparecer. Bueno, todos aquí sabemos quién estaba en lo cierto y quién se equivocó *big time*!

El CCC organizó tres festivales de arte cubano en Nueva York entre 1972 y 1975, en la Catedral Episcopal St John the Divine, en Manhattan, y en diciembre de 1975 inauguró una sede permanente en un segundo piso sin ascensor, pegado a los muelles del Río Hudson, con una salita arena de 99 butacas. En ese local se hizo teatro cubano durante tres años, incluyendo algunas obras de Acosta, como *El súper*, en 1977, y *No son todos los que están,* en 1978.

Es importante anotar en este Congreso que allí, en 1977, se montó por primera vez en Estados Unidos la obra *Aire Frío* de Virgilio Piñera, dirigida por Eduardo Corbé. Iván Acosta fue su productor general, yo asistente de producción. Hablar de ese evento nos tomaría a Iván y a mí el resto de la tarde. Ese año, una buena parte de los premios de teatro hispano en NY fueron para *Aire Frío.*

Vuelvo a la cronología teatral: *Recojan las serpentinas que se acabó el carnaval* y *Un cubiche en la luna*, escritas en los años ochenta. *Rosa y el ajusticiador del canalla* y *Cosas que encontré en el camino*, escritas entre 2001 y 2004. Y de más reciente escritura: *Carmen Candela; Cuando las apariencias engañan*; y *Cuba 2020 – Punto X.*

Hace unos días Iván y yo hablábamos sobre lo que yo considero su aporte como especie de cronista de la condición de exilio. Me dijo que no estaba de acuerdo. No obstante, yo insisto en que una parte de su obra refleja una labor de relator. Acosta ha retratado sucintamente, al menos en tres de sus obras, el desarraigo, la inadaptación, y el drama de la separación familiar que padecemos los cubanos extramuros. "No, yo simplemente me considero un ser humano que nació en Cuba y que gracias a la voluntad de algo muy poderoso he podido desarrollar humildemente el talento de escribir..." me ha dicho Iván. No obstante, *El súper, Amigos* y *Rosa y el ajusticiador del canalla* cumplen con lo que la crítico colombiana Tania Patricia Maza señalara en 2006, y cito: "...el teatro de nuestro tiempo está llamado a ser dador no sólo de nuevos lenguajes escénicos, sino de nuevas lecturas por parte de sus creadores..."

Acosta brinda nuevas lecturas de lo que fue y es el exilio cubano. El dramaturgo y director español, José Sanchis Sinisterra, a quien se le atribuye la Teoría de Dramaturgia de Textos Narrativos, afirma que el dramaturgo de hoy se expone a compartir sus incertidumbres, sus dudas, quizás también sus terrores y sus fantasmas. Yo añadiría que Iván Acosta se expone a compartir sus **más profundos deseos**. Especialmente en *Rosa y el ajusticiador del canalla,* el autor hace cómplice al lector y al público de su fantasía máxima: el tiranicidio.

El autor añade: "Mis personajes representan todo o casi todo lo que la comunidad del exilio ha ignorado o ha tratado de tapar con un dedo..."

Digamos que no todos sus personajes en todas sus obras sean fieles a ese patrón. Pero en las tres que se abordan en este modesto trabajo, los protagonistas – Roberto Amador Gonzalo, el superintendente de edificios de Washington Heights; Ramón, el expreso político convertido ahora en "marielito"; y Amaury, el ajusticiador, un Pedro Pan con vocación redentora—, son la antítesis del cubano exitoso, adaptado, triunfador y moderno que suele representar al cubano del exilio, desde los estereotipos. Los tres personajes están creados en el esquema brechtiano del anti-héroe.

En un estudio muy ameno sobre el tema de la cotidianidad —del lugar común— y de la autobiografía en el teatro, realizado por la académica argentina María Fernanda Pinta, la crítico habla de una "refundación mágico-ritual del teatro en que se pretende des-ocultar una realidad auténtica, algo así como iluminar una verdad que estaría negada en la vida real". Habitar el mundo del hombre ordinario en su cotidianidad y subvertir el *status quo,* usando las propias palabras de Pinta, es precisamente lo que Iván Acosta hace en estas tres obras de teatro de, y sobre, el "otro" exilio cubano.

Para subvertir el *status quo*, Acosta necesita cómplices.... Y los cómplices somos nosotros mismos: el lector, el espectador, el exiliado o la exiliada; es decir, el "otro". La construcción del drama no la hace completamente el dramaturgo: cada individuo que "cae" en el hechizo de la vida cotidiana re-creada por el escritor, aporta su pedacito de obra de teatro, su pedacito de imaginario, su metro cuadrado de espacio utópico.

¿Y cuál es esa cotidianidad de vida del exiliado cubano —en Nueva York o en cualquiera de las latitudes frías y gringas del exilio fuera de Miami— que Acosta destapa en estas obras, más allá de los frijoles negros, el cafecito por la mañana y el partido de dominó? Enumeremos lo más sobresaliente:

1. La nostalgia de la patria a la que no se tiene acceso;
2. El desarraigo que es resultado de la expulsión del suelo natal;
3. La desconexión física y emocional con familia y amigos;
4. La pérdida de todo lo conocido;
5. La muerte de seres queridos a cuyos velorios no se puede asistir;
6. La falta de protagonismo, el anonimato; la pérdida de autoridad en el seno familiar (los padres pasan a depender de las destrezas de los hijos);
7. La problemática del idioma y las limitantes que ello representa al deseo de prosperar;
8. La bi-culturalidad obligatoria;
9. El distanciamiento de los hijos ante el choque de dos culturas y dos realidades sociales distintas;
10. Envejecer en un país que nunca se considera propio, y ser enterrado donde te cubrirán toneladas de nieve;
11. Pasar de exiliado a inmigrante; de cubano a latino; de pueblo a minoría;
12. El sentimiento de haber perdido la batalla contra "el Mal" –el canalla.

Acercarnos a Roberto, a Ramón y a Amaury, es reconocer claramente al anti-héroe, ese personaje contrario al ideal imaginado. Roberto se da por vencido ante el frío y la Babel de Hierro, y relocaliza a su familia en Miami. Ramón apenas podrá abrirse paso en la Calle Ocho con un kiosquito, y es obvio que no tiene herramientas para hacer mucho más. Amaury, a pesar de haber llegado adolescente a Estados Unidos, sigue siendo un inconforme que lejos de mirar hacia el futuro, ha quedado atascado en el deseo de "tumbar" a Fidel. No todo es triunfo y prosperidad en el exilio cubano.

Acudo de nuevo a los planteamientos de María Fernanda Pinta para afirmar que Iván Acosta nos brinda, y cito, "un espacio teatral contiguo e inmerso en la vida cotidiana [que desalínea] la percepción-cognición del espectador para que sea capaz de ver con una nueva sensibilidad, con una nueva conciencia".

En parte, esa nueva sensibilidad —la de vernos como seres frágiles, débiles, vulnerables, muy lejos de la imagen de "somos la candela"... de la imagen "nosotros los cubanos y el resto de la humanidad" como dice la canción—, debe ayudarnos a explicar mejor la problemática que hemos vivido, la que seguimos viviendo. Muchos de los aquí presentes tenemos, en algún rinconcito del alma, un poco de Roberto, de Ramón, de Amaury.

La nueva sensibilidad que viabilizan estas obras de Iván Acosta también debe servirnos para comprender a los nuevos exiliados —los *tired, and poor, and huddled masses yearning to breathe free*— de los que habló la poeta Emma Lazarus en 1883.

Para terminar, quiero añadir que, a pesar de la universalidad de la temática —el mundo entero está en alguna especie de fuga, en tránsito entre un territorio familiar y otro desconocido—, y a pesar de que el súper, el marielito y el pedro-pan son *Everyman* —cualquierhombre—, estas obras están escritas, y han sido representadas ante todo para —y por— nosotros los cubanos.

Nos dice Iván Acosta: "El tema cubano soy yo, eres tú, somos todos.... Hay un imán que atrae y te hala hacia la temática cubana". Si, según afirman los estudiosos, el dramaturgo moderno necesita cómplices que le ayuden a completar su obra, entonces los cómplices —y co-autores— de Iván Acosta somos "yo, tú, todos..."

OBRAS CITADAS

Acosta, Iván. *El súper.* Miami: Ediciones Universal, 1982.

_____.*Un cubiche en la luna y otras obras.* Houston: Arte Publico Press, 1989

_____.*Recojan las serpentinas que se acabó el carnaval.* Premio Letras de Oro. Houston: Arte Publico Press, 1989.

_____.*Grito 71. Un musical con música de Rock and Roll.* Miami: Alexander Street Press, 1996.

_____.*Abdala-José Martí.* Con monólogo de Iván Acosta. Obra basada en la obra de Martí, con fragmentos de poemas, discursos y pensamientos de Martí. Miami: Alexander Stret Press, 1996.

_____.*Cosas que encontré en el camino. Revista Caribe:* t. 11, N. 2, Invierno 2008-2009, 79-98.

_____.*Rosa y el ajusticiador del canalla.* MVD Video Distribution, Amazon.com

Maza, Tania Patricia. *Nueva dramaturgia: Ausencia del autor dramático, o reconocimiento de la revuelta íntima.* Dramaturgia Chabaud (online), 1 de abril de 2008.

Pinta, María Fernanda. *Las transfiguraciones del lugar común: Teatro autobiográfico y vida cotidiana.* Estéticas de la vida cotidiana. Figuraciones: Teoría y crítica de artes, No 6º, dic 2009.

Sánchez Sinisterra, José. *Por una teatralidad menor* y *Dramaturgia de la recepción.* Colección Cuadernos de Ensayo Teatral Nº 1, Madrid.

Madres, tiranas y rebeldes: los personajes femeninos en la obra teatral de Pedro R. Monge Rafuls

I. Carolina Caballero
Tulane University

En su producción literaria, Pedro Monge Rafuls ofrece al lector una diversidad de personajes. La mayoría habla desde los márgenes de la sociedad por su política, sexualidad o simplemente por su comportamiento poco convencional. Desafiando los roles de género tradicionales, los personajes femeninos de Monge descaradamente dominan, dictan e impulsan la acción, el diálogo y la trama. Despóticas y complejas, Mamapara en *Se ruega puntualidad* y Mamá en *Recordando a mamá* dominan el escenario con una mano dura. Alternativamente, Lula en *Nadie se va del todo* y Adalina en *Las vidas del gato*, aunque no completamente tiránicas en su comportamiento, de igual forma provocan las acciones y reacciones de los otros personajes. En este trabajo, propongo explorar la construcción y función de mencionados personajes de Monge Rafuls dentro de estos textos en los cuales rigen con una fuerza de voluntad inaudita. Inspiran miedo por su crueldad, admiración por su empeño desafiante y simpatía por sus defectos.[1]

Antes de comenzar el análisis, quisiera señalar otros elementos que tienen en común estas obras para entender mejor la inspiración tras estos personajes femeninos excepcionales. Primero, en cada obra Cuba funge de protagonista explícita o implícitamente; la historia cargada de la isla y la relación difícil con su comunidad en el exterior se siente en la constante tensión entre "aquí y allá". Por eso, otros temas recurrentes son la opresión, el miedo y la lucha por el poder. Además, cada obra presenta una

1 Desde un principio, los personajes femeninos en las obras de Monge Rafuls siempre me han llamado la atención. Este trabajo me ha dado la oportunidad de explorar el tema, aunque sea superficialmente, y lo considero el comienzo de un estudio mucho más profundo que me gustaría hacer sobre la construcción (y deconstrucción) de género en el teatro cubano de la diáspora.

especie de familia, entidad icónica ya señalada por numerosos críticos como pilar temático del teatro cubano de las dos orillas.

En todos estos textos Monge Rafuls presenta familias atípicas, todas fragmentadas, que demuestran una variación en la jerarquía tradicional entre sus miembros señalada por la falta de una presencia masculina dominante. Aquí, los hombres suelen manifestar algunas cualidades normalmente asociadas con mujeres: la pasividad y la indecisión. Asimismo, muchas veces los personajes masculinos se muestran ansiosos y temerosos en comparación a sus contrapartes femeninas. En su totalidad, hay una ausencia completa de figuras paternas viriles en estos textos. De hecho en *Recordando a mamá* y *Se ruega puntualidad* ninguna figura paterna aparece. En *Las vidas del gato*, Marcos soporta la humillación constante de su mujer, por beber, mientras que Antonio en *Nadie se va del todo* vive traumatizado por el fusilamiento de su hijo hace unos treinta años y no es capaz de conducirse adecuadamente. Se sienta calladamente en su silla, mientras, de manera simbólica, corta fotos de "héroes" de revistas y periódicos.

La única figura heroica paterna es Julio en *Nadie se va del todo*, que muere fusilado por el ejército revolucionario. Aparece en el texto en una serie de *flashbacks* como un hijo, esposo y patriota ejemplar. De igual modo, Lula le señala a su hijo Tony que su padre murió "como un hombre" (124). Curiosamente, esta figura masculina paterna fuerte y sus hazañas se representan como un elemento del pasado, algo histórico (¿anticuado? ¿nostálgico?) ya que este personaje está muerto en el momento en que se desarrolla la acción en la época actual en la obra. También, hay que señalar que el único otro personaje heroico masculino en estos textos, aunque no es padre, es Gustavo de *Se ruega puntualidad* por retar el poder total de Mamapara y por la manera en que muestra, sin miedo, su atracción y su cariño por Manolete. Resulta interesante que Gustavo también pague por su valentía, violentamente, cuando su pareja le dispara y quizás lo mate al concluir la obra.

La falta de personajes masculinos decididos y, consecuentemente, la inclusión de personajes femeninos dinámicos en estos textos sirve para subvertir las estructuras de poder tradicionales no sólo dentro del espacio doméstico de la familia sino también en las encarnaciones de género consagradas social y literariamente (Ortiz 170). Mediante estas representaciones, el dramaturgo rechaza el discurso dominante tradicional masculino heterosexual y cuestiona la validez de los papeles de género, en términos ya prescritos que siguen obstinadamente vigentes en los espacios públicos y privados, particularmente en América Latina y las culturas latino-norteamericanas.

Si se toman en cuenta estas interpretaciones en un contexto cubano o cubano diaspórico hay que reflexionar sobre la realidad política revolucionaria de la isla. El régimen castrista, caracterizado una y otra vez de paternalista, supuso luchar por la igualdad racial y de género. Sin embargo, en su afán por crear la figura del revolucionario perfecto, conocido por el concepto del "hombre nuevo", logró simplemente codificar las tendencias machistas ya arraigadas en la cultura cubana que, por su naturaleza, justifican cierto desprecio hacia la mujer y sus variantes, en este caso el homosexual. En su intento de desestabilizar representaciones aceptadas de género, con estos personajes femeninos Monge Rafuls refuta la política social y sexual que ha dominado en Cuba desde antes de 1959 y que continúa siendo apoyada por la Revolución en el cultivo y celebración de una masculinidad exagerada y su subsecuente sexismo y homofobia (Behar 138).

Mientras que a veces Lula, Mamapara, Mamá y Adalina aceptan algunas de las pautas establecidas por el comportamiento femenino tradicional, todas las problematizan de alguna manera cuando se niegan a callarse y aceptar su destino pasivamente. Son personajes fascinantes, a veces detestables y ridículas, y siempre seductoras, que obligan al lector a interrogar sus propias ideas sobre el género y el poder, y las ideologías político-sociales que los delimitan.

Empiezo mi análisis con la obra *Nadie se va del todo* (1995), escrita en 1991 al regresar Monge Rafuls de un viaje a la isla 30 años después de irse a la edad de dieciocho años (110). La obra documenta el regreso de Lula y su hijo Tony para visitar a sus suegros, Coral y Antonio. Lula huyó con Tony, que era todavía un bebé, justamente después que el ejército revolucionario fusilara a su esposo por traidor. Desde un principio, esta obra se enfoca en Lula, su pasado en Cuba, su ansiedad y angustia por regresar y, finalmente, su capacidad y necesidad de perdonar.

Como su heroico esposo, Lula es ejemplar en sus obligaciones como esposa, madre y nuera. Sin embargo en ningún momento es pasiva o sumisa. En el fusilamiento de Julio, ella le jura en voz alta: "nunca te olvidaré...Yo voy a cuidar a Tony...para que estés orgulloso de él...mi amor" (133). Lula cumple con esta promesa en todos los aspectos de su vida. En el exilio, se hace profesora universitaria de Lenguas Romances y apoya económica y emocionalmente a su hijo para que se haga un arquitecto exitoso con familia propia. Además, ha mantenido contacto con sus suegros en la isla, facilitando por años artículos de primera necesidad. Mientras tanto, también ha sido fiel a Julio y a su memoria por el hecho de que no hay ninguna indicación que se haya casado en todos sus años de viudez en el exilio.

Entre todos sus aspectos tradicionales femeninos, son la pasión y la motivación de Lula las que impelan a la acción y motivan a su vez a los otros personajes. Es suya la idea de volver a la isla ya que se da cuenta que tiene que enfrentarse a su pasado y quizás reconciliarse con el "pobre país que nadie entiende" (116). Convence a su hijo inseguro a que le acompañe, sabiendo que el viaje es igualmente importante para que él se reencuentre con sus abuelos, su país natal y despierte su cubanidad latente. En Cuba, Lula articula sus opiniones abiertamente sobre los problemas que ve en el pueblo de Zaza, y el país entero, con su familia y los vecinos, y cuestiona con cierta insistencia la retórica revolucionaria expresada por la vecina Asunción.

En las escenas que tienen lugar antes de que se fuera de Cuba, Lula es aun más expresiva y tenaz. Cuando sospecha que Julio le es infiel, insiste en enfrentarlo y le pregunta directamente si está con otra mujer. Aunque él niega la acusación, ella responde, "Pero chico, ¿tú crees que yo soy comemierda?" (117). Llega a Miami sola, sin apoyo familiar ni económico después de tomar la decisión de huir de la isla en barco, con Tony en brazos. Quizás sea durante la conmovedora escena del fusilamiento en donde Lula muestra su resistencia más explícitamente, junto con su suegra Coral. Mientras que Antonio se niega a mirar la grotesca escena a punto de ocurrir, sintiéndose débil bajo el sol tropical, las dos mujeres hacen un esfuerzo para que Julio sepa que están allí para acompañarlo hasta el final. Lula levanta a Tony por encima del público reunido para que su padre lo pueda ver hasta el final. No obstante, la acción de darle una blusa a Asunción para que se la lleve a su madre, a Nena, la miliciana que delató a Julio hace treinta años, representa mejor su valor. A pesar de que regañó a Coral por mantener cierta amistad con las mismas personas que traicionaron a la familia, al final, y bajo la instigación de su suegra, Lula decide que perdonar "es la única manera" (158) de vivir en paz.

En su artículo "Elementos comunes en el teatro cubano del exilio: marginalidad y patriarcado," Antonio F. Cao enfatiza la importancia de este gesto sencillo de Lula hacia Nena cuando dice que "El acto supremo de heroísmo lo ejecuta Lula al perdonar...Es este personaje la verdadera heroína, y no los "héroes" que su suegro Antonio recorta y mete metódicamente en una caja de calzado. El perdón apunta hacia la reconciliación" (52). Al dar a Lula el papel protagónico y heroico del texto, Monge Rafuls ofrece una respuesta alternativa para un futuro que dé lugar al perdón y a la reconciliación; una respuesta que desafía la retórica tradicional masculina que ha dictado la política dentro y fuera de la isla. Quizás con la incorporación de otras voces de las dos orillas en el diálogo, una renovación en la relación entre Cuba y su comunidad pudiera ser una posibilidad. Después de todo lo que sufrió, si Lula vuelve, resucita amistades y encuentra ánimo para perdonar, entonces todos deberíamos poder hacerlo, o, por lo menos, no ser un obstáculo para los que lo harían.

Los siguientes personajes femeninos a los que paso a referirme aparecen en *Recordando a mamá* (1990) y *Se ruega puntualidad* (1995). En ambos textos, Monge Rafuls demuestra el poder de la opresión por medio de la manipulación y como ésta termina destruyendo la identidad e individualidad mediante figuras maternas crueles debido a su deseo de controlar las acciones de los otros. En *Recordando a mamá* Alberto y Aurelia se encuentran en una funeraria vacía en Queens, Nueva York, al lado de un ataúd donde yace su madre, intentando comprender el sentido de la muerte de ella y sus vidas truncadas por el control asfixiante que significaba vivir bajo su dominio. Muy consciente de la manera en que Mamá los manipuló toda la vida, Alberto afirma que esa mujercita, "castró nuestros sentimientos" (260). Luego añade que se siente frustrado personal, social y sexualmente cuando le comenta a su hermana que "tú y yo no somos nada" (259). Aunque Mamá nunca aparece en el escenario, ya que está muerta en el ataúd, su presencia enérgica es evidente por la actitud asumida por sus hijos. Cuando Alberto le confiesa a su hermana que es virgen, las acotaciones indican que debe acercarse al ataúd para repetir la frase directamente a Mamá en un tono desafiante, pero está claro que todavía "*le tiene miedo*" (167). La autoridad de esta figura materna se hace patente más allá de su vida al crear un temor permanente en sus hijos.

Como el personaje de Mamá, Mamapara en *Se ruega puntualidad* ha creado un mundo inspirado en pesadillas con hombres y mujeres lobos, el canibalismo, la violación y una violencia sicológica extrema. Aunque este personaje no es la madre biológica de Manolete y Gustavo, su nombre y la dependencia íntima entre ella y los otros personajes sugieren una relación extraña de madre/hijo. Manolete y Gustavo viven bajo su total dominio, obligados a servirle y cumplir con sus deseos caprichosos. En caso de que tuvieran cualquier duda sobre su poder, ella les recuerda: "no crean que porque me voy a ir es que no estoy aquí. Estoy como si estuviera y todo lo veo y todo lo oigo y les puede costar muy caro si no actúan como esperamos que actúen" (16). Como Mamá, Mamapara controla a los personajes aun cuando está ausente. Ya que Manolete y Gustavo se sienten amenazados constantemente, ambos empiezan a adaptar su conducta a estas circunstancias y a reprimir sus deseos sexuales a lo largo de la obra para mejor seguir las normas hetero-normativas sociales de Mamapara, que es una déspota. Al final de la obra, la relación amorosa entre los dos se ha convertido en una amistad bastante fría y distanciada. Fragmentados y anulados como individuos, Alberto, Aurelia, Gustavo y Manolete no logran desarrollarse de forma normal debido a la opresión ejercida por estas figuras maternas que prescriben cada palabra, gesto y hasta las emociones.

La tiranía representada por Mamá y Mamapara se inspira en las múltiples dictaduras que han dominado la escena política latinoamericana y, especialmente, el régimen actual en Cuba. Para Monge Rafuls, y muchos cubanos en la diáspora, la violencia y la opresión en su patria les instó a emigrar inicialmente y son los mismos factores los que les impiden volver o tan siquiera visitar el país donde nacieron. Para el dramaturgo, una exploración de los mecanismos que sostienen el poder absoluto es una manera de entender como el gobierno revolucionario mantiene su poder, la aparente pasividad de la población cubana que soporta este trato injusto y las causas del inicio y duración de su exilio (Watson 74). Estas figuras maternas imperiosas y la dinámica familiar representadas en estos dos textos no sólo aluden a Fidel y a la política actual isleña, sino que también Mamá y Mamapara simbolizan a Cuba.

La investigadora Amy Kaminsky en su estudio de la literatura exílica del cono sur señala una relación directa entre la mujer y la patria, particularmente en los textos de autores masculinos, donde se suele encarnar su país mediante una figura materna (4). Según Kaminsky, la figura materna como metáfora de nación puede tomar una de dos representaciones: "the sentimentalized mother the child left behind and the phallic mother who threatens her child with engulfment, who has betrayed that child by becoming the repressive, smothering dictatorship he had to leave" (5). Claudia Sadowski-Smith y Ricardo Ortiz, ambos críticos de la literatura cubana fuera de la isla, indican la misma tendencia en autores de la diáspora. De hecho, Sadowski-Smith afirma que muchos escritores revelan aspectos de su experiencia diaspórica en sus obras "in the figure of a dysfunctional mother-child relationship" (269). En *Recordando a mamá* y *Se ruega puntualidad* los personajes y sus relaciones conflictivas revelan los complejos vínculos que siguen encadenando a la comunidad en el exterior de la isla.

Monge Rafuls intenta explicar las contradicciones inherentes en la identidad exílica por las relaciones casi perversas entre

Mamá y Mamapara y sus "hijos". Mientras que la mayoría de la diáspora cubana desprecia la realidad política de la isla y algunos hasta celebran el bloqueo económico que limita la comunicación y ayuda, esta misma gente mira hacia Cuba para afirmar su identidad cultural y quiere ser reconocida como cubanos. Quiera o no, la diáspora cubana está atada íntimamente a la isla —su madre patria— sin la capacidad (o deseo sincero) de separarse. A pesar de su fuerte retórica política hacia Cuba, la isla continúa impactando, incluso impartiendo, su identidad aún después de cincuenta años de la ruptura inicial. De manera semejante, aunque intentan rebelarse contra estas matriarcas dominantes, los personajes de Alberto, Aurelia, Gustavo y Manolete se mantienen extrañamente enredados en esta espinosa familia, sin poder salir de la telaraña tejida tanto por Mamá como por Mamapara. Es por medio de este "parentesco" conflictivo que todos se autoidentifican y se reconocen, lo cual sugiere la imposibilidad de independizarse completamente.

De algún modo Adalina, protagonista de la obra *Las vidas del gato*, una segunda versión de la obra previamente titulada *Madre, sólo hay una*, también manifiesta características parecidas a Mamá y Mamapara, pero su función en este texto es un poco más difícil de aclarar. *Las vidas del gato* toma lugar en Cuba en 1993 y presenta una tarde tensa en la cual Adalina y su esposo Marcos intentan averiguar si su hijo José Luis se fue de Cuba en balsa. Desde las primeras acotaciones, el dramaturgo define este matrimonio al afirmar que Marcos "toma de una botella que esconde inmediatamente, mantiene una actitud pasiva; parece que le teme a Adalina. Es una relación que no funciona adecuadamente" (174).[2] Adalina lo humilla constantemente y le echa la culpa de todo, desde el hecho que no se sintoniza el radio a las condiciones de la casa, hasta la decisión de su hijo de partir y su supuesta muerte. A pesar de que Marcos trata de desafiar su autoridad, su mujer consigue mantener un control eficaz en la casa

2 Con Mamá y Mamapara siempre hay que tener en cuenta el análisis estupendo de la familia y la figura materna devoradora en el teatro cubano por Matías Montes Huidobro en su libro *Persona, vida y máscara en el teatro cubano*.

sobre él y sus hijos.

En tanto que la conversación entre la pareja se mueve confusamente entre el tema del gato que se ha extraviado y el hijo balsero, Adalina, esquizofrénicamente, alterna entre ejercer el papel tradicional de la madre y esposa sufrida, con el de una pareja mutuamente abusiva, como se puede apreciar en el siguiente diálogo:

ADALINA. *(Constantemente acusándolo de algo.)* Pero ahora la casa está que da asco. Si llueve caen goteras. La puerta de la cocina está rota...

MARCOS. ¿Y de dónde voy a sacar los materiales? Tú sabes que no hay de nada...

ADALINA. Ni como hombre me sirves.

MARCOS. *(Muy herido.)* Claro, coño, yo lo sabía.

ADALINA. ¡No te hagas!

MARCOS. Yo soy tu marido y me dan ganas...

ADALINA. Hablándome esas cosa como si yo fuera una mujer de esas que te gustan...

MARCOS. Después me la tengo que hacer yo solo...

ADALINA. ¡Con esas ordinarieces que sueltas!

MARCOS. Yo nunca he conocido una mujer que no seas tú...

ADALINA. Cheo no ha venido (195).

Adalina evade los comentarios de su esposo, que reafirma su amor y su lealtad. Sin embargo, se revela en el segundo acto que José Luis es el hijo de un hombre que Adalina amaba pero que terminó abandonándola. Por esa razón ella ha favorecido siempre a su hijo mayor, lo cual es una realidad que sus otros dos hijos y su esposo han aceptado con resentimiento. Para sobrellevar este daño a su hombría, Marcos empezó a beber cuando José Luis nació siete meses después que se casaron. Como resultado, Adalina ha tenido que criar a sus hijos y mantener su casa sin la ayuda de su esposo que, dolido, se volvió un alcohólico. A causa de estas experiencias negativas, Adalina francamente le admite a su hijo Cheo que todos los hombres, "son la misma mierda, aunque los haya parío..., pero todos los macho son iguales, toditicos"(203)

Al final del segundo acto, al regresar a casa después de que Adalina lo echó, Marcos por fin se enfrenta a su mujer y a su alcoholismo. Le dice:

> No tomo porque no me da la gana, porque... porque estoy sacando fuerza que no había sacado antes para que se me vaya la salación que tengo... Claro, es difícil...contigo, ¡claro! Ha habido veces que me he arrepentido de haberme casado contigo, cuando nació José Luis. Pero sí, te quiero... No voy a tomar más... Soy más hombre que tú mujer... Qué mala suerte haberte conocido...y de quererte. ¡Ma'rayo te parta!

Con este discurso breve, pero no menos efectivo, se restaura un equilibrio saludable entre marido y mujer. Estas palabras sinceras animan a Adalina al confesar el secreto sobre el padre biológico de José Luis, mostrándole su agradecimiento y fidelidad a Marcos por buscarle café, y declara que "(*Tímida. Bajito.*) José Luis es tu hijo, tú lo criaste…Cheo, Julia…¡Los tres!" (218). Convencidos de que José Luis está seguro en Miami, como el gato perdido, el matrimonio empieza a planificar un futuro feliz en los EEUU donde podrán empezar de nuevo y olvidarse del pasado.

En el momento en que marido y mujer empiezan a entenderse por primera vez en su matrimonio, Cheo llega a la casa con lo que parece ser malas noticias. Aunque no dice nada, entra "muy serio" y no se mueve a pesar de las insistencias de su madre a que baile en celebración de la ilusión de que José Luis pronto resuelva todos sus problemas y ellos puedan irse a vivir con él y con el gato. Cheo se niega a "mirarla de frente" (218) aunque nunca ha visto a su madre tan contenta. La obra concluye sin que Cheo les diga nada a sus padres, pero el lector está seguro que sus palabras van a aniquilar este momento de felicidad para Adalina y su esposo y, quizás, destruyan el matrimonio totalmente.

En *Las vidas del gato*, Monge Rafuls explora las experiencias que motivan las aparentes amarguras y frustraciones ilógicas de Adalina hasta dejar al descubierto sus valores humanos. Al final de esta obra tragicómica, el lector simpatiza con este personaje que era tan fácil de odiar al principio. La desilusión que Adalina manifestaba cruelmente no nació simplemente de la situación en su casa, ni de la resignación de su esposo, ni de sus hijos distantes, sino de sus opciones limitadas como mujer. En vez de sufrir sus desengaños en silencio pasivamente en su hogar, como se espera de una mujer tradicional, ella se rebeló en el único espacio donde podría tener autoridad: la casa. En el proceso, Adalina les hizo la vida imposible a Marcos y a sus hijos. Infelizmente, su táctica poco mejoró la situación. El breve momento de redención que presenciamos al final, quizás pronto se convierta en el peor castigo y no sabemos si debemos reírnos o llorar.

Lula, Mamá, Mamapara y Adalina son una muestra sencilla de las muchas figuras femeninas llamativas en la obra de Pedro Monge Rafuls, cuya última manifestación es una encarnación bella y atrevida de la gran dama de las letras cubanas del siglo XIX, Gertrudis Gómez de Avellaneda, en *Tula, la Magna* (2011). Todas estas representaciones de mujeres enriquecen el ya señalado y celebrado panorama de variados personajes femeninos que han dominado el teatro cubano desde sus inicios. Sin embargo, ¿qué nos sugiere el dramaturgo con esta insistencia en concebir estas mujeres osadas, sugestivas y complejas una y otra vez?

En el artículo "Post-Utopia: The Erotics of Power and Cuba's Revolutionary Children", Ruth Behar recalca que en la producción cultural cubana intra y extra isleña, "gender and sexual resistance become the basis for rethinking conceptions of nation and diáspora" (142). ¿Se podrían interpretar estas representaciones no convencionales de mujeres en la obra de Monge Rafuls como manifestación de la "ansiedad" del dramaturgo sobre lo que significa ser cubano, cubano en el exilio o miembro de la comunidad en la diáspora hoy en día?[3] No está del todo claro, pero sí creo que estas representaciones revelan un escepticismo creciente, quizás hasta un cansancio, sobre muchos temas que se relacionan con Cuba, ser cubano en la isla y fuera, igual que cierta desconfianza en los papeles de género y cuestiones de la sexualidad que siguen tenazmente vigentes en la comunidad cubana de las dos orillas y los discursos tradicionales anticuados que los construyen. De esta forma puede que sus lectores logren reconocer y manifestar nuevas maneras de relacionarse, identificarse y desarrollarse libremente

3 El uso de la palabra ansiedad en esta frase se inspiró en el texto *Cultural Erotics in Cuban America* en el cual el autor, Ricardo Ortiz, utiliza la palabra "anxiety" para describir las distintas preocupaciones que los autores cubanos de la diáspora intentan enfrentar y negociar en sus textos.

para poder "begin to envision an end to domination" (Behar 153). Mediante la representación de mujeres que se niegan a conformarse a roles tan limitados, Monge Rafuls pide al lector que haga lo mismo, que cuestione la retórica social y política que nos manipula y define explícita e inconscientemente.

OBRAS CITADAS

Behar, Ruth. "Post Utopia: The Erotics of Power and Cuba's Revolutionary Children. "*Cuba, the Elusive Nation: Interpretations of National Identity*. Eds. Damián Fernández and Madeline Cámara Betancourt. Gainesville: UP Florida, 2000. 134-154.

Cao, Antonio F. "Elementos comunes en el teatro cubano del exilio: "Marginalidad y patriarcado." *Lo que no se ha dicho*. Ed. Pedro Monge Rafuls. Jackson Heights, NY: Ollantay, 1994. 43-52

Escarpanter, José A. "Veinticinco años de teatro cubano en el exilio." *Latin American Theatre Review* 19:2 (1986): 57-66.

Kaminsky, Amy. *After Exile: Writing the Latin American Diaspora*. Minneapolis, MN: U. of Minnesota P, 1999.

Monge Rafuls, Pedro R. *Las vidas del gato. Teatro entre dos siglos,* edición de Pedro R. Monge Rafuls. New York: Ollantay Press, 2012. 171-218.

______. "Nadie se va del todo." *Teatro. 5 autores cubanos*. Ed. Rine Leal. New York: OLLANTAY Press, 1999. 249-70.

______. "Recordando a mamá." *El tiempo en un acto: trece obras de teatro cubano*. Comp. José Triana. New York: OLLANTAY Press, 1999. 249-70.

______. *Se ruega puntualidad: pieza en dos actos y dos finales*. Jackson Heights, NY: Ollantay Press, 1997.

Montes Huidobro, Matías. *Persona, vida y máscara en el teatro cubano*. Miami: Ediciones Universal, 1973.

Ortiz, Ricardo. *Cultural Erotics in Cuban America*. Minneapolis: Minnesota UP, 2007.

Sadowski-Smith, Claudia. "A Homecoming without a Home: Recent US Cuban Writing in the Diaspora." *Cuba: Idea of a Nation Displaced*. Ed. Andrea O'Reilly Herrera. Albany: State U of New York Press, 2007. 267-84.

Watson, Maida. "From Exile to Double Minority: Women Writers in Cuban Exile Theater." *Cuba: Una literatura sin fronteras/Cuba a literature beyond boundaries*. Ed. Susann Regazzoni. Madrid: Vervuert, 2001. 69-79.

Fama, discriminación y muerte en el teatro de Manuel Martín Jr.

Yara González Montes
Profesora Emérita, University of Hawaii

La obra de Manuel Martin, Jr. (1934-2000), dramaturgo, actor y director teatral, ocupa un lugar *sui generis* dentro del rico y heterogéneo panorama de la literatura cubana del exilio por dos razones muy poderosas. La primera, su salida de Cuba tiene lugar en el año 1956, tres años antes de la toma del poder por Castro. La segunda, es que casi toda su obra está escrita en inglés a pesar de que los temas de la mayoría de ellas son esencialmente hispánicos.

Al acercarnos a su dramaturgia y en particular a la obra que vamos a analizar *Rita and Bessie, a play with music,* escrita en 1986 y estrenada en 1988, que tiene como protagonistas a dos cantantes famosas que vivieron en la primera mitad del siglo XX, en dos países diferentes, la primera en Cuba, la segunda, en Estados Unidos, nos damos cuenta de inmediato, que Manuel Martin Jr. era sin lugar a dudas un visionario, que soñó momentos como los que aparecen relatados en la revista de la PMLA, publicada por la Modern Language Association en octubre del 2011, dedicada al tema de la fama y al de las celebridades, confirmando la necesidad de nuevos campos de estudio en estas áreas. Dicha revista se abre con una introducción titulada "Celebrity Rites" en la cual hay una larga referencia al momento en que Susan Boyle en el programa *Britain's Got Talent* comienza a cantar "I dreamed a dream" frente a "una audiencia a punto de saltar de emoción de sus asientos al escuchar sus primeras estrofas" (900). Esto es lo que concibe Manuel Martin Jr. al escribir *Rita and Bessie, a play with music.* Lo que Susan Boyle representa hoy en día, es lo que representaron *Rita y Bessie* en sus respectivos países en el momento en que fueron descubiertas. En esta obra su autor se anticipa a toda una nueva tendencia en la crítica literaria en la cual la celebridad, la fama y la notoriedad, ocupan un primer plano, demostrando que el sueño que él soñó cuando se sintió fascinado por las luces de Broadway, era la premonición de un acontecimiento teatral postmoderno.

Sin embargo, hay que considerar, que el proceso que sufre un escritor que sale de su país para rehacer su vida en otro, sean cuales sean las causas que lo lleven a tomar esta decisión, es sumamente arduo, mucho más si el país que ha escogido tiene un idioma y una cultura diferentes a la suya propia ya que se trata consciente o inconscientemente, de un cambio radical del ser humano en muchos sentidos, entre los que se cuenta, en primer término, el de la propia identidad.

Manuel Martin Jr. es parte integrante, por los valores éticos y estéticos de su obra, de ese rompecabezas aún en proceso de completarse que es la dramaturgia cubana actual y emigra a Estados Unidos en el año 1956 con el firme propósito de integrarse a la vida de este país. La influencia que ejerció el cine de Hollywood y otras lecturas que realizó en Cuba de autores norteamericanos siendo un adolescente en Artemisa, su ciudad natal, fueron recuerdos que no pudo borrar de su memoria y que lo impulsarían más tarde a tratar de convertirse en una celebridad dentro del panorama teatral de Broadway. Llega a Nueva York lleno de ilusiones. Dedica diecisiete años de su vida al estudio para alcanzar este propósito; clases de inglés, clases de actuación con renombradas figuras del teatro como Carolyn Brenner, Andrés Castro, Lee Strasberg, proyectos en el Actors Studio, viaje a Roma donde estudia en el teatro Goldoni con William Berger, puestas en escena en el *Teatro Dúo*, un "precario espacio formado por 25 asientos en el Lower East Side de Manhattan, escenario experimental y taller teatral, para el que escribe muchas de sus obras y que fundara con la actriz y poeta Magaly Alabau en 1969, momento clave en su formación como dramaturgo ya que es justamente en *Dúo*, al que estuvo vinculado hasta 1989, donde se forja la personalidad artística de Manuel Martin" (Martínez, 783-784).

Comienza su carrera teatral escribiendo obras de temas universales. Sin embargo, en 1976 ocurre un acontecimiento inesperado en su vida que él nos relata de esta manera: "[...] después de un azaroso viaje por Centro y Sur América sintiendo en carne propia el rechazo al cubano exiliado en los festivales internacionales (especialmente porque nuestra compañía estaba representando a Estados Unidos), me decidí a escribir obras con las cuales pudiese encontrar mi propia voz. De esta búsqueda nacen *Swallows, Union City Thanksgiving* y *Rita and Bessie.*" (Manuel Martin 8-9). Este hecho lo reintegra temáticamente, al teatro del exilio cubano. Estas tres obras citadas por el propio dramaturgo son fundamentales en el reencuentro del autor consigo mismo, en el descubrimiento de su propia voz como escritor.

José A. Escarpanter ha señalado entre las características definitorias de su teatro: 1) La experimentación, con la excepción de *Union City Thanksgiving,* que con razón, considera encuadrada en los parámetros del realismo, 2) la utilización de la música en casi toda sus piezas dramáticas. Cuenta, además, el teatro de Martin Jr., con la participación del público como ente activo del espectáculo que pueda sacar del mismo sus propias conclusiones.

El hecho de que el dramaturgo escoja para la obra que vamos a analizar, *Rita y Bessie, a play with music,* escrita en 1986 y estrenada en el 1988, dos cantantes famosas de la raza negra, que vivieron en la primera mitad del siglo XX, Rita Montaner, (1900-1958), la cantante cubana de zarzuelas y música popular, a la que con justicia en Cuba se le dio el sobrenombre de "La única", ídolo femenino que representaba la belleza y la gracia de la mulata cubana; y Bessie Smith (1894-1935) la popular cantante de *blues,* norteamericana, no es un hecho fortuito. El autor contrapone en un paralelismo aleccionador dos celebridades pertenecientes a dos culturas, dos idiosincrasias, dos sociedades diferentes, en las que él vivió y se formó, dejando al descubierto algunos de sus mayores defectos. ¿Cómo no poner su atención en estas dos cantantes que lograron la fama a pesar de la discriminación existente en ambas latitudes? Bessie, mujer de origen humilde, cuya historia vital, en ocasiones patética, contrasta con la de Rita, hija de profesionales que realizó estudios avanzados en Cuba, pero que a pesar de todo esto, sufrió discriminación. La pieza es un todo perfectamente conjugado en el que la frustración íntima y secreta de estas dos cantantes, que acuden a buscar trabajo, se desborda a plenitud dentro del espacio herméticamente cerrado de una oficina mientras esperan inútilmente la llegada de un agente de teatro. En la opinión de Juan Carlos Martínez, "Esta es una obra mayor, quizás la que con más nitidez revela la estatura del dramaturgo sagaz, incisivo y de exquisita sensibilidad que es Manuel Martín" (Martínez, 785-786)

La escenografía está formada por una oficina, espacio de aspecto irreal, situada en el último piso de un rascacielos *newyorkino,* amueblada en un "Deco-Decadente", con apariencia de "*set*" cinematográfico de los treinta. Incrementa la sensación de irrealidad el hecho de que esta oficina parece estar suspendida en el aire. Buró, sillas, y archivos componen el mobiliario. Una puerta cerrada y una ventana con rejas se hacen visibles a los espectadores. Este espacio asume también, una dimensión sicológica, existencial, con el que ambas cantantes establecen una relación de dependencia. El vestuario nos sitúa en el momento en que se desarrolla la acción. Bessie, vestida de negro, a la moda de los treinta. Rita de rojo, con un vestido en boga alrededor de los años cincuenta. El resto del reparto lo integran el Agente, personajes que permanecen ausentes y voces en *off* que no se materializan en escena, lo que acrecienta la sensación de irrealidad y de vacío.

El conjunto de coordenadas que forman la pieza está entretejido de tal forma que sería difícil separar por completo una de otra. De la música, que es elemento esencial de la misma, "encapsulada en el espectáculo", comenta Patrice Pavis, que "influye en nuestra percepción global, pero no sabríamos decir qué sentidos convoca exactamente. Crea una atmósfera que nos hace prestar más atención a la representación. La música es, una luz del alma que se despierta en nosotros" (Pavis, 150). Música, tiempo y verbo forman la trilogía básica sobre la que va a levantarse la estructura de esta pieza dramática que contiene, además, una seria y profunda consideración sobre la fugacidad de la vida y el enfrentamiento de todo ser humano con la muerte.

Dentro de la armonía estructural del texto existe un sentimiento antagónico entre Rita y Bessie desde que aparecen en escena, ya que ambas se reconocen como competidoras que aspiran a la misma plaza vacante. La confrontación que va a desarrollarse en escena entre el presente y el pasado se lleva a cabo mediante un enfrentamiento que se desarrolla en dos espacios diferentes, el espacio interior, esfera subjetiva de cada una (tiempo síquico) y el espacio exterior, medio ambiente en el que los hechos fueron vividos en cada caso (tiempo socio-histórico). A medida que ambas mujeres evocan el ayer descubren espacios más recónditos de su Yo. El autor introduce, de esta manera, una nueva perspectiva subjetiva y sicológica que añade un dinamismo inusitado a la pieza. Al yuxtaponer la realidad interior con la exterior, actuando recíprocamente una sobre la otra en momentos claves del pasado de cada una, obtenemos un conocimiento objetivo de las circunstancias político-sociales que vivieron, de la época a la que pertenecieron y al mismo tiempo realizamos el análisis crítico del hecho específico a que se hace referencia. Con perfecto dominio del diálogo escénico y utilizando la técnica retrospectiva, el dramaturgo deja al descubierto las vicisitudes que han sufrido a consecuencia de su negritud y de su condición femenina estas dos mujeres. Ambas han experimentado la discriminación, de un modo o de otro, en sus respectivos países.

El contrapunto dialógico integrado por medio de dos melodías verbales independientes se desarrolla de forma magistral. El dramaturgo conoce a plenitud el poder de la palabra y hábilmente ha escogido el vocablo preciso en el momento exacto, aquel que produce una reacción inmediata en el que escucha. Rita y Bessie se vuelven sagaces antagonistas, decididas a hacer reaccionar a su contraria por medio de comentarios cáusticos, sobre todo por parte de Bessie. El diálogo es dinámico, vivaz y efectivo. La conversación cuajada de coloquialismos, fluye de forma natural y lógica. El recuerdo que se proyecta hacia el pasado representa una evasión de la realidad presente, pero es, al mismo tiempo, algo que ha sido vivido y ahora está muerto. La muerte parece estar presente no sólo en estos momentos ya idos para siempre, sino también en los intervalos en que el dramaturgo las inmoviliza en escena, alternativamente, para hacer más vívida la memorización a través de recreaciones en vivo del tiempo ido, lo que añade una variedad inesperada a la escena, abriendo un espacio íntimo, desconocido, en el que penetramos para visualizarlas niñas, adolescentes, y mujeres ya formadas que luchan profesionalmente. Finalmente, se nos presentan como seres ajados y vencidos por la vida. Sentimos a través de la obra la inminencia y transitoriedad insoslayable de lo temporal. El tiempo es una corriente soterrada, tejida en la misma acción, siempre presente, cuya fugacidad nos corroe mientras que nos arrastra sin que nos demos cuenta, al final de nuestra existencia.

Negritud y nacionalidad ocupan un lugar primordial en la pieza. Existe una distinción entre ambas cantantes basada en las tonalidades de la piel y en las condiciones sociales en sus respectivos países, lo que se manifiesta en el nivel lingüístico en el que cada una de ellas se expresa. El lenguaje es signo definitorio del lugar ocupado en la escala social norteamericana por Bessie y del sufrimiento e incomprensión en que ha transcurrido su existencia. La ironía, la sorna y la mordacidad con que ella condimenta constantemente su código verbal y las persistentes alusiones al color de su piel, que tanto molestan a Rita, revelan la amargura de lo vivido. La pena ha marcado a Bessie para siempre. Es un dolor intenso interior que Rita no parece compartir y por eso le dice: "Yo no sé nada de tus experiencias, pero las mías fueron diferentes" (225). Sin embargo, vamos descubriendo poco a poco que "el pasado de Rita también está lleno de soledad, angustia, tristeza y discriminación" (González Pérez, 29). Sus experiencias no fueron tan terribles, pero de las que sufrió ella prefiere no hablar y evita ahondar en este tema. El Agente termina sometiéndolas a una prueba de canto y lo que comienza siendo una especie de duelo musical, termina en un dúo armónico. Finalmente, el Agente las despide. No tendrán trabajo por su avanzada edad. Al tratar de abrir la puerta se dan cuenta de que no pueden salir. Angustiadas, tratan de regresar cada una de ellas, en un "flash back" de la memoria, hacia el pasado, pero ahora les es imposible recordar. La imposibilidad de recordar es el comienzo del no-ser, del dejar de existir. Al abrir uno de los archivos comprueban que contiene los datos biográficos de cantantes famosas ya desaparecidas, descubriendo que todo el diálogo sostenido entre las dos es una conversación *post-mortem.*

Lo que en realidad los espectadores han estado presenciando en escena es un diálogo onírico, en un marco temporal fijo, fuera de los límites del tiempo, porque a Rita y a Bessie no les queda tiempo para ser vivido, y ese sueño que ha sido el transcurrir de la vida misma, ha quedado encerrado en un tiempo que impone otro concepto de lo temporal. Es ahora cuando sienten lo cerca que están la una de la otra, convenciéndose de que la unión fraternal entre ambas es el corolario lógico de todas las vicisitudes sufridas. Esto se traduce en el dúo final cantado donde sus voces se unen armónicamente para entonar la canción definitiva: *Sometimes I feel like a Motherless Child,* la que les abre la puerta de salida en medio de un torrente de luz. Envueltas en la añoranza de las notas musicales de su canto, iluminadas por el haz de luz que se proyecta desde fuera, se encaminan al tránsito final saliendo del espacio cerrado de la oficina a un espacio exterior abierto, ilimitado y resplandeciente, liberadas para siempre.

La muerte, que siempre nos acecha sorprendió también a nuestro dramaturgo mientras caminaba por las calles de la ciudad que tanto admiró y en la que trabajó tan intensamente. Su obra, original, reflexiva y aleccionadora, deja una huella indeleble en el extenso panorama de la dramaturgia del exilio cubano.

OBRAS CONSULTADAS

Boone, Josehp A. and Vickers, Nancy J. "Celebrity Rites". Introduction. PMLA. October, 201, Vol. 126. Number 4. 2011, 900.

Corcés, Laureano. "Más allá de la Isla: la identidad cubana en el teatro del exilio". *Las dos orillas: teatro cubano.* Ed. Heidrun Adler Herr, Madrid: Vervuert Iberoamericana, 1999, 59.

González Pérez, Armando. *Presencia negra: Teatro cubano de la diáspora.* Introducción. Madrid: Betania, 1999, 29.

Escarpanter, José A. "Aproximaciones al teatro de Manuel Martin, Jr.". *Ollantay Theater Magazine* Vol XI, Num. 21 1993. pag. 29-35 .

Martin, Jr., Manuel. ¿Una biografía?. *Presencia negra: teatro cubano de la diáspora.* Ed. Armando González Pérez . Madrid: Betania, 1999, 8-9.

Martínez, Juan Carlos. "Volver del revés las apariencias". *Teatro cubano contemporáneo. Antología.* Ed. Centro de Documentación Teatral. Madrid: Fondo de Cultura Económica. 1992, 784.

Pavis, Patrice. *El análisis de los espectáculos.* Barcelona: Paidós: 2000, 150.

Recordando a Manuel Martin: *Teatro Dúo*

Magali Alabau
Poeta, actriz, fundadora de *Teatro Dúo*.

Manuel Martin y yo nos conocimos a principios del año 1969 en el taller de teatro dirigido por Andrés Castro y Antonia Rey en Nueva York, en la galería de Margarita de Mena, pintora cubana. El taller de actuación de Andrés y Antonia fue el primer indicio que recibí de que quizás podría continuar en el exilio mi vocación teatral, la que había terminado en Cuba dramáticamente el 18 de agosto de 1965, cuando agentes del Buró de la Unión de Jóvenes Comunistas prohibieron las representaciones de *Los mangos de Caín,* de Abelardo Estornino, en la Sala de los Arquitectos.

Manuel residía en New York desde 1956. Al no formar parte de su experiencia los eventos ocurridos al principio de la revolución y alrededor de los años 60 en Cuba, escuchó con su curiosidad inagotable mis vivencias de aquellos años, historia tras historia: mis estudios realizados en Cubanacán bajo profesores casi todos artistas extranjeros invitados por el gobierno cubano y, finalmente, las expulsiones llevadas a cabo en 1965, cuando el Consejo Nacional de Cultura encabezado por Carlos Lechuga —el Gran Inquisidor— se declaró abiertamente contra los homosexuales, expulsando alumnos de las escuelas de arte y cerrando otros grupos de teatro. Estas medidas represivas causaron una ola de asombro, miedo y horror en el medio artístico y cultural de La Habana. Manuel poseía un talento nato para identificarse y percibir la experiencia ajena como propia. No sólo escuchaba sino que buscaba soluciones a los problemas. Nos convertimos en amigos inseparables y conversábamos por horas diariamente. A Manuel le debo mi primer trabajo de oficina, mi primer apartamento de renta controlada en New York. Y le debo haber sanado, al menos temporalmente, de esa angustia que causa el exilio sobre todo en los primeros años. Su sentido del humor y su cubanía era fuente de risa constante entre nosotros. Tales intercambios pronto abarcaron el teatro hispano, principalmente nuestras aspiraciones en cuanto a obras y la técnica teatral que deseábamos desarrollar en el futuro.

La primera producción en que trabajamos juntos y que determinó la creación del *Teatro Dúo* fue *La Celestina*, de Fernando de Rojas, obra clásica del teatro español del siglo XV, dirigida por Andrés Castro y producida por Gilberto Zaldívar en el *Greenwich Mews Theater* donde Gilberto en ese entonces trabajaba de administrador y comenzaba su carrera de productor del teatro latino en Nueva York. Antonia Rey interpretaba el papel de la Celestina, y yo el de Melibea. A Manuel le dieron un pequeño papel de una sola línea que consistía en anunciar la muerte del personaje central. Papel muy corto, pero muy difícil, pues entraba corriendo en gran estado de agitación para dar la noticia a toda voz de la muerte de la Celestina. Manuel, con un vestuario extravagante y una peluca negra improvisada, que detestaba, entraba en escena y desaparecía como un bólido. Así y todo, después de cada función, discutíamos nuestras respectivas actuaciones, él preguntándome si su grito anunciando la muerte de la villana Celestina parecía convincente.

En nuestras conversaciones, sobre la condición de lo que percibíamos era el teatro hispano en la ciudad de Nueva York en esos años, se percibía un gran descontento. Yo me quejaba de que las producciones de estos clásicos se presentaban con actores sin entrenamiento en teatro clásico, de ineficiente dicción, esto a pesar de que los directores insistían en la pronunciación correcta de las zetas españolas. Otro tema que discutíamos era el teatro contemporáneo americano en Nueva York. Nuestros deseos de hacer teatro se inclinaban hacia ese movimiento que revolucionaba el West and East Village y al que se le había dado el nombre de Off-off Broadway en reacción contra el teatro comercial que se había filtrado permanentemente en las producciones de Off-Broadway que a su vez en los años 50 se creó como reacción contra el ostentoso comercialismo de Broadway.

A Off-off Broadway pertenecían las obras experimentales que se presentaban en los años 60 en el Café Cino, en 31 Cornelia Street, y en lugares improvisados como el pequeño sótano en el Village donde Ellen Stewart, diseñadora de ropas en Sack's

Fifth Avenue, de la noche a la mañana, mantenía un espacio con bancos y almohadas en el piso donde se presentaban las últimas obras de jóvenes dramaturgos americanos. En ese reducido y frío sótano, la carismática personalidad de Ellen con su campanita y su acento creole nos transportaba a ese sueño que germinaba en nosotros de crear un teatro latino de vanguardia. No obstante, yo proseguía haciendo teatro clásico, y en 1969 interpreté el papel de Isabel en *La dama duende*, producción de Gilberto Zaldívar dirigida por René Buch. Manuel, que no era miembro del grupo dirigido por René, me instaba a continuar mis estudios de actuación y asistir a las clases privadas que impartía Lee Strasberg del *Actor Studio* en el Carnegie Hall, a las cuales él asistía. Una de las deficiencias más graves del teatro hispano era la falta de técnica de actuación. Producción tras producción observábamos a actores que dependían de técnicas limitadas y externas exhibiendo una gama de clichés y trucos pertenecientes a un teatro caduco, heredero de las telenovelas, con sus frases y gestos gastados y el vicio de la sobreactuación. Por supuesto, las excepciones existían, reconocíamos actores jóvenes de una espontaneidad y talento natos, apresados en ese tipo de actuación falsa e irredimible. Entre nuestras metas estaba traer al público hispano ese toque de frescura y espontaneidad en los actores que el teatro americano experimentaba en esos momentos y era el famoso "método" de actuación de Lee Strasberg.

De más está decir que el dinero necesario para enfrentar la creación de un teatro —aunque se desarrollase en un espacio limitado—, para reunir actores y entrenarlos, no se correspondía con nuestros recursos. Manuel y yo trabajábamos en oficinas, con sueldos bajos. Pero, como proclama un dicho popular, lo que se piensa y desea con exactitud y pasión tiene 98% por ciento de posibilidades. Y así fue. Con nuestro salario, viviendo en apartamentos de renta baja, llevando sándwiches de 'bologni' de almuerzo, nos sentábamos a planear nuestro teatro en la cafetería de la 57 y Sexta Avenida, una cafetería automática que nos permitía, con solo comprar una soda, acomodarnos en una mesa por una hora a planear la estrategia para la creación de un nuevo teatro.

Así se gestó el *Teatro Dúo*. Una vez que tuvimos claro nuestro objetivo, que era nada más y nada menos que presentar obras en español de autores americanos contemporáneos al público hispano y, al mismo tiempo, obras en inglés de autores latinoamericanos o españoles contemporáneos al público americano, nuestro plan comenzó a concretarse.

Tomando datos —olvidados ya por mí— de una entrevista que condujo Jesús Barquet con Manuel en 1993, publicada en *Ollantay Theatre Magazine* (No. 21, 2003), puedo desempolvar hechos como que nuestro amigo uruguayo Jorge del Lago nos vendió un café muy pequeñito que ya no le interesaba mantener por la cantidad de $700, lo que en el año 1969 era muchísimo. Este local se encontraba en la calle 12, entre las Avenidas A y B, en un barrio muy pobre, donde residían portorriqueños y dominicanos. Barrio, además, peligrosísimo, donde las famosas motocicletas de los Hell Angels se encontraban apostadas en la cuadra anterior. Hoy por hoy la calle 12, entre las Avenidas A y B, es sede de boutiques, galerías y cafés respetables. En aquel entonces las calles ni siquiera estaban bien alumbradas, había basura acumulada en las aceras todo el tiempo y la vecindad más bien representaba los bajos fondos del Lower East Side. En el mismo edificio del Dúo vivía el genial director Charles Ludlam que fundó en 1967 lo que fuera el famoso *Teatro del Ridículo* en Sheridan Square en el Village.

La primera obra que Dúo presentó en inglés fue *Penitents* del autor portorriqueño Roberto Rodríguez. La obra, que originalmente fuera escrita en español con el nombre de *Dioseros* [*Pordioseros*], la tradujo y dirigió el mismo autor.

Nuestra segunda producción, dirigida por mí, fue *Caín Mangoes'* [*Los mangos de Caín*], del dramaturgo cubano Abelardo Estorino, en idioma inglés. Manuel interpretaba el rol de Adán, Virginia Arrea el de Eva y actores americanos representaban respectivamente a Caín y Abel. Le siguió la puesta en escena de *Amores imposibles*, del dramaturgo español Fernando Arrabal.

Mientras Virgilio Piñera era marginado en Cuba y sus obras allí pasaban al olvido, en el *Dúo* estrenamos *Falsa alarma* en inglés y *Dos viejos pánicos* en español. La primera dirigida por

John Strasberg, el hijo de Lee Strasberg, y la segunda, donde la desesperanza, la negación y el miedo se articulan a través de Tabo y Tota, con la dirección del actor y director cubano Mario Peña y escenografía de la pintora cubana Zilia Sánchez.

En 1970, Manuel dirigió *El bebedero* [*Birdbath*], de Leonard Melfi, considerado ahora uno de los más importantes dramaturgos del teatro americano. La obra había sido presentada por primera vez en *La Mama Experimental Theater* en 1965, dirigida por Tom O'Horgan. Nuestra puesta en escena de *El bebedero* fue la primera producción en español de esta obra, que trata del encuentro entre Frankie Basta, un escritor joven desilusionado de la vida que trabaja en una cafetería lavando platos, y una camarera rara, extremadamente nerviosa, llamada Vilma Sparrow. El intercambio entre ellos desencadena eventos donde se revela la nota principal de la obra y es que Vilma esa mañana, antes de ir a trabajar, había matado a su madre. Junto con *El bebedero*, obra de un acto, presentamos *La palangana*, de Raúl de Cárdenas. Esa temporada presentamos, además, *El cadáver educado*, del dramaturgo venezolano Manuel Trujillo, y *El Águila y la Serpiente*, del cubano Ernesto Fuentes. Nuestra próxima producción fue *La noche de los asesinos* del dramaturgo cubano José Triana. *La noche...*, desde el punto de vista artístico, significó un éxito para nuestro pequeño teatro, a pesar de que enfrentamos grandes obstáculos en la carrera por presentar esta obra, como obtener los derechos de autor que estaban en manos de un agente americano y sufrir daños materiales cuando el teatro fue robado en los días que ensayábamos. Aún así fuimos los primeros en presentar *La noche de los asesinos* en Nueva York. Al contar solo con 25 asientos que no eran butacas, sino sillas de diferentes estilos, convertimos el espacio en el ático donde ocurre la acción de *La noche...* Tanto Manuel como yo estuvimos muy inmersos en la obra, la hicimos propia. Nuestras respectivas familias tenían tanto en común con los personajes de la obra que cargamos el teatrico con una energía y emociones especiales. *La noche de los asesinos* nos acompañó por muchos años en nuestras jornadas de actores a otros escenarios, convirtiéndose en la obra representativa del *Dúo*.

Nuestras producciones ya atraían críticos del *Village Voice*, aunque no contábamos con público en general. A veces hacíamos una función para cinco personas y en incontables ocasiones en nuestras representaciones de obras en dos actos, los actores de la primera obra asistían a la segunda presentación para aparentar que había público en el teatro, sobre todo cuando se anunciaba que un crítico iría esa noche. Nuestros esfuerzos por llenar la sala llegaron hasta el punto de convencer a los vecinos en el edificio para que asistieran a la función cuando uno de estos críticos se aventuraba a hacer una reseña sobre alguna de nuestras producciones.

En 1971, tras la asistencia de Max Ferrá —director artístico de la Sala ADAL— a una de las presentaciones de *La noche de los asesinos*, fuimos invitados a que nos uniéramos con ADAL en una sola organización. La primera obra que presentamos en ADAL, producción del *Dúo*, sería, por supuesto, una reposición de *La noche*... Múltiples ajustes se hicieron, pues ADAL era un teatro con escenario, butacas, en fin, un teatro "regular". *La noche...,* ahora con luces y escenografía creadas por un escenógrafo y un luminotécnico, resultó ser un éxito, así nos lo hicieron saber el público hispano y los críticos que asistieron regularmente.

Gracias a la extraordinaria administración de Elsa Robles, ADAL contaba con un público estable y con fondos adecuados para la producción de las obras que se presentaban. El teatro estaba situado en la 682 de la Avenida de las Américas y la calle 23, en Manhattan, un lugar accesible que facilitaba el transporte al público asistente. Fue en ADAL donde comenzamos Manuel y yo a dar clases de actuación a personas interesadas en las artes escénicas. Un año más tarde la unión de ADAL con el *Dúo* resultó en la organización llamada INTAR que residiría en la Calle 53 y Décima Avenida, en Manhattan, en un edificio donado por la ciudad a través de las diligencias realizadas por Elsa Robles y Max Ferrá. Todos los que representábamos la directiva de INTAR colaboramos en el acondicionamiento del local, que era un viejo edificio con varios pisos y que brindaba las posibilidad de tener espacio para talleres de actuación, y espacio para ensayar mientras otra obra estuviera en funciones, oficina administrativa, varios baños y un espacio generoso para camerinos.

INTAR inauguró el nuevo edificio con la producción de *La casa de Bernarda Alba*, de Federico García Lorca, dirigida por Max Ferrá. Le siguió, en 1972, la producción nuestra de la obra de Tom Eyen, *La Estrella y la Monja* [*The White Whore and the Bit Player*], que Manuel y yo tradujimos al español. Esta obra en un acto trataba de los diez minutos en la psiquis de una actriz parecida a Marilyn Monroe, el arquetipo, antes de su muerte en un sanatorio. El autor exponía el carácter central dividido en dos seres opuestos: una monja y una estrella de cine, un símbolo sexual como fue Marilyn Monroe o Jean Harlow. Con imaginación y humor negro Tom Eyen nos adentraba en la vida de esta mujer, la estrella, mientras su alter-ego, la monja reactuaba burlándose de ella despiadadamente. El trabajo de Manuel en esta producción fue mas allá del libreto de Tom Eyen con una brillantez que denotaba su talento como director. Extendió la obra agregando personajes, dándole vida al manicomio donde transcurría la acción y haciendo que los locos del manicomio se integraran a las historietas de la vida de la Estrella. En esta ocasión Manuel introdujo un elemento nuevo en el teatro hispano que fue el nudismo escénico que el *Living Theatre* había traído al teatro de vanguardia de esos años, contaminándolo. La obra fue muy exitosa. Manuel obtuvo el premio como mejor director de la Asociación de Cronistas y Espectáculos de Nueva York y yo el de la mejor actriz. Dado el éxito de la producción Tom Eyen, el autor, le propuso a Manuel la presentación de la obra en inglés en *La Mama* con Candy Darling, icono del grupo de Andy Warhol en los años 70. Para ese entonces Ellen Stewart mantenía varios teatros y su fama como productora era internacional.

En el año 1972 problemas entre el *Dúo Theatre* y ADAL (INTAR) se agravaron y, respondiendo a la invitación de Ellen, nos marchamos de INTAR y pasamos a ser compañía residente de *La Mama*.

Fue en *La Mama* que Manuel Martin comenzó su carrera de dramaturgo al crear *Francesco: the life and times of the Cencis*, obra inspirada en la infame familia italiana del Renacimiento. La obra se presentó en inglés y en español. Manuel dirigió y actuó el papel principal de esta producción. Con la crónica de los Cencis, Manuel inauguró el trabajo en grupo y la creación de obras a través de improvisaciones.

La última producción del *Dúo* en que trabajé como actriz fue una obra dirigida por Ozzie Rodríguez, del dramaturgo griego americano H.M. Koutukas, llamada *Cuando los payasos interpretan Hamlet,* que inauguró un nuevo local cerca de Saint Marks Place en el East Village, con la modesta ayuda monetaria del Consejo Nacional de las Artes. A raíz de mi partida del *Dúo,* el proyecto de presentar autores latinoamericanos contemporáneos y autores americanos a ambos públicos cesó. El Teatro Dúo pasó a ser un taller experimental de actuación del que saldrían las obras escritas y dirigidas por Manuel con un grupo de actores entrenados también por él. Entre las obras que fueron presentadas se encuentran: *Rasputín, Carmencita, Sanguivin in Union City, Bessie and Rita y Fight.* En 1976 Manuel renunció como director artístico del *Teatro Dúo*, aunque continuó escribiendo y dirigiendo obras que fueron presentadas en dicho teatro y en otros teatros de la ciudad hasta su muerte ocurrida en septiembre del año 2000. Nuestra última colaboración fue en 1980, en *Swallows*, escrita y dirigida por Manuel en el nuevo local de INTAR en la Calle 42, entre octava y novena avenida, en Manhattan, en el mismo centro de Broadway, en el llamado Theater Row.

DRAMATURGAS

Diáspora y mujer en la dramaturgia de Dolores Prida

Ada Ortúzar-Young
Drew University

La dramaturgia de Dolores Prida no tiene lugar en el vacío. La historia del teatro profesional cubano en la costa este de los Estados Unidos se remonta al siglo XIX, y es producto de las sucesivas olas de exiliados y emigrantes. Los que llegan a partir de 1959 están conscientes de esta tradición y toman de ella algunos rasgos determinantes, además de también reflejar condiciones locales y vivencias personales. Un análisis de las obras más importantes de Prida resalta dos aspectos fundamentales. Por una parte, se concentra casi exclusivamente en la mujer –algo nuevo, ya que hemos tenido que esperar hasta alrededor de 1980 para encontrar en el teatro cubano-americano un enfoque no sólo femenino, sino feminista y de género, lo cual sitúa a la dramaturga como precursora. Por otra, el conjunto de su obra no es exílica (donde se vive en condiciones temporales en un constante soñar con el regreso) sino diaspórica (el estar consciente de que no lo hay).

Los personajes de Prida cargan sus raíces cubanas consigo para establecerse junto a otras comunidades diaspóricas en la ciudad de Nueva York donde se lleva a cabo un proceso de reterritorilización y de negociación de identidades. A su vez, rasgos culturales cubanos gradualmente dejan sus huellas en la comunidad norteamericana que les rodea: "toma y daca" según las teorías de transculturación de Fernando Ortiz. El teatro a que voy a referirme abarca unos veinte años, lo cual nos permite vislumbrar la evolución de la mujer inmigrante y su reubicación en suelo norteamericano.

En *Beautiful Señoritas* (1977) y *Coser y Cantar* (1981) la dramaturga se acerca al personaje femenino a través del cuerpo, que se convierte en un texto visual donde se inscriben y reinscriben, a la manera de un palimpsesto, experiencias y actitudes hacia la mujer. Esto se facilita a través del lenguaje, pero más importante aún, por medio del carácter teatral de la representación: presencia visual, gestos que denotan rasgos psicológicos acompañados de movimiento y música. *Beautiful Señoritas* comienza con el nacimiento de una niña que llegará a mujer al final de la pieza. Ante ella desfila una serie de estereotipos que representan tanto la cultura tradicional hispánica como el producto de sucesivos encuentros con estadounidenses. El nacimiento de la niña tiene lugar bajo un signo patriarcal: un padre que fuma un largo tabaco –símbolo de su masculinidad—, a la vez que anima y trata de acelerar el parto de una madre anónima. Está seguro que su primogénito será varón a quien habrá de entrenar como "hombre" y llevarlo a casas de prostitución para enseñarle como tratar a las mujeres. La partera anuncia la llegada de una niña, a lo que le siguen las protestas del padre. Pero al tratarse de una niña nacida en Norteamérica, otra serie de estereotipos –además de los hispánicos- se proyecta en el escenario provenientes de la cultura popular estadounidense y del mundo del entretenimiento que prevalecía en la década de los setenta.

La "beautiful señorita" es un estereotipo de la mujer latina que surge de los contactos migratorios y turísticos en Estados Unidos y Latinoamérica. Es una imagen simplificada que tiene su origen en gran parte en los medios de comunicación masivos y en la industria del entretenimiento y refleja patrones coloniales sobre la otredad. En este contexto la mujer es considerada objeto de consumo y de placer. Los críticos postcoloniales Edward Said (*Orientalism)* y Homi K.Bhabha han discutido ampliamente la naturaleza nociva del estereotipo. En "The Other Question – The Stereotype and Colonial Discourse" Bhabha sostiene que el estereotipo es una visión externa y superficial, la reducción de una imagen colectiva que por ser ambivalente es difícil de desafiar. Según él, el discurso colonial depende del concepto de "fijeza" en la construcción ideológica del otro. Este aspecto no cambiante y generalizado del estereotipo se presenta como un signo persistente de diferencias culturales y raciales.

Cuatro "beautiful señoritas" junto a otras mujeres (una niña, una partera, mártires, santas, mujeres representando una variedad de roles, y un hombre) forman el elenco de la pieza. Al comienzo las "beautiful señoritas" están vestidas como Carmen Miranda, Iris Chacón, Charo y María la O, enfatizando modelos de mujer bien cotizados por su éxito comercial y su popularidad. Se distinguen por su frivolidad y carácter artificial y se ajustan a lo que se espera de ellas en el espectáculo público. Sirven de ejemplos a imitar para las mujeres jóvenes, a la vez que proyectan al público norteamericano modelos de latinidad. El mensaje se transmite a través del ritmo musical y del diálogo –éste mayormente en forma de canciones. El discurso de la sexualidad femenina y del implícito machismo que domina la pieza se presentan metafóricamente: "One papaya one banana / Ay sí sí sí sí señor / simpáticas muchachitas / always ready for amor," / "Piña plátanos chiquitas / of the rainbow el color / cucarachas muy bonitas / always ready for amor." (21), acompañados de los movimientos rítmicos y sensuales de la rumba y otras danzas tropicales. Estos cuerpos semidesnudos, haciendo contorsiones voluptuosas al ritmo de la conga y la rumba son de fácil identificación al norteamericano dada la popularidad de Desi Arnaz en la televisión estadounidense y de atracciones turísticas como los espectáculos del cabaret Tropicana en La Habana. En conjunto, son una personificación escénica de primitivismo caribeño-africano asociado a una sexualidad desmedida. Del lado cultural hispánico la partera no sólo facilita el parto, sino que continúa moldeando a la niña e instruyéndola en como actuar de manera frívola y sonrientemente, que es lo que necesita una mujer para triunfar en este contexto.

En los Estados Unidos las fronteras nacionales se borran y la cultura popular agrupa a todas las mujeres latinoamericanas. Estas se mueven tanto en el terreno latinoamericano (el legado cultural que traen consigo las protagonistas) como en el norteamericano donde viven. En el escenario se transforman en personajes arquetípicos como "Miss Little Havana" (cantando sobre la Cuba de ayer), "Miss Chili Tamale" (al ritmo de "Allá en el Rancho Grande"), "Miss Conchita Banana", creada exclusivamente para la United Fruit Company, entre otros. Dada la falta de conocimiento, para el púbico norteamericano es lo mismo una brasileña (Carmen Miranda), que una cubana, una mexicana, o una puertorriqueña. Son imágenes de mujeres exóticas, como lo son la música y la llamada comida étnica en los Estados Unidos. La cubana se asocia con el arroz, la puertorriqueña con las habichuelas, la mexicana con las enchiladas. Los estereotipos aparecen por categorías de mujeres. Además de las "beautiful señoritas" aparecen "Catch Woman 1, 2, 3, ", las "Martyr 1, 2, 3, 4,", varias "Daughters", y "Woman 1, 2, 3, 4" entre otros. Las cuatro "Women" al final resumen la condición de la mujer: "Woman 1: raped..." / "Woman 2: murdered…" / "Woman 3: is my sister…" / "Woman 4: my daughter..." / "Woman 1: my mother…" (42)

A medida que transcurre el tiempo escénico, Prida ha estado desenmascarando los estereotipos, y deja entrever la condición difícil de la mujer, como mujer y como inmigrante: es perseguida por agentes de inmigración, tiene un marido que la maltrata, para atraer a los hombres debe aparentar que no es una intelectual. Por fin la niña, que ha crecido en el escenario, despierta y se da cuenta "…that there are possibilities. That women that go crazy in the night, that women that die alone and frustrated, that women that exist only in the mind, are only half of the story, because a woman is…" Su monólogo lo terminan las cuatro mujeres: "Woman 1: A fountain of fire!" /"Woman 2: A river of love!" /"Woman 3: An ocean of strength!" /"Woman 4: Mirror, mirror on the wall..." (44) La última referencia sugiere el espejo mágico del cuento de hadas Blancanieves que Prida usa de manera subversiva en el drama para mostrar que se ha roto el encantamiento en que vivía la mujer. En lugar de esperar al príncipe azul de las leyendas, estas mujeres modernas encuentran solidaridad en la unión con otras mujeres. La pasividad da paso a la energía y a la acción. Su poder viene de su fuerza interior, de la "fuente de fuego" que emana de ellas. En este momento se miran unas a las otras, como imágenes en un espejo, y se descubren, reconociendo el destino común de la mujer. La niña es ahora una de las mujeres, ya liberada y en espera de un futuro mejor. Es un desenlace optimista con respecto a la posición de la mujer en la sociedad. Se proyecta la desintegración de los estereotipos que ya no estarán "fijos" e inalterables (como señala Bhabha) a medida que la mujer toma conciencia y control de su destino. En conjunto, la dramaturgia de Prida representa a la mujer como cuerpos errantes en constante transformación cuyos quehaceres diarios se plasman en el espacio escénico.

Beautiful Señoritas está escrita en inglés, salpicada de vocablos en español, pero en *Coser y Cantar* se hace una distinción clara entre los dos idiomas. La acotación escénica al comienzo de la pieza señala que la obra nunca debe ser representada en solamente un idioma, y que debe considerarse un largo monólogo de la misma mujer. Se trata de un cuerpo dividido, oscilante entre dos culturas, ya no cubana pero tampoco norteamericana. La escenografía está también claramente dividida por artefactos culturales. La derecha —el lado de "She"— está colmada de libros, revistas, equipos deportivos, y vitaminas. Viste ropa deportiva. La izquierda –el lado de "Ella"- se encuentra desorganizada, con revistas populares para la mujer, cosméticos, una imagen de la Virgen de la Caridad, patrona de Cuba, con una vela, conchas y maracas que aluden a prácticas de santería. Viste un kimono rojo. Son cuerpos divididos cultural y psicológicamente, productos de la comida que ingieren y de lecturas y creencias que absorben del mundo que les rodea. Se pregunta el personaje: "¿Qué diferencia hay entre leer Corín Tellado o Psychology Today?"

La representación de la llamada comida étnica como marca de identidad es un arma de doble filo. Para el norteamericano común, sus olores y sabores representan un viaje exótico a otros mundos y un encuentro breve y superficial con el otro. Para el inmigrante la comida es algo más profundo que llena un vacío en su ser en tierras inhóspitas. Prida la usa ampliamente en toda su obra. En *Coser y Cantar*, es uno de los rasgos culturales que define a las dos mujeres. "Ella" añora guarapos de caña, y un arroz con pollo o un ajiaco la ponen erótica, algo incomprensible para "She", que replica, "How can you feel sexy after rice and beans?... I feel violent..." (63). La parte "americanizada" de esta mujer y signo de cambio es su obsesión con la comida "saludable" –es decir, no latina— y come "yogur" en vez de arroz, "bean sprouts" en vez de frijoles negros, "wheat germ" en vez de plátanos fritos, "granola" en vez de flan.

En *Botánica* (1990) la joven Milagros/Millie, nacida en Estados Unidos de padre cubano y madre puertorriqueña, se siente avergonzada cuando su abuela lleva pasteles puertorriqueños a la universidad norteamericana donde cursa estudios. Los rechaza a la vez que los desea. En *Savings* (1985) es el signo que define la transformación del barrio y el comienzo de la posible exclusión de inmigrantes. La bodega "Mi Tierra" ha cerrado y el único supermercado de la zona "no vende ni yuca". Con la desaparición de la botánica (nutrición para el espíritu) surge la "Tutti-Tofutti – Health Restaurant and Salad Bar". (83) Las mujeres de *Casa Propia* (1998) se esfuerzan por establecerse permanentemente en Nueva York, pero no dejan de tomar sus "cafecitos" cubanos, una vuelta nostálgica al pasado y recuerdo constante de donde están sus raíces.

En *Coser y Cantar* el cuerpo dividido de las mujeres refleja una identidad en un limbo y un proceso de hibridación cambiante. La mujer, en estado de crisis, busca un mapa que no encuentra porque no sabe donde pertenece. ¿Es cubana o norteamericana? En *Savings*, *Botánica* y *Casa Propia*, los personajes encuentran un sitio en el mapa donde reubicarse, pero no lo hacen a costa del olvido de su pasado, sino de una negociación con sus raíces y una actitud pragmática hacia sus respectivos futuros. La opción del regreso al sitio de origen no existe porque la experiencia en Estados Unidos las ha transformado en nuevos seres. Sus hijos, nacidos y criados en este país sienten que pertenecen aquí más que al lugar de origen de sus padres. En estos inmigrantes el "sueño del retorno" (a la madre patria) se transforma en el "sueño americano", hecho que refleja el epígrafe de la publicación de *Casa Propia*: "A veces hay que abandonar un sueño para alcanzar otro." No hay regreso.

Savings tiene un doble sentido: salvar el banco de ahorros (el "savings bank") y también la comunidad que se ve amenazada por el proceso de renovación o aburguesamiento de un barrio étnico. Los edificios se transforman en residencias de lujo no accesibles a personas con escasos recursos económicos, a sitios para adelgazar, y desaparecen las bodegas y botánicas. La salvación de la comunidad étnica sólo se puede lograr si existe la colaboración de vecinos de diferentes orígenes. La cubana, la puertorriqueña, la afroamericana, la judía, la china, unen sus esfuerzos en la lucha para salvar su espacio dentro de esa comunidad cambiante. Prida enfatiza de esta manera que la condición diaspórica es compartida por otros seres en el universo, y no es exclusivamente cubana.

Sin ser autobiográfica, *Casa propia* parte de una anécdota personal y de las tribulaciones de la dramaturga al comprar una casa vieja en "el barrio" ("Spanish Harlem") en Nueva York. Prida la escribió para un concurso de la Fundación Fannie Mae y Repertorio Español sobre "latinos" propietarios de sus casas. Nos dice: "La obra trata de la importancia de comprender el "sueño norteamericano" de ser propietario de la casa en que vives, pero va más allá. Es una especie de 'tu habitación propia' mezclado con Lisístrata, que termina siendo sobre una comunidad de mujeres, que finalmente no pueden ser desposeídas porque tienen una casa propia de la cual el hombre puede entrar o salir, pero ellas siempre permanecen."(305-306) Al igual que Lisístrata ("la que disuelve el ejército"), la obra clásica griega de Aristófanes, donde las mujeres se unen para exigir soluciones pacíficas, o *A Room of One's Own*, obra clásica feminista de Virginia Woolf de la Inglaterra posvictoriana, el drama de Prida se centra en el papel protagónico de la mujer en la familia –específicamente la cubana Olga— y su búsqueda de un espacio. A diferencia de la obra anglosajona de Woolf que se centra en un cuarto propio para la mujer, la cubana-americana busca una casa y logra sus objetivos uniéndose a otras mujeres y creando una familia extendida. Su marido Manolo es mujeriego y desaparece de casa de vez en cuando para perseguir faldas. No quiere compromisos ni obligaciones económicas. Para él, "una casa es una esclavitud" (67). Olga, soñadora y pragmática a la vez, quiere transformar un edificio viejo y su patio lleno de basura, en un hogar con jardín, como el que perdió en Cuba. Está trasplantando sus raíces. Declara Olga, consciente de su condición diaspórica: "Cuando vives en una tierra que no es la tuya, ser dueña de un pedacito de esa tierra es una necesidad. Te ayuda a sentirte que perteneces… porque hay muchos que piensan que no debemos estar aquí. Pero cuando eres dueña de un cachito de Manhattan, que se jodan… nos tienen que chupar." (73)

Ante el desinterés y falta de apoyo de su marido Manolo, quien vende corbatas de seda en Times Square y no quiere que sus manos tengan callos ni rasguños, se establece una comunidad de mujeres a la manera de Lisístrata. Esta alianza de mujeres está formada por Olga, su suegra Fefa, su hija Marilis, y la lesbiana Yunior. Esta última, plomera, carpintera y electricista de profesión, facilita las llaves para entrar en el edificio cuando otros no la encuentran y al final, cuando Manolo regresa después de una de sus aventuras donjuanescas porque se le acabaron los calzoncillos limpios, Yunior, a petición de Olga, cambia el llavín para que el marido no pueda entrar. El desenlace no tiene lugar durante la celebración de una fiesta cubana, sino de la americana de Halloween, celebrada por ellas.

En las comunidades diaspóricas, tradiciones y valores son negociados y surgen nuevas maneras de ver y de actuar. En *Casa propia* se crean nuevas alianzas y se transforman los espacios domésticos, incluyendo el concepto de la familia. Prida desmantela la tradición cultural del patriarcado y propone el papel central de la mujer. Como en *Savings*, los personajes inmigrantes tienen que librar una batalla para obtener un pedacito de tierra en Nueva York. Este había sido el tema del musical clásico norteamericano *West Side Story* donde grupos étnicos ya establecidos se sienten amenazados por los que llegan después, lo cual conduce a una ardua y trágica lucha. Al comienzo de *Casa propia* el espectador/lector anticipa un posible conflicto. La pieza abre con la vecina Fanny, señora mayor italiana, quien patrulla su acera con una escoba al hombro a manera de rifle. Prida propone otra manera de resolver la situación al presentar un desenlace no sólo pacífico, sino también de apoyo y cooperación mutua, evocando a Lisístrata.

La dramaturga adopta una postura poscolonial en el tratamiento del estereotipo. Su dramaturgia comienza con el cuerpo "tropicalizado" de la mujer cubana, respondiendo a una imagen fija y de fácil reconocimiento. En unos veinte años se señala el proceso evolutivo de la mujer, de cuerpos errantes al firme establecimiento en Nueva York. Sus identidades no se disuelven en la cultura norteamericana sino que se crean cuerpos híbridos que mantienen rasgos de dos culturas. Se vislumbra la transculturación de personajes que habitan una zona culturalmente fronteriza.

En este tercer espacio discursivo se reafirman ciertas características. La más notable entre ellas es el uso del idioma. Vacilante entre español e inglés, o el uso del "spanglish" al comienzo de su dramaturgia, Prida opta por el español en *Casa propia.* La dramaturga mostró en *Coser y cantar* que hay aspectos del idioma que revelan rasgos íntimos de la cultura. ¿Cómo traducir dichos populares y proverbios que comunican la esencia misma del ser? "Ella" en una tirada de apariencia absurda, pero profundamente seria, trata de explicar a su otra mitad ("She") el significado de "camarón que se duerme se lo lleva la corriente", de "entre la espada y la pared", de "a caballo regalado no se le mira el colmillo", entre otras frases, que pierden su sentido. Por medio del idioma Prida lanza un reto a nociones de pureza cultural norteamericana. El español crea un espacio propio donde se pueden perpetuar alianzas y tradiciones en Nueva York, de esta manera prolongando o quizás haciendo imperecederos, los lazos que atan a los personajes al país de origen.

En espíritu y estilo Prida opta por una tradición artística cubana. Notable entre ellas es el uso del choteo y su afiliación con el teatro bufo cubano. En su obra, ambas son técnicas claves para el desmantelamiento de tendencias estereotípicas que definían a la mujer hispánica en los Estados Unidos. Al establecer una casa en la diáspora —lugar para transmitir valores culturales, espacio para sueños imaginados o reales— Prida contribuye al mantenimiento de una nación cubana fuera de la isla.

El crítico Homi K. Bhabha se ha planteado la siguiente pregunta: "¿qué es una nación?" Según él, más importante que formar parte de un territorio determinado es el concepto de patria que une espiritualmente a los miembros de una tradición lingüística y cultural. Los personajes de Prida están conscientes de su historia y de su pasado. Como Jano, héroe de la mitología clásica, se mantienen en el umbral de su casa mirando hacia atrás, a la vez que caminan hacia al futuro.

OBRAS CONSULTADAS

Bhabha, Homi K. "The Other Question – The Stereotype and Colonial Discourse," *Screen* 24, no.6 (1983): 18-36.

Castillo, D.A. *Redreaming America: Toward a Bilingual American Culture*. Albany, New York: NY: SUNY Press, 2005.

Noriega, Chon A. y Ana M. López (ed.). *The Ethnic Eye. Latino Media Arts*. Minneapolis: University of Minnesota Press, 1996.

Prida, Dolores. *Beautiful Señoritas & Other Plays*. Houston, TX: Arte Público Press, 1991.

_____.*Casa Propia*. En *Teatro cubano actual. Dramaturgia escrita en los Estados Unidos*, La Habana, Cuba: Ediciones Alarcos, 2005: 61-107.

_____."Prida habla sobre *Casa Propia*. En *Teatro cubano actual. Dramaturgia escrita en los Estados Unidos*, La Habana, Cuba: Ediciones Alarcos, 2005: 305-308.

Sandoval-Sánchez, Alberto y Nancy Saporta Sternbach. *Stages of Life. Transcultural Performance & Identity in U.S, Latina Theater*, Tucson: The University of Arizona Press, 2001.

Imágenes de la mujer en *Gravitaciones teatrales* de Maricel Mayor Marsán

Luis A. Jiménez
University of Tampa

Mucho antes del nuevo milenio la visión de la mujer ha experimentado una transformación global debido, en gran parte, a los factores políticos y socio-económicos que la rigen. La crítica feminista se apoya en todos estos factores como necesidad de cambio y acción colectiva de las mujeres (Gamble 230-31); aunque lentamente, se ha borrado la imagen del sujeto femenino como "el ángel del hogar", la abnegada, la solterona, la bruja o la "gata bella y peligrosa" para citar solamente algunos atributos sígnicos falsos. En términos semióticos Lucía Cunningham Guerra combate la función negativa de la gata, signo de este bello y peligroso felino que es, según su interpretación, "la mujer, más doliente, más vulnerable, más necesitada de amor y más condenada al desengaño que ningún otro animal" (189). El propósito de mi lectura interpretativa es encapsular varias imágenes de la mujer en dos piezas de un acto en *Gravitaciones teatrales* de Maricel Mayor Marsán.

En un artículo sobre *Laberinto de la soledad* nuestra autora estudia ciertos pronunciamientos de Octavio Paz en los que expresa la duplicidad masculina en sus "relaciones con el mundo femenino" (38). Añade, además, que este doble reflejo representa el producto de la vanidad hombruna, en vez de ver a la "mujer como protagonista de su historia" (39). Precisa elucidar este último comentario porque la historia y los personajes en los géneros literarios se intertextualizan en la producción textual de los escritores.

Más concretamente ligado al tema, en el prólogo de *Gravitaciones teatrales*, Odette Alonso Yodú saca a relucir que en las dos obras en análisis se enfatiza la postura de "las mujeres y su constante lucha por mantener su dignidad humana en medio de los embates que caracterizan al microcosmos familiar"

(11). Implícitamente se deduce del enunciado que la creación de las imágenes teatrales en los textos gravitan alrededor de dos constantes de las protagonistas: la búsqueda y la reflexión, si se toma en consideración los signos en función de la cultura que la dramaturga establece.

Las muchachas decentes no viven solas

La escenografía y la ambientación de *Las muchachas decentes no viven solas* producen de inmediato un efecto cotidiano. La figura central, cuyo nombre nunca conocemos, lee con aire nostálgico *El Nuevo Herald*. Importa destacar la inmanencia del periódico porque los mensajes leídos en el escenario son intertextos que operan de guía al argumento de la obra y, al mismo tiempo, sirven para presentar a Valeria, la antagonista del texto que aparece en una de las páginas dominicales de dicho diario. Así, pues, el lector lee o escucha un texto dentro de otro.

Protagonista de la historia, en el monólogo inicial el personaje central se dirige a los espectadores para contar su pasado al llegar a tierras estadounidenses como si se tratara de un miembro de la Operación Pedro Pan[1] por las circunstancias históricas que se asientan en el relato. En tono dramático relata su salida de Cuba por decisión unánime de los padres, influenciados por una "especie de catarsis" colectiva que convulsionó a la clase media y alta cubana (43). La dramaticidad del monólogo funciona sobre la base de los hechos históricos que coinciden con dicha operación: [se] consideraba urgente sacar a sus hijos del país, enviarlos a direcciones lejanas y bajo la tutela de personas extrañas a la familia antes de dejar que se contaminaran con el proceso de la revolución cubana, la cual se decía iba a quitarles la patria potestad a los padres sobre los hijos (43).

En la urgencia monológica de este discurso diaspórico la protagonista confiesa que estaba literalmente sola y pobre de so-

---

1 El nombre de la operación se debe a un código secreto que Monseñor Bryan Walsh asignó al primer niño que llegó solo a Miami desde Cuba y cuyo nombre era Pedro Menéndez. Para un testrimonio novelesco de este evento véase *Operación Pedro Pan. El éxodo de los niños cubanos* de Josefina Leyva.

lemnidad, cuestión vulnerable por la cual decide entrar en la universidad. De esta manera, entonces, relata al receptor de la pieza la búsqueda intelectual en su vida académica, hecho conducente al descubrimiento y la inmanencia de su propio "yo". Cuando vuelve a abrir *El Nuevo Herald* en el escenario reconoce y recuerda a Valeria, su antigua compañera en el recinto de estudios. La descripción de la antagonista se procesa con lujo de detalles en el monólogo que sigue: "asistía a clase como quien iba a un baile...con blusas semidesabotonadas, abundante senos, pantalones ajustados marcando su pubis o la diminuta ropa interior que llevaba debajo de manera premeditada" (44). En otras palabras, Valeria da la impresión de una mujer superflua descrita con sensualidad hiperbólica.

La imagen de Valeria constituía una "especie de imán", cuya acción y efecto provocaba el odio encendido y el disgusto encarnado de las condiscípulas. Por un lado, veían en ella a un prototipo equívoco de la mujer en medio del desarrollo y el auge del "Movimiento de Liberación Femenina de los años setenta" (44). No todas las feministas se vestían o actuaban a la par de la figura antagónica. Por el otro, Valeria reflejaba el "objeto del deseo" de todos los compañeros de clase y fuera de las aulas, y "también de más de algún profesor" (44). El personaje muestra la fogosidad sexual que la va a caracterizar a lo largo del texto.

En el caso del cuerpo-texto de Valeria establecido en el enunciado, la relación de zigzagueo entre el objeto deseante y el sujeto deseado se sostiene hasta el final de la pieza. No obstante ello, la retórica del deseo entre las feministas, y aún las que no lo son, descansa en la mujer liberada como sujeto del discurso, no como objeto del mismo. El cuerpo de Valeria está cargado de fuerte erotismo y sexualidad y, por ende, se puede definir como sujeto, según los planteamientos del Nuevo Historicismo. Tales tendencias proponen la formación y la posición del sujeto en las relaciones de poder que incluyen el género, la raza y la clase en la fundación de la diversidad cultural (Montrose 19).

No se trata de aseverar si la postura de Maricel Mayor Marsán es femenina o feminista, sino destacar la descontaminación de objeciones patriarcales que combate en su escritura por ser mujer profesional e independiente de sus actos. Como mujer productora de discurso, la dramaturga se centra en la ginocrítica de un sujeto que escribe lo que percibe en su entorno y en términos cartográficos, echándole la mirada a inclusiones y exclusiones, imágenes y representaciones. Claro está, la referencialidad del discurso indaga la ideología machista y la relación corporal con el sexo masculino.[2] Pero no por esta razón se podría encasillar a la dramaturga como feminista. Se trata, entonces, de una autora-mujer que escribe un texto desde esta perspectiva, y en la misma el vínculo de Valeria con los hombres es copular y no por ello se subordina al sexo opuesto.

A diferencia de la protagonista que es miembro de la clase media cubana, Valeria pertenecía a una familia acaudalada, de las primeras que abandonan la isla después del año cincuenta y nueve. Empoderada de dinero, la antagonista se convierte en heredera universal del caudal de negocios y bienes de la familia en los Estados Unidos. No por el hecho de que es rica, la práctica cultural del cuerpo que analizamos deja de ser la clave de la escritura dramática. Ya a los dieciséis años la vitalidad humana y el impulso carnal de Valeria le provocan el deseo cuando se revuelca con su novio, mecánico de oficio, en el garaje de la casa mientras le arreglaba el auto. Decía Octavio Paz que el "erotismo es sexualidad transfigurada: metáfora" y la llama doble del agente metafórico mueve el acto erótico (10), lo mismo que el dramático surca precisamente la imaginación de la autora.

Los mecanismos sujetos a los procesos eróticos y sexuales de Valeria se adhieren a una lógica anticultural y deben reformularse como un momento de ruptura total contra la ideología hegemónica. En general, el erotismo representa la "Otredad", ese "yo" a veces narcisista en búsqueda del otro o la otra en la doble metáfora del goce y la muerte del Deseo (con mayúscula). Quizás sea por este motivo precisamente que la antagonista se arriesgue y culmine su disfrute, ingiriendo alcohol y pastillas alucinógenas con los hombres que se le presentan en el camino, aunque después termina casándose con un negociante rico. Li-

2 Remitimos al lector a Lia Cigarini, quien abarca esta temática en su estudio.

teralmente, la protagonista llama a Valeria "la soberana hija de puta", por su actitud arrogante hacia ella y por comportamientos abyectos que desafían ciertos patrones de conductas que la sociedad espera de la misma.

Al final de la pieza surge de nuevo la interacción comunicativa de *El Nuevo Herald.* Después de leerlo, en el monólogo del cierre el personaje central advierte al público que Valeria ha fallecido víctima de un disparo. Se comprueba que el esposo negociante es el móvil del crimen cuando la descubre desnuda con otros dos hombres igualmente desnudos. El título de la obra resulta ambiguo, ya que la tesis de la misma prueba que la protagonista representa a la mujer decente que reside sola en su apartamento y recoge la cosecha de sus metas e ideales. La fotogénica Valeria, por otra parte, desemboca dramáticamente en noticia de primera plana en el periódico, el intertexto que origina la puesta en escena y desemboca en el trágico desenlace del drama. En suma, la actuación de ambas mujeres constituye la representación de dos vidas paralelas, de dos jóvenes gravitando teatralmente en la diáspora cubana.

Lazos que atan y desatan las almas

La relación hija/madre aparece en *Lazos que atan y desatan las almas,* la segunda obra que examinamos en búsqueda de un sistema de relaciones según expone Claude Lévi-Strauss cuando señala el reconocimiento de la relación de descendencia.[3] Al igual que la protagonista de *Las muchachas decentes no viven solas*, en esta otra pieza la hija representa la imagen de una mujer profesional e independiente, sujeto del discurso que no depende del hombre para establecer su identidad y marcar su futuro. Tanto la protagonista de la obra anterior como la hija en este otro texto poseen capacidad intelectual suficiente para trazar un nuevo camino renovador que supera los complejos y los mitos falsos de la sociedad y la cultura que desenmascara el Nuevo Historicismo. Después de sobrellevar años de pobreza cuando

3 Si se sigue el modelo estructural del parentesco que expone Lévi-Strauss, nos encontramos con una "relación de filiación", o sea de progenitora a hija (45).

estudiaba, ahora es profesora universitaria y económicamente solvente.

Si Valeria es la antagonista en la pieza anterior, la madre se convierte en la figura antagónica en esta otra obra. El arte del diálogo ininterrumpido, que se mantiene a lo largo del texto, refleja un choque familiar conflictivo entre los dos personajes a causa de la otra hija de la progenitora, casada con un criminal buscado por el FBI y la INTERPOL, información que se le ofrece al receptor gracias a una noticia de *El Nuevo Herald*, otra función visual del intertexto en el escenario. El perfil mañoso de este hombre envuelve una campaña de reivindicación de las mujeres modernas y le confiere relevancia a sus relaciones con el sexo opuesto. Por supuesto, lo que le agradaba a la madre, ahora reconociendo que fue prisionera de la culpa, era el dinero del esposo de la otra hija determinado por una relación de alianza: "Me gustaba saber que no iba a tener problemas en su vida y que todas sus necesidades iban a estar cubiertas" (53). En otras palabras, todo aquello era sinónimo de seguridad económica como representación del sistema falocrático, pero esta seguridad estaba supeditada a la autoridad fálica del marido.

La madre acusa a la protagonista de ser lesbiana ya que no tiene interés en casarse y en tener una vida "normal". La antagonista defiende su postura por ser "una mujer de otra época" que acostumbraba a ver "el matrimonio como lo máximo en la vida de la mujer" (56). La voz del padre era siempre la primera y se acataba su poder en la familia. Una lectura patriarcal del discurso aseguraría el proceso prescriptivo de obediencia y aceptación femeninas ante la Ley del Padre, el símbolo del falo como significante inmediato en términos de forma y contenido. Acaso sea por ello, que por los empeños de superación académica, la protagonista fuera menospreciada por sus progenitores. Tampoco se puede pasar por alto las quejas de la hija quien le adjudica toda la culpa a la madre. Después del cuestionamiento de su inclinación sexual, se desplaya en el parlamento siguiente: "...la buena para nada, la que no iba a hacer nada con su vida, la que nunca se ha casado hasta ahora porque prefiere estar sola que mal acompañada, la que su sexualidad ha sido puesta en tela de juicio por no tener un marido o un acompañante fijo" (53).

De modo irónico y hasta paródico, el mensaje aquí queda clarísimo: se intenta devaluar la libertad de un sujeto pensante envuelto en la esfera pública en busca de objetivos afines a sus aspiraciones.[4] El patriarca de la familia, por otro lado, representa la represión tradicional hacia las mujeres por temor al "qué dirán" de los que cuestionan la sexualidad femenina ante la negación del signo de un contrato matrimonial. De nuevo, la estrategia discursiva no pretende encajonar a la hija bajo el rótulo de "femenino" o "feminista," puesto que los conflictos familiares evidenciados en el texto simplemente ponen en duda los mandatos ortodoxos del patriarcado.

Lo que se detecta de los padres de la protagonista es el carácter nihilista del egoísmo que la anula de toda fuente de conocimiento y pretenden vedarla en los umbrales de los saberes que busca. En la visión de ellos la mujer letrada no tiene cabida real en el mundo profesional, por derecho propio o por sus valores reales con independencia de su sexo. Ambos representan el pasado de una generación obsoleta que la joven desea dejar atrás. Es más, la madre pensaba que en la universidad le estaban envenenando el cerebro a la hija y llegó a concebir que no estaba bien de la cabeza. El modelo que se construye aquí es el de la figura de la "loca" o de la "histérica". Pero, en realidad, no se trata de la *mad woman* tan archimencionada en la literatura occidental, sino la imagen de una mujer dedicada a un método de adjudicación total, mientras reniega la ideología falocéntrica que encasilla lo femenino dentro de lo masculino.

No hay rastros de demencia en la caracterización auténtica de la protagonista. Por el contrario, su parlamento promulga inteligencia clara y abierta, un discurso teatral lúcidamente individualista que no se somete al discurso falocrático. Por eso, al advertir una crítica de los convencionalismos sociales, Maricel Mayor Marsán destaca la condición marginada y subalterna en la que se encuentran perturbablemente algunas mujeres en este siglo. Creemos que para la autora la mujer tiene sus propias necesida-

4 En la teoría del género se propaga la distinción entre el espacio público y el privado. Mediante esto, se establece la "política del cuerpo controlada por leyes, actitudes y representaciones" (véase Butler).

des y el suficiente dominio de sí para enfrentarse a rencillas familiares adversas a la época en que vivimos, tiempos en los que la madre todavía asume la postura clásica de la "Otredad", cuya identidad y su vida entera gira alrededor del esposo.

Consciente de la tarea pedagógica y catártica del teatro, Maricel Mayor Marsán demuestra cómo la protagonista accede a la petición de su progenitora para residir con ella en el apartamento de Chicago, el espacio en donde se desarrolla la puesta en escena. Las caracterizaciones decididamente esquemáticas logran probar la tesis de una mujer académica, resuelta y segura de sí misma y de su identidad como sujeto. Pese a la tensión dramática que rige el argumento, la decisión de la hija mantiene una conducta propia en un encuentro con los lazos de sangre que las atan, procurando de esta manera buscar el camino de plenitud de ambas. Como finalmente apunta la madre en el gesto teatral de tenderle los brazos: "Perdona hija, no te había descubierto hasta el día de hoy" (57). Con el enunciado se resuelve la idea de una culpabilidad interna, "de un dolor de remordimiento que corroe las entrañas" (Hayling 74), que se desvanece con el reconocimiento social de la relación de descendencia.

En comparación con los hombres, Maricel Mayor Marsán es una de las pocas dramaturgas bregando con el teatro cubano del exilio que coloca a la mujer y su situación problemática en el centro de la confinación dramática. Por su carácter experimental los personajes de *Gravitaciones teatrales* indagan la identidad individual y familiar con lineamientos éticos en función de la sociedad. Al comentar sobre el libro, Humberto López Cruz indica que no constituye "un subterfugio escénico" para elucidar la realidad social, sino que es "un enfoque de alerta" al enfrentarnos a la cotidianeidad (136).

Predominan en las dos piezas analizadas la reflexividad y la búsqueda de valores y, al mismo tiempo, provocan en el lector y el espectador una necesidad de ensimismarse en su propia existencia. Con tantos asedios críticos sobre el papel de la mujer desde el siglo pasado, se puede terminar diciendo que en el presente continúa la validez de un corpus discursivo femenino que sirve de desafío y de respuesta a las nuevas orientaciones literarias que se presentan en la actualidad bajo la rúbrica del Nuevo Historicismo.

OBRAS CITADAS

Butler, Judith. *Bodies that Matter: On the Discourse Limits of Sex*. New York: Routledge, 1993.

Cigarini, Lia. *La política del deseo. La diferencia se hace historia*. Barcelona: Icara, 1995.

Gamble, Sarah, ed. *The Routledge Critical Dictionary of Feminism and Postfeminism*. New York: Routledge, 1993.

Guerra Cunningham, Lucía. *La mujer fragmentada. Historia de un signo*. La Habana: Casa de las Américas, 1994.

Hayling Fonseca, Annie. "Carácter punitivo de la culpa: su relación simbólica del mal." *Revista de Filología de la Universidad de Costa Rica* 33.80 (1995): 73-77.

Lévi-Strauss, Claude. *Antropología estructural*. Buenos Aires: Editorial Universitaria de Buenos Aires, 1984.

Leyva, Josefina. *Operación Pedro Pan; El éxodo de los niños cubanos*. Miami: Editorial Ponce de León,1993.

López Cruz, Humberto. "Teatro y pasión: Las gravitaciones de Maricel Mayor Marsán". *Horizontes* 45:89, Pontificia Universidad Católica de Puerto Rico (Octubre 2003) 127-38.

Mayor Marsán, Maricel. *Gravitaciones teatrales*. Miami: Ediciones Baquiana, 2002.

Montrose, Louis. "Professing the Renaissance: The Poetics and Politics of Culture." *The New Historicism*. Ed. Aram H. Veeser. New York: Routledge, 1989.

Paz, Octavio. *La llama doble. Amor y erotismo*. Barcelona: Seix Barral, 1993.

Seis mujeres en un siglo de evolución creciente: *Feminas* de Julie De Grandy

Josefina Leyva
Narradora y ensayista

Muchísimas veces de una generación a otra ocurren cambios, radicales o no. Cambia el gusto estético; la moda; la moral; la política; los criterios sobre economía y medicina; las técnicas quirúrgicas; los estilos periodísticos; las costumbres; las normas sociales. Tales transformaciones expresan el movimiento perpetuo del universo. El amor no escapa a esta evolución constante y por tal motivo se ha expresado en el arte de distintas maneras. El amor cortés, de moda en la Provenza francesa del siglo XI, distó mucho del libertinaje extendido, por ejemplo, en la Roma imperial. El amor cortés entrañaba un sentir casi místico del amor, que no solamente realzaba la belleza física de la mujer amada, sino que idealizaba su personalidad. La actitud del amante ante ella, que estaba casada con otro, era de sumisión y también de masoquismo. El goce de sufrir por amor se expresaba en la poesía trovadoresca. Ese amor era asediado por el secreto, y el honor del caballero enamorado cuidaba el buen nombre de la dama cubriéndolo con otro nombre o con un pseudónimo. Tal manera de sentir contrasta con los encuentros orgiásticos y materialistas, desbordantes de lujuria y carentes de espiritualidad que imperaban en las épocas de corrupción moral reflejadas en la Biblia desde las ciudades de Sodoma y Gomorra, arrasadas por castigo divino, o bien en la corte de Luis XV en la Francia dieciochesca.

En su obra teatral *Feminas*, Julie De Grandy expresa los cambios en sentimientos, conceptos y actitudes ante la relación erótica en el marco del siglo XX, en la vorágine de transformaciones materiales y espirituales que ha derramado con abundancia esta época por la incorporación masiva de la mujer a las universidades, los viajes, el trabajo industrial y profesional, la participación en las guerras, la lucha de las feministas, la obtención del voto político. La autora no menciona en su obra estas causas transformadoras, y es el lector quien puede deducir o no qué constituye la raíz de tales cambios.

En *Feminas*, Julie presenta seis mujeres en las que quiere mostrar la profunda evolución de la centuria en que ha vivido como creadora y como observadora sagaz y valiente. Tal evolución va desde la sumisión a las normas sociales establecidas hasta la liberación de esas normas para asumir los mismos derechos ostentados tradicionalmente por los hombres. De Grandy coloca a esas mujeres sobre la escena teatral en sucesivas parejas contrastantes. Las tres veces se trata de dos mujeres que se están disputando a un hombre, al esposo de una de ellas que es el amante de la otra. Este individuo es siempre un personaje sugerido y por lo tanto no aparece físicamente ante el público. El tono en que se expresan estos personajes es de un humor moderado que cumple su función artística al no permitirle al lector sufrir por los sucesos que se plantean, y al bloquearle la emoción dramática lo conduce a través de la trama para hacerle disfrutar lo que se dice y se hace desde la distancia necesaria creada por el humor. En cada una de estas tres parejas que toman sucesivamente el escenario, la situación teatral se desarrolla formando paralelismos en lo que concierne al hecho que plantean.

Vamos a comenzar el análisis de estas seis mujeres abordando la primera pareja, en la que ambos personajes representan la mentalidad femenina a principios del siglo XX. La ambientación se logra por las ropas y por el mobiliario en la casa de Sofía O'Neill, una "cualquiera" que es mantenida por Harry Collins, un hombre casado. Lo más probable es que él haya estado aburrido desde siempre de Louise, su esposa puritana, frígida, de limitada inteligencia y carente de atractivo erótico, sometida además a las tiránicas normas sociales y morales de su tiempo. Estas normas hicieron de ella un ser sin relieve, incapaz de mantener el deseo de un hombre aunque éste fuera sólo medianamente sensual.

Louise Collins, guarda en ella todo lo convencional de su época: la elegancia de clase, muy adecuada a su mediana edad; el comedimiento: se siente insegura ante la amante y se disculpa por haberse atrevido a venir hasta su casa. Una vez llegada a esta habitación que representa su territorio enemigo, quiere auscultar a su rival. No hay odio entre las dos, y cada una acepta el papel que le corresponde para llenar la mitad de la vida de un hombre compartido porque ninguna puede darle el absoluto. La esposa no conocía cosa alguna acerca de la otra, que sí sabía mucho sobre esa esposa y sobre el hogar en que reinaba a medias. Cada una de ellas es el resultado de su clase social y de su niñez. La esposa, de un hogar donde fue formada para seguir los pasos de la madre, sumisa también ante el marido. Ambas eran parte de una mayoría femenina propia de su época sin que soñaran siquiera en rebelarse para ser distintas y asumir otros derechos. La amante, Sofía O'Neill, en cambio, se rebeló contra todo lo que esclaviza a la mujer por haber visto a su madre desangrarse sin recursos médicos, sometida a la carga de nueve hijos a los que debía cuidar y alimentar. Quiso ser lo opuesto de su madre y lo logró. Con su enérgico carácter y muy liberada para su época, piensa de manera contraria a las mujeres de su tiempo. Experimenta su libertad y asume el papel de una especie de hetaira moderna, como aquellas mujeres intelectuales de la Grecia Antigua que estaban mal vistas porque se cultivaron para pensar y rompieron las cadenas del gineceo o parte de la casa a la que estaban confinadas las damas. Sofía O'Neill es inteligente, astuta, avispada, y considera el aborto como parte de la libertad de la mujer.

Al describirla, Julie De Grandy aclara que esta mujer es "desparpajada, pero no vulgar". Sofía no se siente rebajada por ser una mantenida, por lo que proclama ante la esposa sometida: "la marginada es usted". "Hago felices a los hombres y ellos me compensan bien". Segura de sí misma, es ajena a la depresión, al arrepentimiento y al miedo, y está orgullosa de su independencia, de sus lecturas, de su aprendizaje del francés, elementos que nutren su pensamiento y refuerzan su actitud. Está en rebeldía contra le religión, que considera como un lastre para la libertad femenina y cree a Dios injusto al inculparlo por el triste destino de su indefensa madre. Lo juzga de manera superficial porque sus conocimientos son nulos en el aspecto religioso, e ignora los profundísimos descubrimientos espirituales de esa milenaria ciencia que es el yoga, como los conceptos de 1) karma, o ley de causa y efecto que regula la vida; 2) ánavas o dualidad del ser, como obstáculo al desarrollo espiritual; 3) maya o ilusión que envuelve la existencia, y se opone a la objetividad. Estos tres principios espirituales son muy importantes en el punto de vista existencial del hinduísmo. Sofía ignora además la teoría del budismo, tan avanzada en su desarrollo conceptual como religión.

El narcisismo de Sofía, rasgo importante de su personalidad, se evidencia cuando admira su cuerpo ante el espejo, y refuerza también su seguridad personal con la convicción de su belleza. Julie De Grandy comprende a este personaje a quien extrajo de la opresión de su tiempo para lanzarla a la escena y proclamar con ella la libertad de la mujer. Su nombre es simbólico, e indica la sabiduría existencial que le atribuye la autora.

En la segunda situación de esta comedia resulta victoriosa también la amante. Esa amante, Anne, es el único personaje de esta obra capaz de querer realmente al hombre a quien se ha entregado: Alexander, el embajador inglés en los Estados Unidos. Ambos han vivido como combatientes las mismas experiencias espantosas de la Segunda Guerra Mundial: Anne, en la resistencia francesa, él como piloto británico a quien esta joven salvó la vida. Tales sufrimientos los encerraron en una cápsula de amor cuyo origen los demás no pueden comprender, ni siquiera la esposa que completa este triángulo.

Por otra parte, el amor de ambos se basa en la independencia de cada uno, y es así como el psicoanalista Erich Fromm concibe el amor, que debe ser ajeno a cualquier simbiosis psíquica porque tal dependencia depende de relaciones sado-masoquistas, insanas por lo tanto. El amor en los dos seres de esta situación, entraña la responsabilidad de cada uno ante el otro, además de una respuesta de lealtad por parte de ambos. El amor requiere además respuesta en situaciones difíciles, protección y seguridad, como ha ocurrido en esta relación.

Si aplicamos a Stendhal para el análisis de este amor recíproco, maduro y hermoso, acudimos al concepto de cristalización, operación del espíritu humano que encuentra cada día en el ser amado nuevas perfecciones. En su ensayo *Del amor*, publicado en 1822, el escritor francés Henri Bayle, más conocido con el pseudónimo de Stendhal, nos dejó su famosa teoría de la cristalización. En el nacimiento del amor, Stendhal señaló varias etapas: la admiración, el pensamiento (más bien deberíamos decir la imaginación) y la esperanza de que la persona a quien amamos llegue a amarnos también: tres elementos que nutren el amor. Al comienzo de la cristalización vestimos de perfecciones al ser amado. Escapamos a la objetividad y la ilusión es seguida por la duda. "El amor es como la fiebre: nace y se acaba sin que la voluntad intervenga", dijo Stendhal. Por otra parte, aparece la cobardía para dirigirse al amado o a la amada. Esa cobardía es el resultado de la ansiedad y de la incertidumbre inspirada por alguien que amamos.

En *Feminas*, Anne y Alexander, su amante, héroes ambos de la Segunda Guerra Mundial, ya han sobrepasado el estadio de la cristalización y han llegado a un amor de plenitud, lleno de lealtad y fe de uno en el otro. Su amor nació de realidades terribles de la guerra que nadie ajeno a esta experiencia entendería. Pero la ilusión de que van a ser siempre dichosos, de que no van a separarse, de que el hijo engendrado por él, que Anne está gestando, completará esa dicha, le da fuerza a Alexander para divorciarse y casarse con ella, ya que Anne afronta el rol de madre soltera, deshonroso y terrible en la mitad del siglo XX. Como personaje contrastante con Anne, está Betty, la esposa de Alexander, sofisticada, histriónica, superficial, interesada en conservar su matrimonio sólo por conveniencia. Su personalidad no tiene relieve, y en su intento de impedir que su marido se divorcie, no quiere ver la realidad de que el profundo amor que une a su rival con Alexander no puede ser roto por las pobres armas de ella.

Anne parece coincidir con André Malraux en la definición dada por este escritor en su novela *La condición humana:* "El amor es la necesidad de un ser". Malraux se refiere a necesidad espiritual, no a la material, ni a la simbiosis psíquica. Anne necesita a su amante porque es su complemento humano, y según deja entrever en el relato que hace sobre la trayectoria de su amor, su amante la necesita a ella en igual medida. Si bien el amor de Anne y de Alexander no puede ser considerado como platónico, porque éste excluye la relación sexual, tiene sin embargo los rasgos platónicos de amar la esencia del otro y de tener una dosis de idealismo que incluye la lealtad.

En *El banquete,* uno de los diálogos más famosos de Platón, se dice que cualquier persona involucrada en una relación amorosa debe guardar una actitud ética inquebrantable hacia el otro miembro de la pareja. La ética no puede ser separada del amor platónico, ni puede ser separada de la belleza. Ambos elementos están vivos en el sentir de Anne. Sin mencionar a Platón, Anne parece experimentar la pureza y el desinterés proclamados por el filósofo griego. Ella ama a su embajador por su generosidad y sus virtudes, toda vez que en ningún momento dice que él posea belleza física, y tales preferencias morales son propias del amor platónico. Y ante los reproches que le hace la esposa de su amante, Anne parece sentir algo planteado por Platón: que "una acción no es bella ni fea en sí misma, sino que es bella o fea según la manera en que se hace". Aquí, como en el caso del triángulo anterior, la autora, Julie De Grandy, no puede dejar de mostrar su simpatía por Anne y su antipatía por Betty, la esposa de Alexander, a quien envuelve en un síndrome histriónico para rebajarla, en tanto que Anne representa la autenticidad y el idealismo romántico de la Segunda Guerra Mundial, en la que se situó al lado de la libertad arriesgando su propia vida.

La última de estas tres parejas de mujeres rivales está formada por Patricia, la amante, y Elena, la esposa de un médico famoso llamado Gilberto. Ambas representan el estado de la conciencia moral en la mujer occidental a finales del siglo XX. Es evidentísimo el cambio ocurrido en la psiquis femenina a lo largo de esta centuria. De manera opuesta a la primera y la segunda situación planteadas en esta obra, aquí la esposa es la más liberada de las dos mujeres, a tal punto que es ella quien invita a la amante de su marido a ser su cómplice en una intriga que ha urdido para divorciarse y cederle el médico a la querida. El objetivo de esta intriga es buscar su libertad, según declara. No dice si hay otro hombre a quien vaya a entregar esa libertad, pero dadas la astucia y la carencia de escrúpulos y de sentimientos en esta mujer calculadora y totalmente materialista, en quien no hay ni un solo momento de sentimentalismo ante el esposo a quien está sacando a patadas traicioneras de su vida, es muy posible que un amante exista en el secreto de una doble existencia. Elena tiene calculadas las propiedades con las que quiere quedarse de cuantas le garantiza el matrimonio. Se siente en plano de igualdad con la querida de su marido, y la obra termina presentándola victoriosa de antemano con su proyecto de divorcio. A pesar de estos rasgos mencionados, Elena resulta simpática, y esto la hace aceptable al espectador.

Según sugiere Julie De Grandy en *Feminas*, a lo largo del siglo XX ha ido aumentando la independencia de la mujer, así como también la conciencia de esa independencia y de la necesidad de igualar sus derechos con los que han disfrutado los hombres desde que la humanidad existe. Julie no defiende estos derechos desde el ángulo del feminismo, sino desde un ángulo estrictamente humano. Su militancia al agruparse en un modo de pensar progresista, la sitúa en un plano de vanguardia ideológica contra todo lo que sea oscurantismo, regresión, dogmatismo. Ama la libertad y la defiende con valentía. Es sincera en sus planteamientos. Tiene gran perspicacia psicológica en la mirada a sus personajes. Tan radical es su punto de vista, que nunca éste resulta herido con dudas ni vacilaciones, y por tal razón, Julie de Grandy puede ser considerada como una escritora comprometida con la libertad, la autenticidad y el progreso ideológico.

OBRAS CITADAS

De Grandy, Julie. *Feminas.* Manuscrito inédito.

Fromm, Erich. *El miedo a la libertad.* New York: Holt Ringhart, 1969.

_____. *El arte de amar.* Barcelona: Paidos, 2002.

Hegel, Guillermo Federico. *De lo bello y sus formas* (Estética). Madrid: Espasa-Calpe, 1969.

Malraux, André. *La condición humana.* Barcelona: EDASA, 1977.

Platón. *Diálogos.* Madrid: EDAF, 2005.

Bayle, Henri (Stendhal). *Del amor.* Madrid: Editorial EDAF, 1994.

El teatro de Yvonne López Arenal

Elvira de las Casas
Periodista y Licenciada en Germanística de la Universidad de La Habana

Introducción

La actriz, directora y dramaturga cubana Yvonne López Arenal comenzó su carrera desde muy joven en La Habana, donde egresó del Instituto Superior de Arte, trabajó en el grupo de *Teatro Estudio* y actuó en varias películas. Desde 1991 ha vivido en el exilio, primero en la Ciudad de México y después en Los Ángeles y Miami. Durante el tiempo que lleva fuera de Cuba ha actuado en más de una veintena de obras, ha dirigido varias y escrito otras como *Gaviotas Habaneras, El reina María, La noche de Eva* y *Traficantes de pasión*[1]. En este trabajo voy a referirme a estas cuatro obras que han sido llevadas a escena y publicadas dos de ellas, aunque López Arenal cuenta también con otras piezas inéditas como *Café Tuluz, El idilio de la diva* y *Bejucal-Habana-Manhattan-New York.* Esperemos que algún día, Yvonne López Arenal vea publicada y estrenada toda su obra, y que ojalá sea en Cuba.

En la primera parte de esta ponencia abordaré *Gaviotas habaneras* y *El reina María*, porque ambas tratan temas relacionados con Cuba, sobre todo con La Habana, y la nostalgia por la ciudad perdida; la frustración del actor que en su país hacía un teatro que a veces no le interesaba, para poder sobrevivir, y en el exilio tiene que dedicarse a una labor ajena al arte por la misma razón. Es lo que Yvonne ha llamado "el desamparo de la diáspora". Asimismo tratan "el tema del reencuentro", y el afán de los actores del exilio por seguir haciendo teatro en un medio que suele ser

---

1 Obras publicadas: *El reina María.* Teatro Breve. Revista Baquiana. Año VI, Nro 35/36, 2005. *La noche de Eva.* Teatro Breve. Revista Baquiana. Año IX, Nro 53/54, 2008. *La noche de Eva.* Versión completa, publicada en *Teatro cubano de Miami.* Edición de Luis de la Paz. Miami: Editorial Silueta, 2010.

muy hostil, sobre todo para los hispanoparlantes.[2]

La segunda parte estará dedicada a *La noche de Eva* y *Traficantes de pasión*, dos obras que se ubican en escenarios que nada tienen que ver con nuestro país de origen pero que abordan temas universales, de interés para el hombre de cualquier parte del mundo, tales como la búsqueda de la felicidad y la doble moral de la sociedad al juzgar el comportamiento erótico de hombres y mujeres. También hablaremos sobre la presencia de puntos de referencia con el cine europeo y el de Hollywood, así como al uso de las máscaras en su teatro.

El Reina María

La cubierta de un barco llamado 'Reina María', durante un viaje de placer de Tampa a New Orleans, es el escenario donde transcurre esta obra breve, cuyos tres personajes son actores y han llegado hasta el mismo lugar por diferentes razones. La principal, distanciarse de una guerra que está comenzando a desatarse en el continente. Anselma y Sofía son dos actrices cubanas exiliadas, mientras que Jimmy es un actor norteamericano, famoso por sus películas en Hollywood, aunque habla español con fluidez. Anselma ha hecho algún dinero olvidándose de su carrera de actriz y trabajando en negocios de contabilidad y préstamos: así lo ha preferido, antes que morir olvidada y en la pobreza como le ha pasado a otros artistas en el exilio. Por su parte Sofía, la romántica del grupo, sigue soñando con actuar y se gana la vida trabajando en supermercados, doblando películas eventualmente y hasta cuidando niños.

"El pastel del mundo del teatro hispano es tan pequeño… y los

2 "Una de las constantes más recientes del teatro cubano, a mi juicio, es el desamparo de la diáspora. En la isla, muchas salas de teatro quedaron vacías en los noventa. Un gran número, entre los que nos lanzamos a otros horizontes, perdió el rumbo, se desperdigó y no se ha sabido más de ellos. Con frecuencia entonces, empezó a aparecer en el teatro cubano el tema del reencuentro". Comentario de Yvonne López Arenal. Ver: "Dramaturgias cubanas. La Habana: juego de espejos. Cuba material en siete autores. Seis autorretratos (Nara Mansur, Salvador Lemis, Ulises Rodríguez Febles, Yvonne López Arenal, Amado del Pino, Norge Espinosa", publicado por Rosa Ileana Boudet. Revista *Primer acto,* Nro. 311 (2005), 96-117

elegidos parecen pirañas devorándolo", sentencia Sofía al principio de este encuentro, delatando su amargura por las envidias y mediocridades que ha tenido que enfrentar mientras procura volver al teatro, debido a los "egos descontrolados y ambiciones tan desmedidas que destruyen todo a su paso", como también afirma. Jimmy, en cambio, se ha embarcado en el Reina María huyendo del acoso de los periodistas, lo que hace exclamar a Sofía: "Así es la vida, qué paradoja la del artista, unos huyen de la fama y a otros ni siquiera nos roza". En el transcurso de la obra Sofía y Jimmy descubren que tienen mucho más en común de lo que habían imaginado, pero cuando él le propone que intenten comenzar una vida juntos, ella se marcha diciendo: "No todo lo hermoso es posible. Jimmy, debo encontrar mi propio camino".

Esta separación no presagia, sin embargo, un futuro triunfal para Sofía, hundida como está en el pesimismo como consecuencia de una situación de total desamparo. De esta forma la obra deviene en una especie de parábola de la humanidad: de un lado, están los idealistas, los que a pesar de las dificultades siguen apostando a sus sueños. Por otro lado, están los que renuncian a sus sueños y prefieren asegurar sus necesidades materiales, incluso teniendo un comportamiento de dudosa moralidad. Y finalmente están aquellos que tienen todo en la vida pero no saben o no pueden apreciarlo. Vale destacar que Yvonne López Arenal pertenece al primer grupo, para suerte de los que amamos el teatro.

El final de la obra es un hermoso tributo al cine francés de *la nouvelle vague*, con una escena que recuerda a la película de 1973, *La Nuit Américaine,* (La Noche Americana), de François Truffaut. En este final no resulta difícil reconocer los principios enunciados por Truffaut en su famoso ensayo escrito en 1954, *Une Certaine tendance du cinéma français*, (Cierta tendencia en el cine francés)[3] en el que denunciaba el cine de "ancianos", preocupado sólo por historias altamente pulidas y cuidadosamente construidas, y promovía la realización de un cine alternativo que fuera la expresión fiel de las ideas y las emociones del cineasta. Elemento este que, como trataré de explicar más adelante en este

3 Ver, *Cashier du Cinema,* No. 31, Paris 1954

trabajo, es una constante y me atrevería a decir que una voluntad de estilo en todo el desarrollo posterior del teatro de Yvonne López Arenal.

El reina María fue producida por *Ollantay Center for the Arts,Times Square Art Center,* en New York en el 2006. Ciclo de lecturas dramatizadas, bajo la dirección de Irma Bello, con un elenco formado por Teresa Yenque, Lourdes Ferré, Antonio Mar, el sábado 15 de abril del 2006.

Gaviotas habaneras

> "Ubícate, Ignacio, esto no es un teatro, déjate de estar soñando. Trabajas en un café en Miami como camarero y el trabajo no deshonra. ¿Qué tiene de malo? Ponte para las cosas y lucha por los verdes, tienes que pagar tus 'biles' ¡y mira que son un montón de 'biles'! Olvídate del teatro que no te va a pagar ni un café de tres kilos".

Con estas palabras se presenta a sí mismo Ignacio, el personaje central de *Gaviotas habaneras*, un actor cubano recién llegado a Miami que trabaja de camarero para satisfacer sus necesidades básicas mientras ensaya una obra de teatro con la que sueña conquistar el éxito. La música y los cantos litúrgicos afrocubanos sirven de hilo conductor a esta historia en la que Ochún, la diosa Yoruba, se funde con el personaje coprotagónico, María de la Caridad, como un claro símbolo del sincretismo religioso cubano.

María ayuda a Ignacio a montar *Bodas de Sangre*, de Lorca, pero en realidad sueña con hacer *Réquiem por Yarini,* de Carlos Felipe. Hasta entonces ella ha logrado sobrevivir, al igual que la Sofía de *El reina María*, haciendo todo tipo de trabajos, gracias a lo cual ha podido reunir el dinero que pone a disposición de Ignacio para el montaje de la obra. Poco a poco el actor, quien vive obsesionado con el personaje de Yarini, "arquetipo ideológico, físico y fisiológico del machismo nacional", como bien ha señalado Matías Montes Huidobro, se va convirtiendo en una víctima de la fama, prestándose a dar entrevistas por televisión para un programa amarillista, en el que la periodista está más interesada en su vida privada que en su carrera. El éxito finalmente les sonríe cuando Ignacio y María llevan a escena la obra *Réquiem por Yarini.*

Mientras celebran su triunfo, ambos actores se cubren el rostro con una máscara que no se quitan ni siquiera para ejecutar un baile sensual que termina por destruir la resistencia de María ante las insinuaciones amorosas de Ignacio. María solo se despoja de la máscara antes de revelarle que ellos se conocieron en Cuba, donde tuvieron un encuentro sexual de una noche que nunca ha olvidado, pero que él no puede recordar.

El uso de máscaras en esta y otras obras de Yvonne, merece una breve, pero fundamental reflexión. Si bien su uso en el teatro no es nada nuevo ni original, porque como sabemos su uso escénico se remonta al teatro griego y, posteriormente cuando la representación teatral dejó de ser un acto religioso y el teatro fue teatro, la máscara era el elemento que transformaba al actor en personaje. Sin embargo, las máscaras adquieren para ella un nuevo significado, o más bien un propósito marcado para integrarse en el carácter que se cubre el rostro con ella, dándole un sentido de dualidad al personaje en el que la máscara representa una parte de él y a la vez le sirve para ocultar las cosas que no quiere mostrar a los demás. En este sentido, la dramaturga tiene puntos de contacto con el concepto desarrollado por Yukio Mishima, el escritor y dramaturgo japonés, en su conocida novela *Confesiones de una máscara*, en la que narra la historia de un adolescente que debe aprender a vivir con la penosa realidad de que él es diferente a muchos otros jóvenes y a superar la crisis que significa descubrir que es un homosexual en el ceremonioso y ultraconservador Japón de la posguerra. Para sobrevivir y ser aceptado, este personaje debe vivir oculto tras una máscara que se corresponda con la realidad social en la que vive.

De esta manera los personajes de Yvonne tienen esa fuerza que, al fingir y engañar a los demás, finalmente nos ponen al descubierto su alma y a la vez el carácter contradictorio de ser sinceros a pesar de ser tan sólo máscaras. Las coincidencias, sin embargo, no son fortuitas, Yvonne es cubana, y en Cuba, las máscaras son un elemento imprescindible para sobrevivir en una sociedad marcada por la simulación, la doble moral y el aplauso, mientras en el fondo del alma se oculta la verdadera personalidad. Resulta paradójico, no obstante, que personalidad provenga de la palabra persona, la que a su vez se origina entre los actores de los antiguos teatros griego y romano, para los cuales su significado era máscara, porque significaba lo aparente, lo ficticio, lo creado por el autor dramático.

Otro recurso que se repite en varias de las obras de Yvonne, el teatro dentro del teatro, tiene un papel preponderante en *Gaviotas*, con personajes que, como ella misma ha dicho, en el trabajo de Rosa Ileana Boudet previamente mencionado, "juegan entre el método y la espectacularidad". Fragmentos de *Bodas de sangre, Réquiem por Yarini* y *Papá Montero* sustituyen por momentos los diálogos de los actores, fusionando la ficción con la realidad. Y que con una fuerza extraordinaria nos llevan a preguntarnos: ¿Ficción y realidad, dónde comienza y termina cada una de ellas? Lo que las convierte en una unidad dialéctica teatral inseparable.

Si bien los diálogos son los que mueven principalmente la acción dramática en sus obras, las referencias musicales se suceden, y al integrarse entre los diálogos la letra de danzones, boleros y cantos afrocubanos, lejos de ser elementos de distracción o extra escénicos, contribuyen decisivamente a la situación dramática.

Yvonne López Arenal escribió *Gaviotas habaneras* en el año 2000, y me atrevería a decir que es, hasta ahora, su obra más lograda. Es lamentable que no haya continuado explorando en obras posteriores el tema de la lucha del actor cubano por desarrollar su arte en el exilio, un tema que, doce años más tarde, aún sigue teniendo la misma vigencia. Finalmente, debemos señalar, que *Gaviotas habaneras* puede interpretarse como un homenaje a dos grandes dramaturgo del teatro cubano: Carlos Felipe y Virgilio Piñera.

Gaviotas habaneras se estrenó en Los Angeles California en Los Angeles Theater Center (LATC) el 4 de Mayo del 2002 bajo la dirección de Yvonne López Arenal. Elenco: Yvonne López Arenal y Joel Nuñez Producción: *Avellaneda Theater Group,* Los Angeles Cultural Affairs Deparment y el Instituto Cultural

Cubano Americano (CACI), con un diseño de luces y escenografía de Mario García Joya En el año 2012, con motivo del décimo aniversario de su estreno, se volvió a llevar a escena en Miami por *Akuara Teatro,* bajo la dirección de su autora y con un reparto formado por Yvonne López Arenal, Carlos Alberto Pérez, Miriam Bermúdez y Christian Ocón.

La noche de Eva

Un encuentro de Eva Fréjaville y Simone de Beauvoir, en una dimensión metafísica, es el argumento de esta obra que se convierte en un desafío intelectual entre dos mujeres que parecen disputarse su reputación como la más deseada de su época. La representación de este diálogo deviene un acto ritual, en el que ambas actrices son el eje del espectáculo y que mucho recuerda al teatro pobre de Grotowsky. En medio de este desafío verbal sale a relucir el tema de los intelectuales esgrimidos por la izquierda como bandera y condenados al ostracismo cuando dejan de ser de utilidad para sus fines políticos. No debe olvidarse que en 1960, apenas unos días después de una visita de Simone de Beauvoir y su esposo Jean Paul Sartre a La Habana, Virgilio Piñera publicó el *Diálogo imaginario con Sartre* en *Lunes de Revolución*, donde desacredita su propia pieza *Los siervos* por no considerarla de interés para su época, y este texto y las circunstancias en que fue escrito subyacen en el argumento de *La noche de Eva*, aunque no es indispensable conocerlo para el entendimiento de la obra.

"Los intelectuales somos como la puta del pueblo, nos usan y nos tiran", dice Simone. Subyace aquí el concepto enunciado por Ernesto Guevara en su manifiesto totalitario *El Socialismo y el Hombre en Cuba* que integrado a las no menos totalitarias *Palabras a los intelectuales* de Fidel Castro, se convertirían en capítulos centrales de la "Biblia" de la llamada Política Cultural de la Revolución Cubana, de funestas consecuencias para el Teatro y el arte en general en Cuba. Más adelante en la obra, Simone increpa a Eva, a quien bastante injustamente se le recuerda por haber sido la mujer de dos intelectuales famosos, Alejo Carpentier y Carlos Enríquez, más que por sus propios méritos literarios. Mientras que Simone ha sido bien reconocida por el importante papel de su obra *El segundo sexo* en el movimiento feminista mundial, se desconoce casi por completo la labor intelectual de Eva como autora del ensayo *Marcel Proust desde el trópico* y de la comedia *Damiano y sus espejos*, así como sus colaboraciones con la revista *Prometeo,* basadas en el estudio de escritores franceses. "No eres más que una ramera", le dice Simone a Eva en el transcurso de la obra. "Finalmente me envidias, nunca lograste mi prestigio. Se te menciona por tus amoríos con hombres y mujeres". A lo que Eva responde: "¿Y si fuera hombre? Sería un gracioso intelectual mujeriego".

Este comentario, que ni siquiera me atrevería a calificar de feminista sino simplemente de realista, es una justa valoración de la sociedad cubana impregnada de machismo y, como mencionaba al principio de esta ponencia, aquejada de una doble moral al juzgar la conducta erótica de hombres y mujeres. Pero estas dos mujeres no se amedrentaban ante los prejuicios sociales, y si fueron libres en vida, más lo son en el plano espiritual donde se desarrolla *La noche de Eva.* Una noche en la que salen a la luz sus diferencias, pero también todo aquello que tenían en común, más allá de ser famosas parejas románticas.

La Noche de Eva tuvo su estreno en New York en Junio de 2009 en "Roy Arias Studios & Theatres at The Times Square Arts Center" representando al "Instituto Cultural René Ariza", en el marco del "Primer Festival de Teatro Cubano en Un Acto", producido por *Teatro Retablo.* Elenco: Yvonne López Arenal y Miriam Bermúdez. Producción *Akuara Teatro*: Mario García Joya y Carlos Rodríguez. Unos meses después recibió el "Oustanding Achievement Visiting Production" otorgado por la "Hispanic Organization of Latin Actors" de New York. Se reestrenó bajo la dirección de la propia autora en Miami el 27 de Mayo de 2010, en *Teatro en Miami Studio.*

Traficantes de pasión

En esta adaptación de *Las amistades peligrosas*, de Pierre Choderlos de Laclos *Quartett,* del alemán Heiner Müller, es donde Yvonne López Arenal recurre con más énfasis al uso de máscaras, las que en esta ocasión, además de ocultar y revelar guían al público en las transiciones de los actores, de uno a otro personaje. Pero, además, las utiliza para resaltar el carácter lúdico del teatro, expresado oralmente cuando la actriz da inicio a la obra con una pregunta dirigida a los otros dos actores y que mucho le debe a la técnica teatral brechtiana del *Verfremdung* o extrañamiento:

"¿Comenzamos el juego?" – se preguntaba el dramaturgo francés Jacques Copeau, quien en las páginas de *Journal* afirmó que "el actor que juega con la máscara recibe de ese objeto la realidad de su personaje. Es comandado por él, y lo obedece irresistiblemente. Apenas se la ha puesto, siente derramarse sobre él una existencia que estaba vacía, que no sospechaba. No es solamente su rostro que se modifica, es toda su persona, es el carácter de sus reflejos que desde ya se preforman de sentimientos incapaces de experimentar y aparentar con la cara descubierta.". El uso de máscaras, es sin dudas un recurso estético del cual la dramaturga sabe sacar provecho una vez más en esta obra donde la violencia doméstica es un pálido reflejo de la violencia social.

Escrita en 1981, *Quartett* es, tal como Müller lo describió, una reflexión sobre el problema del terrorismo a partir de una relación violenta entre el hombre y la mujer, la eterna guerra de los sexos, pero tanto el texto escrito por Müller como el escrito por Yvonne evitan circunscribir la acción a un momento histórico determinado.

El argumento gira alrededor de la relación entre Isabel/Madame Tourvel, Sebastián/El Presidente y Daniel/Daniela, interpretados por tres actores, cada uno en dos papeles diferentes. Isabel y su ex amante Sebastián planean vengarse, ella de su nuevo amor y él, de un viejo rival. Al igual que en la obra de Müller, los actores, en sus cambios sucesivos de personajes, transforman el escenario en un campo de batalla en el que la sexualidad y el lenguaje se convierten en armas letales. La perversión sustituye a las relaciones humanas y las llevan al límite, hasta una brutal autodestrucción.

Esta obra es quizás, entre todas las que ha escrito, la que evidencia una influencia más directa de la cinematografía, posiblemente porque la autora bebió en las fuentes del cine de Roger Vadim, Milos Forman y Stephen Frears, directores de las diferentes versiones de *Las amistades peligrosas* que se han llevado al cine, antes de escribir la suya. De ahí que, a los que hemos visto la puesta en escena, nos haya sorprendido gratamente la plasticidad de los movimientos, el ambiente creado con el vestuario y la escenografía y, sobre todo, la belleza conseguida con una iluminación que parece concebida para la cámara.

Pienso que entre todas sus obras, esta es la que más pone de manifiesto el sentido de su teatro. Visto desde el punto de vista de los espectadores, es un teatro que significa lo que cada uno de ellos quiere que signifique y si se quiere, ese podría ser su principal logro. Algunos querrán ver en sus obras un contenido "comprometido", palabreja ideológicamente complicada, porque según las convenciones de las frases culturales hechas, al menos dentro de la nomenclatura cultural cubana actual y de la izquierda en general, siempre quiere decir comprometido con la ideología socialista. Mientras que otros, entre los que me incluyo, dirán que es un teatro comprometido con la verdad. Su verdad. La que unas veces sentimos más cerca y otras más lejos, y que en ocasiones nos duele; pero que siendo fiel a la ley fundamental del drama, el conflicto, es mucho más limpia y transparente que los caminos ya andados y desgastados.

Esa es en suma para mí, la cualidad principal de su teatro, que no es otra que asumir con valentía el riesgo artístico que ella misma se impone, sin importarle en realidad si al caer el telón recibirá un prolongado aplauso, una cerrada ovación o la mayor de las indiferencias. Ojalá que, por mucho tiempo sigamos disfrutando de su talento como actriz, directora y dramaturga en este gran país que nos ha dado la libertad que necesitábamos para seguir creando.

Nostalgia y crítica en la dramaturgia de Cristina Rebull

Waldo González López
Poeta, ensayista, crítico y editor

Dado que el teatro cubano es uno solo, tal como en innumerables ocasiones ha subrayado el dramaturgo y crítico cubano Matías Montes Huidobro, para este Congreso escogí a una autora que desde los inicios de su significativo quehacer —primero en su Isla natal y luego en Miami— ha corroborado las dos características enunciadas en el título de esta ponencia.

El último bolero (1998)

Desde su primera pieza, *El último bolero* (1998), Cristina Rebull ganó la atención de crítica y público en los predios escénicos. Su ópera prima —escrita con Iliana Prieto— merecería ser llevada a escena en numerosas ocasiones, por lo que tuvo más de 265 presentaciones en Barcelona, Quito, Guayaquil, New York y Miami, y recorrió la Isla entre 1998 y 1999. Aquí en Miami, además, la estrenó el grupo *Havanafama* bajo la dirección de Juan Roca, y la Compañía *La Ma Teodora* que, promovida por su director Alberto Sarraín, realizó tres funciones.

Apenas conocí su valiosa pieza, la incluí en mi selección antológica *Cinco obras en un acto. Teatro cubano de fin de siglo* que publicó, en 2001, la Editorial Letras Cubanas. Con la aparición de este volumen, se recuperó la prestigiosa Colección Repertorio Teatral, iniciada casi dos décadas atrás con un clásico de la dramaturgia nacional: *Contigo pan y cebolla*, del desaparecido autor, director y actor Héctor Quintero, Premio Nacional de Teatro. Y algo no menos singular: en el propio título que seleccioné para ese libro hay un claro homenaje a mi ex profesor y *colegamigo*, el historiador y crítico Rine Leal y su antología *Teatro cubano en un acto* (Ediciones R, La Habana, 1963), como remarqué en mi prólogo: «Un teatro original».

La también talentosa autora de *Esperando a mamá*, *Frijoles colorados* y *Llévame a las Islas Griegas* que iniciaría, con *El último bolero*, su largo viaje de un día hacia la (exitosa) noche escénica, con su «dramaturgia de nostalgia y crítica», como prefiero denominar la suya, en tanto la mayoría de sus piezas asumen la compleja realidad de su patria, abordada, a un tiempo, con mirada incisiva y querencia memoriosa: ese hondo «sentir» que a un tiempo es la mejor manera de querer.

Ya en esta obra inicial —que abrió la senda a una sólida voz en la dramaturgia cubana— se advertía lo que señalé en las «Notas al programa», escritas a solicitud de la autora para su estreno (agosto de 1998) y luego incluidas en el prólogo de *Cinco obras en un acto. Teatro cubano de fin de siglo*, ya que sirven de pauta para el resto de su creación escénica. Apunté allí: «El desarraigo y el encuentro, la nostalgia y el regreso, el amor y el desamor, la incomprensión y la tolerancia. Todo y más, mucho más en una armada dramaturgia que juega con la dura realidad y el absurdo de la vida, sin olvidar el necesario y tan nuestro humor.» Claro, todas estas características brotan del exilio, palabra y elemento clave en su obra.

Luego —a solicitud de la teatróloga Yana Elsa Brugal, entonces directora de la revista *Tablas*, con motivo de presentar el libreto en un número de la publicación— aludí *in extenso* a otros índices de la pieza, como el homosexualismo que [...] las autoras lo toman como un pretexto para entrar a fondo en otros temas de no menor singularidad. Así, el [profundo] humanismo y la tolerancia, la incomunicación, la lejanía, la soledad y la nostalgia [...], la falsa (o «doble») moral y aún otros asuntos, ya no subtemas, enriquecen el tejido dramatúrgico de esta pieza sencilla. En aquella ocasión también subrayé «el sustratum de la obra, cuya poética enriquece su esencialidad. Y su lirismo sencillo, circunstancial, de experiencia. Y, por fin, su genuina y simple belleza». Con tales virtudes —concluí en esas páginas—, sus autoras logran una «hermosa nota de identidad y cubanía sin mediocres "alientos" panfletarios ni gratuitas complejidades».

El último bolero, sin duda, con creces sirvió de punto de partida de la honda y muy cubana dramaturgia de Cristina Rebull. De cualquier modo, antes de partir de la Isla, estrenó *El centauro y la cartomántica* (1999), en la Sala-Teatro del Museo Nacional de Bellas Artes, y *Los espectros de la espada* (2000), en la Sala Covarrubias del Teatro Nacional. Ya residente en Miami, pronto Cristina retomaría su bien sonada resonancia, y se convertiría, junto al incansable Ernesto García —como se ha apuntado— en uno de los nombres que sobresalen en nuestro paisaje teatral en estos últimos años.

Esperando a Mamá (2002)

Con su cubanísimo humor, en esta pieza explota el absurdo y dimensiona la realidad a partir de una llamada telefónica que enseguida se transforma —por la confusión del «boca en boca»— en «chisme» (que, ya amplificado, deviene «bola», «runrún» o «brete»). Y ese chisme lo transforma todo —como también acontece en varias piezas del mítico autor de *Medea en el espejo*, tal como ha demostrado Matías Montes Huidobro en su ensayo «José Triana: el chisme, mito trágico». Cristina, entonces, presenta una familia cubana que fabula hasta el delirio con una llamada telefónica informando el arribo de la Mamá. En tal sentido, la propia autora confesó que *Esperando a Mamá* es «una tragicomedia que explora el mundo interior de cada personaje con mucho humor cubano, con esa manera tan peculiar de resistir al dolor con la risa, como de teatralizar las situaciones más pequeñas, así como de hacer fábulas sobre lo que se ha escuchado».

En consecuencia, las dislocadas charlas de los personajes revelan sus caracteres (incluyendo virtudes y defectos): Esteban (el machista), Emilio (el homosexual), Aurora (la hipocondríaca), Ofelia (la espiritista) y otros que viven con la nostalgia de lo dejado atrás al haber asumido el exilio: se trata, pues, de seis generaciones del exilio y su actitud ante el mismo. Muy bien lo definiría la dramaturga a este crítico, cuando le confesó que Mamá es la unión de los cubanos: es Cuba y su actitud de los seis exilios ante la Isla (que es Mamá), y hasta que los cubanos de todos los exilios no se unan, Mamá no podrá ser libre ni podrá llegar a nosotros.

El teléfono es un elemento que utiliza la autora en casi todas sus piezas y es, además, la conexión entre el mundo interno (donde viven los personajes) y el tiempo exterior. En este caso especial, a la única que le pasa el Tiempo es a Mamá (a Cuba, como nación), y todos los personajes (los cubanos) están detenidos en el Tiempo hasta el final, donde, como se unen, logran que Mamá llegue.

Hay en la pieza varias definiciones-conceptos del exilio. Así, Ofelia le dice a Emilio: «El exilio es un piojo con hambre que cuando se te encarama arriba, no te suelta y te desangra.» Emilio le contesta: «El exilio es una tijera que no corta.» Y más acorde con su carácter, Aurora le expresa: «El exilio es un hombre que te responde cartas de esperanza, un hombre que nunca ves y termina siendo solo eso, cartas amarillas de un amor perdido.»

En consecuencia, la nostalgia —tema obligado del exiliado— permea casi todo el quehacer dramatúrgico de Cristina Rebull. De tal suerte, Ofelia confiesa: «No saben cuánto pienso en Cuba cada noche de mi vida…» Este personaje, con su temperamento que la define, al rememorar la vida de su parentela (símbolo de la familia cubana en el exilio miamense), exclama: «Y esa ha sido nuestra vida […]. Un cruzar ese mar repleto de tiburones para alcanzar esta orilla de promesas.» La tristeza del exilio de nuevo es reflejada por la aseveración de Ofelia: «No se puede andar mirando para atrás en el exilio porque el fantasma es demasiado grande y te mata.» El influjo de Virgilio Piñera (a quien ella no conoció) es visible: en sus obras se aprecian no sólo rasgos de la estética piñeriana, sino del teatro del absurdo, del que fuera un precursor latinoamericano el gran autor de *Electra Garrigó*, *Aire frío* y *Dos viejos pánicos*, entre otras de sus extensas y clásicas piezas.

Frijoles colorados (2001)

Como en toda su dramaturgia, en *Frijoles colorados* la autora no desdeña el rigor conceptual que la caracteriza desde los inicios de su creación escénica. Sobre esta pieza —en entrevista con el colega Arturo Arias-Polo, para *El Nuevo Herald*— confesaría no despreciar las posibilidades ofrecidas por el melodrama en la expresión del comportamiento de muchas personas de la tercera edad.

En consecuencia, el éxito inmediato de esta obra está también constatado en todo su quehacer, tal lo atestigua esta tragicomedia en la que dos personajes (Matilde y Federico) dan rienda suelta a sus fantasías y delirios, mientras esperan escondidos en un refugio a que se ablanden unos frijoles colorados puestos a cocinar años atrás, sólo que de repente descubren una amenaza que los acecha a ellos y a la codiciada olla.

La amenaza existe desde que empieza la obra, solo que los personajes toman conciencia de que va creciendo. Llevan tantos años esperando poder comer, que confunden su existencia y se relacionan a través del juego de roles. Al final, deciden que, si los frijoles no sirven para comer, le valdrán para defenderse y terminan con el acto heroico de enfrentar lo que sea con tal de protegerse.

Como corroborando el título de esta ponencia, la nostalgia surge (¿o reaparece?) en los dos ancianos que divagan y confunden no pocos momentos de sus vidas, como aquejados por su extensa soledad y, sobre todo, por el hambre que padecen y que los lleva a actuar como lo hacen. En su enajenación, viven y evocan los niños que fueron y ahora vuelven a ser en ese jugar a la guerra y fabular con supuestas etapas de su larga existencia, acaso como un acto de liberación, y no sólo como un regreso a la paradisíaca edad dorada del Nunca Jamás.

En suma, no poca nostalgia, a pesar del humor negro, hay en esta obra. La propia Cristina lo reconocería al expresar: «Cuando la escribí estaba muy triste, sabiendo que dejaría muchas cosas atrás.» Sin duda, *Frijoles colorados* es otro indudable acierto de la dramaturga, pieza en la que combina, con eficacia, drama, farsa y comedia. Un dato de interés es que la pieza fue estrenada en New York, en julio de 2007, por *Retablo Productions,* dirigida por Gabriel Gorcés. Asimismo, se estrenó en Cuba, Portugal y Brasil, donde —bajo la dirección de Rolando Moreno— fue seleccionada en las categorías de mejor texto, puesta en escena y actuaciones en 2010.

Una de las mejores aproximaciones a la pieza la aportó la crítica y narradora cubanoamericana Rosa Ileana Boudet cuando subrayó —en su artículo «Cuba material en siete autores», publicado en *Primer Acto*— que la dramaturga hace de la materialidad el centro de *Frijoles colorados*, a la manera del absurdo de *El flaco y el gordo*. "Dos personajes, Matilde y Enrique, ablandan los frijoles en una olla de presión, mientras una amenazante hez se esparce como una mancha depredadora. La hez es invasiva, truculenta y festiva, y ellos le hacen frente. Teatro de olores y de sonidos —como el silbido que los cubanos conocemos como la «bailarina» de la olla de presión—, no creo que se pueda desarrollar mejor una situación dramática creciente a partir de este ejercicio imaginativo. Los dos ancianos son padres, hermanos, marido y mujer, alumno y maestra, se reconocen o se olvidan, se quieren y se odian. El acto de «ablandar» los frijoles los cohesiona como en una vuelta a la manzana permanente, un ritual doméstico, una perpetua actitud de vigilia". Y añade: «Rebull se anticipó a la omnipresencia de la olla que ha devenido parte del debate nacional y centro de enjundiosos chistes. Es lógico entonces que la obra termine con los personajes en guerra, atrincherados, defendiendo el artículo electrodoméstico y lanzando frijoles con un tira-piedras.»

Llévame a las Islas Griegas (2008)

Llévame a las Islas Griegas es otra de las obras decisivas de Cristina Rebull, cuyos valores han sido reconocidos por otros críticos, como el también narrador Antonio Orlando Rodríguez. El dramaturgo y director Yoshvani Medina, se refirió a ella "como un espectáculo que habla de la infelicidad de la manera más feliz del mundo", y al comentar la obra, si bien señaló lógicas manchas (que «hasta el Sol las tiene», aseveró José Martí), alentó a la autora, no obstante, con las siguientes palabras: "Supiste reunir los ingredientes para esa gran fiesta que es el teatro: público numeroso y entusiasta, actrices sublimadas por las risas, un texto donde andan volando las mejores referencias del teatro contemporáneo, desde los dramaturgos del absurdo hasta los posdramáticos, y tu mano, a medio camino entre la página y la escena, como un estilete que con tus palabras esculpiera el silencio".

La muerte, el abandono y la soledad son algunos temas abordados por Cristina Rebull en esta comedia. Como en *Esperando a Mamá*, la autora presenta un absurdo pero muy real núcleo familiar cubano que, a un tiempo, posee un convincente dramatismo. Una anciana toma una muy importante decisión que oculta a su también decana hermana, con quien vive, porque beneficiaría, como un viejo sueño, el resto de sus vidas: se trata, en definitiva, de una hermosa historia de amor filial que involucra el magno e irreversible «Tiempo, todo el Tiempo», tal dejaría para la posteridad, en admirable verso, el poeta Eliseo Diego.

La propia dramaturga explicó que esa idílica odisea a «las Islas Griegas», constituye el bello y distante sueño al que se aspira tras un largo viaje, acaso el final de una larga existencia. Y recordó, además, que de ningún modo desestimó la bien probada eficacia del melodrama. «No hay nada más triste que el silencio de una persona mayor o de un niño. De alguna forma se tocan porque ambos necesitan ser protegidos y el abandono los puede matar.» De ahí que incluyera canciones tradicionales para niños con el fin de enlazar ese período vital de los primeros años.

Para concluir este bosquejo de la producción dramatúrgica de Cristina Rebull, quiero reafirmar que, sin duda, posee las dos cualidades apuntadas en el título de estas líneas, con las que he destacado el valioso teatro escrito y representado por la también actriz, directora y cantante cubanoamericana, que la sitúan entre los más lúcidos autores de su generación.

NUEVAS VERTIENTES DE LA DRAMATURGIA CUBANA DE LA DIÁSPORA

La importancia de llamarse Ernesto

Rodolfo Martínez Sotomayor
Editor, *Editorial Silueta*

En un poema de Mario Benedetti, puesto en boca de una actriz –en un filme memorable del director argentino Eliseo Alberto Subiela– un personaje, al nombrar la decepción, dice: "Es como ver al actor que viste haciendo Hamlet en la cola del pan".

De haber vivido en Miami, esta frase carecería de su fuerza. De haber visto al director y dramaturgo Ernesto García, junto a su esposa, la actriz Sandra García y a un grupo de jóvenes actores, convertirse en pintores, albañiles, constructores hasta hacer de aquél antiguo taller el Teatro en Miami Studio que hoy conocemos; ese episodio de un actor comprando el pan parecería algo sublime.

Pero ¿quién es Ernesto García? Para quienes no lo conocen, podríamos decir que un nombre no es importante, "es pura vanidad", como nos dice el personaje de Lengüita en la obra *El celador del desierto*, del autor.

El valor del nombre en un artista está en la obra que evoque, en la sucesión de imágenes que acuden a la memoria al nombrarlo; mucho más que en un extenso *curriculum vitae*. Parafraseando a Quiroga, "inútiles serán cuantas colas de color adhieras a un sustantivo débil". Conseguir ese efecto es la única prueba de trascendencia.

Pero conocer la formación del artista es también la clave, de cierta manera, para entender su obra. La formación de Ernesto García es multidisciplinaria. Desde la primaria, escribía cuentos policíacos a la manera de Agatha Christie y Sir Arthur Conan Doyle; "aquello era muy divertido" –nos dice–, eran historias protagonizadas por sus propios amigos. También desde joven escribía poesía, con mucha influencia de Whitman y Lorca y de toda la pintura surrealista; grandes juegos de palabras que buscaban meterse en el mundo onírico que lo rodeaba y que no comprendía. Tal vez, en su subconsciente, se agitaban los recuerdos de aquél tiempo al concebir su obra *Aromas de un viaje*. Una puesta donde su fuerza radica en el misterio; donde el espectador es perturbado ante la creciente interrogante de un aroma que a todos subvierte, seduce y atrae de una manera peculiar. Se llega a conocer paso a paso la tragedia personal de los viajeros de un tren que no va hacia ningún sitio. Con un final inesperado, este *thriller* nos conduce hasta la muerte y el preciso instante de la transición. Y es que la muerte es uno de los temas recurrentes en la dramaturgia de García, la muerte no sólo física, sino del intelecto, el asesinato de la inteligencia, de la razón.

Ernesto García cursó estudios de Historia del Arte en la Universidad de La Habana. Comenzó a estudiar música, de manera autodidacta. Aprendió guitarra, solfeo, armonía y composición, con viejos libros comprados en librerías de segunda mano. Y aunque no tenía una formación musical académica, logró comprender aquel mundo de semicorcheas y notas; todo lo cual le sirve hoy para escribir y componer su música. Por varios años fue parte de la *Nueva Trova.*

En 1990, formó junto a dos amigos un grupo de Rock Progresivo (donde hacía una música muy loca y experimental) llamado Naranja Mecánica (inspirado por ambas obras; la novela de Burgess y el filme de Kubrick). En esa misma época, formó parte de uno de los grupos legendarios de teatro en Cuba: *Teatro Estudio*, bajo la dirección de Raquel y Vicente Revuelta. Aquella fue otra experiencia, actuaba, creaba e interpretaba la música de las obras en vivo; participó y aprendió el teatro en todas sus facetas; desde la construcción de la escenografía hasta las puestas en escena.

Al llegar a Miami, tuvo la oportunidad de seguir haciendo música, diseños de luces para las compañías hispanas más importantes (*Avante, Prometeo, La Mateodora,* entre otras) y comenzó su trabajo como director. Su formación, que pudiera parecer caótica desde el punto de vista formal, se torna ventajosa posteriormente ya como dramaturgo. Teniendo la capacidad de realizar trabajos escenográficos, profundos conocimientos musicales y experiencia en las tablas, Ernesto García tiene la ventaja de ver la puesta tal y como la concibió; incluso, de modificarla mientras se adentra en el montaje, pudiendo hacer valer su principio de que una pieza teatral es algo vivo y transformable.

Ernesto García se libra así de que una obra de grandes posibilidades sea reducida a un bodrio sobre la escena. Pero también, corre el riesgo de no tener un director o un dramaturgo que cargue con las culpas de un fallido estreno. Él lleva todo el éxito o todo el fracaso. Favorablemente para el teatro en Miami, la experiencia siempre ha sido afortunada.

García, en cada obra, explora un género, una manera de contar diferente; satiriza el melodrama en *Al horizonte no se llega en una barca de papel*; se apropia de clásicos como Chejov y Sófocles, acercándolos a nuestros tiempos y haciéndolos parte de otra realidad.

Tal parece que "Intentar lo más difícil en el arte", es uno de los dogmas que sigue García al concebir sus piezas. Sobre todo por esa búsqueda de una profundidad filosófica entremezclada con la cotidianidad de la vida. La utilización de un lenguaje lírico, que pone a su servicio; la sugestión de las palabras y una precisión en la música, que contribuye a la intensidad dramática de ciertos momentos, suelen ser otras características de un genuino estilo en sus montajes.

El reloj dodecafónico

En una de sus piezas más exitosas, *El reloj dodecafónico*, García concibe un homenaje al teatro dentro del teatro con la presencia de personajes clásicos y de la mitología grecolatina. Las Parcas aparecen e intervienen con una tonada que sintetiza su función de manejar la vida humana; Cloto, Láquesis y Atropo cantarán: "Hilar, medir y cortar". El personaje de Madre, de gran complejidad psicológica, resume en sí varios temas de constante evocación en la obra de Ernesto: el poder autoritario, el temor al envejecimiento, la muerte. Sus juicios acerca de la felicidad humana invitan a la reflexión, su energía es capaz de atrapar de principio a fin.

Uno de los momentos más logrados de la puesta es cuando Madre ofrece un soliloquio con reminiscencias bíblicas. Desde el Eclesiastés, con su escepticismo, hasta los filósofos que hablan de la relación entre ignorancia y felicidad, o entre conocimiento y angustia. Madre dirá mientras dibuja a su espalda un reloj: "¿Qué más queda? ¿Por qué Dios nos privó de la ignorancia para darnos el temor de la muerte? ¡Benditos los que no saben el mañana! ¡La esperanza es un espejismo que nos hace inmortales!"

El personaje oculta un secreto que al develarse dará un inesperado desenlace a la obra: Teme al tiempo más que a la muerte, al envejecimiento que llena el rostro con las cicatrices de los años, o "al tiempo que pasa, que destruye la belleza y los sueños", al decir de Madre.

También nos conduce García por la frágil barrera entre el amor y el desamor, y la posibilidad de ese salto que lleva al odio, como consecuencia de una vehemencia humana por los sentimientos extremos, ese es otro fascinante tema felizmente expuesto en esta obra.

La tortura y *Sangre*

El teatro de Ernesto García escapa del maniqueísmo. Cuando aborda el tema del poder no recurre al facilismo de víctimas y victimarios, sino que sus parlamentos son convincentes según varía el ángulo de sus personajes. Hace que el espectador se haga preguntas claves sobre la existencia, sobre el falso heroísmo y el sentido del sacrificio en aras de un ideal; toca temas extremos, donde se mide la resistencia del hombre ante la adversidad. La relación masa-poder suele estar presente en algunas de sus más importantes piezas.

Un ejemplo de todo lo anteriormente expuesto son las obras *La tortura* y *Sangre*. En la primera, no se verán ni "buenos" ni "malos". Los personajes defienden sus perspectivas y cada conducta responde a motivos muy precisos. Del mismo modo, se cuestiona el concepto que nuestra cultura tiene del "comportamiento criminal" de un inculpado y los móviles "humanos" que impulsan al torturador a cumplir con su deber. "¿Es tolerable la tortura si ésta conduce a salvar vidas inocentes?", se preguntó el autor. Esas son algunas interrogantes que la obra propone al espectador.

En *Sangre*, por su parte, la protagonista, Antígona, en esta versión de Ernesto García, no es sólo el símbolo de la rebeldía contra el orden impuesto, la voluntad que se antepone a la injusticia, sino también el héroe que se cuestiona la utilidad de su sacrificio, pero que sabe que no puede escapar de ese destino para cambiar el curso de la historia. Ella se preguntará si el amor a la justicia es un viaje seguro al egoísmo o, por el contrario, la necesidad de ayudar a otros. Ismena, la hermana de Antígona, obedece ciegamente al rigor de la ley, sin preguntarse su razón. Ella es la cobardía ante el poder, a quien le preguntará Antígona: "¿Cómo puedes vivir el resto de tus días?" Y a quien ella responderá: "Olvidando, es la única manera que he tenido de vivir". El personaje de Ismena en esta versión sufre una transición durante la obra como consecuencia del drama vivido por su hermana, lo que le da mayor vitalidad a la pieza.

En Creonte, el rey, confluyen todos los vicios que derivan del poder unipersonal. Él siente que está obligado a imperar sobre su pueblo, que la justicia está por encima de los hombres. Su apotegma filosófico se antepone al de Antígona, cuando ella plantea que "el verdadero poder es el que nace del perdón", y él responde que "con clemencia no se gobierna un país". La soledad del hombre que ejerce la tiranía la trasmite Creonte en los minutos finales cuando se pregunta: "¿Por qué siento el trono vacío, una silla de sangre, veneno y puñal? Ya Tebas no importa". Tiresias, adivino, anciano y ciego, anuncia la inevitabilidad del destino y dirá que "hay veces que un nudo no debe deshacerse". Un nudo que puede ser el orden impuesto por una divinidad superior o el poder.

Hermón, el hijo de Creonte y novio de Antígona, es doblemente víctima, de la crueldad de su padre y del acto de heroicidad de Antígona. Es el hombre aplastado por el dolor provocado por la injusticia y el acto egoísta de los hombres. Él nos dirá, como una conclusión filosófica o una pregunta lanzada a nuestra conciencia: "Si pudiéramos medir los actos humanos, si viéramos la vida con cinismo, tendríamos que preguntarnos si vale la pena morir por algo".

El coro repite como un recordatorio "sangre de tu sangre", un reclamo a ese lazo de humanidad roto por la ambición desmedida, el dogmatismo de la ley y el poder; la disyuntiva ante regirse por la individualidad del idealismo o soportar con sumisión el peso del poder para salvar la vida.

Ernesto sugiere un vestuario totalmente moderno en su versión de la obra, así como otros elementos utilizados en escena, que son un logrado recurso con el que nos transmite la actualidad de los conflictos expuestos en la pieza, y su vigencia en cualquier época o lugar.

El estreno de esta versión de Ernesto fue un éxito total en Miami, durante la inauguración de *Teatro en Miami Studio.* Un buen trabajo de luces contribuyó al atractivo de la pieza. La elaboración de la música fue otro acierto para esa difícil labor de mantener ocho actores en escena sin que se perdiera un ritmo adecuado en el transcurso de la obra.

Enema

Pasar con éxito del drama a la comedia no es tarea fácil. Escribir además una obra que haga reír y pensar, que no tenga huellas de ramplonería, que toque temas escabrosos con buen gusto, es más difícil aún. Ese fue el reto de Ernesto García. Al realizar el montaje de *Enema* asumió el riesgo con un título nada convencional. Como siempre, se hizo cargo de la música, el diseño de vestuario y el manejo de las luces.

La pieza fue un éxito de taquilla y el público colmaba la sala cada noche. Se trataba de la historia de un escritor del siglo XVIII, empeñado en crear una obra para ser representada 300 años después con el nombre de *Enema.* Al inicio aparece Antonio, el escritor, cuyo parlamento en versos y excelente vestuario evocan lo mejor del Siglo de Oro español. Estamos en presencia de un proceso creativo que es un canto a la libertad. Antonio es ese creador que quiere escribir para un mundo que no ha llegado aún, y se esperanza con un público despojado de prejuicios y carente de dogmas. Es el artista que rompe los esquemas de su tiempo con verdades que llegan hasta nuestros días: "Las cabezas de hoy piensan con otras cabezas", frase que resume uno de los males fundamentales de nuestra historia.

Uno de los momentos de mayor tensión dramática es la aparición del Obispo, el censor de Antonio, y su séquito de dos monjas y un cura. En este momento, la combinación de la música y el desplazamiento de los personajes sobre las tablas, imprimen a la pieza gran fuerza. Las palabras del Obispo son la esencia fundamental de todas las dictaduras, de todo poder que ejerce la censura. Él dirá: "a Dios se le sirve cuando se le entrega a él el talento" y "la libertad es un vicio diabólico que nos aleja de Dios". Su contrapartida, el escritor Antonio, tiene la visión de un Dios sin cadenas que ha puesto el libre albedrío en los hombres, le ha dado la facultad de crear, la capacidad de percibir la belleza y exponerla a través del arte, sin inhibiciones ni prejuicios.

"La danza de los falos" es de una irreverencia provocadora, donde se juega con lo grotesco. Los personajes, vestidos como gigantescos falos, cantan a "un mundo estático, fálico y flemático". El público de Miami no estaba acostumbrado a esas muestras desafiantes que quiebran lo convencional con temas de tanta profundidad y ofrecen a su vez, al espectador, un montaje donde la transgresión y lo soez se digieren con el placer que transmite el buen gusto en su elaboración.

Ernesto García había avisado de la atemporalidad de la obra. Sin ubicarse en un país específico, el contexto es ese período de la historia llamado Ilustración o Siglo de las Luces, donde el saber humano se impuso frente al oscurantismo. En palabras de García, "la época de Goya, Vivaldi, Bach, Mozart, Hydn, Handel y Beethoven. Un tiempo único donde el mundo occidental puso al revés el pensamiento y la cultura" —en un universo al revés que Antonio evoca en una pieza subversiva. Como en otras obras de García, los cuestionamientos filosóficos sobre la felicidad humana corren paralelos a la búsqueda de la libertad: "sufrir por la verdad es la única manera de encontrarla".

Enema es un interrogante que induce en el espectador múltiples juicios sobre la existencia de la libertad absoluta; una tragicomedia que honró el quehacer cultural de la ciudad.

Fifty Fifty

Todavía guardo en la memoria el grato recuerdo de *Fifty Fifty*, una de las obras más recientes de Ernesto García, donde, en su montaje, el método de Stanivslaski fue llevado al paroxismo. Él conocía la inquietud psicológica de cada actor. Concibió una obra donde cada uno de ellos desempeñaba su propio papel y a su vez nos mostraba temas de actualidad. El entorno nos era familiar, con sus miserias humanas, sus ambiciones, sus pequeñas y grandes tragedias repetidas en nosotros. Enfrentarse a una comedia en estos tiempos, es un acto de temeridad. Agotados de noticias que reflejan y exaltan el horror cotidiano, es tentador buscar la evasión en un mundo donde hasta la ramplonería suele globalizarse. Por tratarse de *Teatro en Miami Studio*, el grupo que ofrecía la puesta, y Ernesto García ser el autor y director, valía la pena el riesgo.

El público expectante. Una escenografía minimalista: sobre las paredes del fondo un dibujo abstracto en plumilla. Una mujer sentada sobre un muro, con la cabeza inclinada y apoyada en un bastón, permanecía inmóvil mientras los espectadores tomaban asiento y una música de guitarra hacía acogedor el ambiente. Como es ya tan común, la presencia de actores en el escenario antes de comenzar la obra, producía inquietud. De pronto, una proyección de imágenes geométricas, sombras de manos que danzan y otros juegos de animación llenan el escenario en otro atractivo inicio de la pieza. Un innovador comienzo que promete.

La puesta transcurre en una parada de autobús donde Felicia, una mujer de aproximadamente 60 años, establece, sucesivamente, un diálogo con cuatro personajes: una actriz, un ladrón, su vieja amiga peluquera y un ex exitoso hombre de negocios. Felicia teje con paciencia, mientras una joven habla por su móvil, grita más bien. Felicia le dirige a la joven actriz parlamentos que hacen blanco en la superficialidad de un mundo fascinado de manera enfermiza por la estética. Ella cuestiona el establecimiento de falsos valores que imponen los medios de comunicación, la ridiculez en lo políticamente correcto que alcanza al lenguaje. Felicia nos dirá: "Gordo es una palabra más bella que sobrepeso"... "Ahora los gay de clóset se llaman metrosexuales". Pero la joven actriz no es una interlocutora pasiva. Motivada por Felicia, tendrá una catarsis donde cuenta aspectos del dilema de su vida. Dirá que estudió actuación porque era muy mala en matemáticas. Felicia le advierte que de nada le servirá su talento ni todo lo aprendido, que sus curvas y su cara son las que cuentan, que el bisturí es más útil que cualquier estudio para ese *casting* al que ella se dirige. Hoy en día, "las abuelas son mujeres con cuerpos de tú y cara de usted", añade Felicia. La joven actriz se desahoga finalmente con un grito que resume su angustia: "¡Ojalá viviera en un mundo de gordos y feos, le grito al espejo!".

El Ladrón de la segunda escena es un desamparado que ha perdido su empleo por rebelarse contra su jefe. Felicia aparece junto a él y hace una irreverente defensa del uso de la violencia individual. Los criterios pre-establecidos, las leyes impuestas por la sociedad, los dogmas y el cuestionamiento a quienes controlan los gobiernos, reciben ahora los dardos de su discurso. Un parlamento original y poco convencional para definir el comportamiento humano. Al aparecer la peluquera, la obra toma otro tono; hasta los colores vivos de su vestimenta contribuyen con un aire refrescante. Pero detrás de esa aparente felicidad de vencedora, hay una falsedad que Felicia descubre. "¿Por qué esa pasión por la verdad si somos máquinas de mentir...? ¿De qué viven el cine, la televisión, la prensa?", nos dirá Felicia al develar ese ropaje falso de prosperidad en su amiga. Y concluirá con una sentencia definitoria: "La mentira hace feliz".

Cuando aparece El Hombre de Éxito, la obra alcanza su clímax. Él es un hombre que ha conocido el triunfo y el fracaso, que se niega a regresar a su papel de pobre. "Por el fruto se conoce al árbol, no sólo se debe ser exitoso sino ostentar", dirá El Hombre de Éxito en alusión a su pasado. "Yo fui uno de los que borraba del teléfono a los que iban en picada"... "Lo que más duele es el abandono de la gente", añadirá en una especie de *mea culpa*, mientras Felicia, como juez de la conciencia del hombre, lamentará que sólo nos detengamos a pensar cuando nos atrapa la desgracia.

La obra nos transmite enseñanzas de una vida que parece diseñada para el sufrimiento. Felicia nos muestra que ser feliz es otra manera de medir el éxito. Nos enseña que es necesario detenernos por un rato y respirar.

Como toda creación artística de valor, la obra escrita por Ernesto García tiene elementos que se prestan a múltiples lecturas. La enigmática carta que un desconocido le entrega a Felicia al comienzo de la puesta, y que ella a su vez le ofrece a El Hombre de Éxito al final, puede ser quizás una alusión a la vida como un ciclo que se repite. Puede ser tal vez, como las cuatro estaciones del año en que transcurre la obra, un símbolo del eterno retorno del hombre.

La música compuesta por este polifacético artista para su puesta, fue una guaracha contagiosa, una atractiva y efectiva pieza para el cierre, cuando Felicia sentencia: "Vivir es como lanzar una moneda al aire, no importa lo que hagas, siempre será ´fifty fifty´". Aunque llegue de manera sublime el mensaje de que el pensar demasiado está reñido con la felicidad, Ernesto García no sólo nos ha impactado con dramas de gran textura como *El reloj dodecafónico* y *Oda a la tortura*, entre otros, sino que ha logrado con *Enema* y *Fifty Fifty*, comedias que elevan el rasgo de humanidad en nosotros. Melodramas de exquisita elaboración que nos hacen pensar y reír a la vez.

Una ciudad sin cultura podría ser como un mundo de espectros de concreto. Mientras se cierran bibliotecas y se recortan presupuestos para la educación, se acumulan las circunstancias para hacer realidad, esa pesadilla que habita en la novela *Un mundo feliz,* de Aldous Huxley, donde nos volveríamos robots o autómatas, reprimidos emocionalmente y condicionados sólo para producir y consumir. Cada pieza de Ernesto García es una resistencia a ese mundo. Y aunque un nombre es pura vanidad, según su personaje Lengüita, es su obra la que avala su valor, la importancia de llamarse Ernesto.

Escapismos, la fuga del alma y escaramuzas fantasmales en el teatro de Nilo Cruz

Mirza L. González
Profesora Emérita, DePaul University

De manera general, las obras de los dramaturgos cubano-americanos representan muchas veces el período de transición del exiliado hacia su nuevo estado, fenómeno que incluye la búsqueda de la identidad y la aceptación o el reconocimiento de la realidad de permanencia en el nuevo país, con todas sus implicaciones y consecuencias sociales, lingüísticas y culturales.[1] Para otros dramaturgos latinos el contacto esporádico con su lugar de origen es muchas veces un hecho concreto, mientras que para los cubano-americanos ha sido casi una imposibilidad. Hay que agregar experiencias tales como las circunstancias políticas, la nostalgia de un pasado irrecuperable, y la experiencia dual del presente "real" que se vive en el aquí y en el allá imaginario. Especulan los autores dramáticos cubano-americanos en sus obras con caracteres cuyas vidas, en el exilio, o en el país de origen, se perfilan controladas por un factor político o circunstancial. Y con personajes que se debaten entre lo que debería ser, lo que pudiera ser, y lo que es, agonizantes entre la cruda realidad y las posibilidades infinitas de la imaginación.

Nilo Cruz se sitúa en el grupo de dramaturgos cubanos en el exilio que escriben en inglés. Ha compuesto y producido más de una docena de obras teatrales y su trabajo se ha representado en los Estados Unidos y en el exterior con frecuencia. Premiado con el Pulitzer Prize (2003) por su obra *Anna in the Tropics,* traducida al español como *Ana en el trópico,* ha sido galardonado ampliamente con premios como el Steinberg, el Alton Jones, el

---

1 Sobre la variedad y desarrollo característicos del teatro cubano-americano, ha comentado el conocido crítico cubano, José A. Escarpanter, utilizando el término, disgregador y aglutinante a la vez de "mosaico disperso", que sus autores responden "a partir de 1961 a promociones distintas, formaciones diversas y ambientes diferentes, pero tienen en común la experiencia, por otra parte nada monolítica, de la revolución cubana y el exilio posterior."(57)

Kennedy Ctr y el Kesselring. Nilo Cruz (10/10/1960) salió de Cuba a los 10 años hacia los EEUU. Ha enseñado dramaturgia en Brown, Yale University y en University of Iowa. Obras y premios: *Graffiti* (1991), Carnegie Mellon Award 1993; *Night Train to Bolina* (1993), Alton Jones Award 1994; *Dancing on Her Knees* (1994); *A Park in Our House* (1995), ATT Award for New American Plays 1995, Kesselring Prize 1996; *Two Sisters and a Piano* (1998), Kennedy Center Award for New American Plays, 1998. *A Bycicle Country* (1999); *Hortensia and the Museum of Dreams* (2001); *Anna in the Tropics* (2002), Pulitzer Prize 2003; *Capricho* (2003); *Lorca in a Green Dress* (2003); *Beauty of the Father* (2006); *Color of Desire/Hurricane* (2012). La crítica, mayormente escrita en inglés, ha celebrado, entre otras cualidades, la calidad descriptiva y sensorial de ambientes y personajes en su teatro. Valga citar a Janice Paran al comentar la impresión recibida en la lectura de sus primeras obras:

> With a few atmospheric strokes, he conjures up a furtive, languid, mesmerizing world whose local colors were new to me, but whose intimacy, vibrancy and voluptuosness beckoned further acquaintance. What first attracted me of his works (is) its psychic richness and alluring theatricality. He has an instinct for stories and characters that not only suit the stage but in fact require its dependence on everything language doesn't provide: the silence between and beneath words, kinetic currents, the almost physical pressure of onstage time and the fragile compact with a live audience. (viii)

Cruz, con frecuencia, se inspira en su país de origen, y en su propia experiencia y recuerdos personales, en un esfuerzo por aclarar detalles de sus difusas realidades. Y sus personajes, por cuestiones espirituales o materiales, añoran un cambio y se movilizan hacia el mundo del ensueño, o el físico, con el objetivo de lograr sus deseos. Sobre ello resalta Paran: "Elements of romance, fantasy and surreal invention brush the lives of his characters… doggedly pursuing their dreams or passionately refashioning their circumstances…But all of his plays, regardless of provenance, chart deeply moving landscapes of longing, loss and the will to survive." (viii)

En este trabajo analizaré personajes y situaciones de tres obras escogidas, tomando como punto de partida el escapismo físico o espiritual de los actantes y sus variantes, en especial "la fuga del alma", en tres piezas de fondo y asunto cubano: *A Park in Our House, A Bycicle Country y Two Sisters and a Piano.* Luego, trataré sobre los personajes fantasmales o espirituales, también con ansias y necesidades de evasión en una cuarta pieza, *Lorca in a Green Dress.* En las tres obras de Cruz de tema cubano, objeto de mi estudio, el tema político es fundamental ya que aparece reflejado en la realidad circundante y es móvil generador del deseo hacia la otredad, resultando en un desplazamiento de los personajes, disconformes con su situación vital.

A Park in Our House y los escapismos

Sobre *A Park in Our House (APH),* estrenada en 1996, comenta Cruz, "I wrote the play as a way of understanding the year 1970. I didn't understand what politics meant, why we were leaving the island and others were staying. I felt it was all chaos and the world was ending". (80) La acción de esta pieza gira alrededor de la familia Bustamante, integrada por una pareja: Hilario y Ofelina, dos sobrinos criados como hijos, Pilar y Camilo, el más joven de la familia, y Fifo, primo de Hilario. Dimitri Yefim, joven ruso resultado del intercambio internacional entre Cuba y Rusia en esos años, vive temporalmente con ellos[2]. Las comparaciones esporádicas entre la abundancia material de otrora y la escasez propia del socialismo real, en el presente, conforman la realidad económica isleña de los años setenta. Valga recordar, en este sentido, la falta de artículos de primera necesidad, y el

2 Moscow's presence in Latin American and Cuban life was enhanced in the seventies through international exchange programs and scholarship activities. Also in those years Cuba's economic and military systems became increasingly depending on the Soviet Bloc, first through the establishment of the Inter-Governmental Soviet-Cuban Commission for Economic, Scientific and Technological Cooperation (December, 1970), and later by Cuba's admission to the Soviet –directed Council for Mutual Economic Assistance (*CMEA,* July, 1972.) (Duncan, 85).

fracaso de una zafra que se proponía llegar a los diez millones de toneladas de azúcar.

En este contexto social se comprende que la vida de la familia Bustamante sea un microcosmos del pueblo cubano. Las quejas de Fifo y sus discusiones con Hilario, empleado de un Ministerio, ponen de relieve el servicio militar obligatorio, el trabajo voluntario en los campos de caña, y las desconfianzas y temores de muchos cubanos a los informantes, a la persecución y a la cárcel. Fifo, fotógrafo, ha estado preso y se debate entre dos sentimientos dominantes: el temor a que lo arresten y la incomodidad de tener que fingir su adhesión al sistema. Ofelina simpatiza con las ideas contestatarias de Fifo, y a veces discute con su esposo Hilario, un idealista que comienza a desconfiar del giro inesperado que ha tomado la revolución. La mudez de Camilo, el uso de las señas y la mímica para comunicarse, es, más que una revelación de su estado psicológico, el producto de un sistema socio-político que se basa en la falta de libertades y, sobre todo, en el amordazamiento.

Esta inhabilidad comunicativa, ya sea por falta de claridad discursiva, o entendimiento, temor u otras razones, que caracteriza a esta obra de Cruz, se manifiesta no sólo entre los miembros de la familia Bustamante, sino también entre todos los cubanos, dentro y fuera del país, a partir del gobierno revolucionario, y pudiera aplicarse a muchas otras producciones teatrales del exilio. Sobre ello, y de manera general, ha comentado certeramente Matías Montes Huidobro, "A partir de las Palabras a los Intelectuales y las medidas subsiguientes para implementarlas, el diálogo ha quedado interrumpido por medio siglo de la historia nacional y se ha desarrollado en el mejor de los casos, por señas, desde las dos orillas, distorsionado por el tiempo y la distancia como si fuera un lenguaje expresionista." (13)

Pilar, ilusionada con la llegada del joven soviético, quien pasa horas leyendo a Dostoyewski y a Tolstoi, y confiesa ser una romántica revolucionaria, representa al único actante que parece tener fe en el futuro político del país y en la apertura de Cuba al mundo exterior. Dimitri ejemplifica el deseo de cualquier ser humano de emigrar, por los motivos que sean, de su país de origen. Este deseo lo transmuta en un verdadero personaje catártico. El eje que recorre el espacio geográfico desde Rusia hasta Cuba, definido por su trayectoria, atrae y sirve de acicate a otros en la familia, pero en sentido inverso. Pilar, atraída por el joven, arguye que algún día quisiera vivir en Rusia y trabajar en el Kremlin. En Camilo también se evidencia el deseo de expandir sus horizontes. Estos tres personajes quisieran explorar mundos fuera del conocido, donde existen posibilidades infinitas. Explica Dimitri los significados de la otredad en su caso: la isla (Cuba) es "el otro lugar" para él. La luna, aparentemente inalcanzable, representa la esperanza de llegar más lejos y también puede ser "el otro lugar". En efecto lo es, ya los hombres han llegado a ella. En esta obra, de intensidad represiva creciente, la evasión mental y la física son las únicas rutas posibles de escape ante una realidad intolerable[3]. La luna y el parque son símbolos del escapismo. El proyecto, en maqueta, llamado Luna Park, sueño de Hilario y juguete preferido de Camilo, con la fuente central y senderos hacia cuatro direcciones, conlleva el significado de bitácora o compás, indicadores de las cuatro rutas posibles para salir al mundo y de que los sueños son realizables. De ahí que el abandono del proyecto, al final, sea un llamado a una realidad frustrante.

Aún cuando las tres escenas finales tratan de cerrar o consolidar historias y planes de los actantes, la conclusión del drama es polifacética. Hilario piensa dejar su trabajo en el Ministerio y resuelve cancelar el proyecto de Luna Park. Fifo, quien ha decidido abandonar, no diría que la isla, sino la vida; intenta suicidarse, sin lograrlo, y termina acordando con Ofelina que lo mejor sería irse del país. Pilar, incumplido su deseo de marcharse con Dimitri, se queda en Cuba, soñando con Rusia. Camilo, en un estado de ensoñación, finaliza la obra con los ojos cerrados, dejando la impresión de que, si antes no hablaba, ahora, simbólicamente, rehusa ver.

---

3 Para información adicional sobre el tema del escapismo, la tensión política cubana y los personajes de la familia Bustamante en *APH,* consultar "Passage to Hope and Freedom: Luna Park", (González, 1997).

A Bycicle Country, escapismos y fugas

Si en la obra *APH,* el escapismo se evidencia en el rechazo a la realidad circundante, en las ansias por emigrar, en el refugio en un exilio interno (que se manifiesta en una falta de comunicación) y en la evasión mental, en *A Bycicle Country (ABC)* los personajes planean y ejecutan el acto físico de abandonar la isla en una balsa, enfrentando las situaciones más difíciles y peligrosas. Esta obra, estrenada en 1999, tiene lugar en 1994, coincidiendo con la crisis de los balseros y la intervención americana.

En estas producciones de tema y fondo cubano vale la pena comentar las palabras de Ofelina, esposa de Hilario en la obra *APH,* relacionadas con el escapismo y sus variantes. Trayendo a colación una discusión de Hilario con sus compañeros de trabajo el día anterior, mientras trata de aliviar el cansancio y la frustración del esposo, Ofelina le aconseja lo siguiente:

> I see clouds piling over you. You come in here disheveled. It's as if birds with long beaks beat at your chest and they pluck all life out of you. ...You're abandoning yourself. That's why you have calluses on your feet. The feet and the mind go together Hilario. The north and south pole of the body. They are what keep us moving. When the poles melt the world goes down... When the feet and the mind don't find rest they inundate the soul. And when the soul drowns, there goes life." (133).

Aunque Hilario y Ofelina se contradicen con frecuencia en sus ideales y acciones a través de la obra, es innegable que existe un fuerte vínculo entre ellos. De ahí que Ofelina haya percibido los cambios de conducta en el esposo, sus dudas y falta de fe en el ideal revolucionario, su actitud escéptica con visos de inercia y abandono personal. Como un rizoma, los significados se ocultan por debajo de las palabras. Aquí importa destacar la relación esencial entre la parte espiritual del hombre y la material; la mente, el pensamiento, y la acción que se resume en el andar. Usa la cabeza Hilario, parece decirle la esposa, razona, analiza, y ejecuta. Despierta, enfréntate a la realidad, tu vida está en riesgo. Para salvarte del hundimiento total necesitas la mente y los pies. Con sus palabras, Ofelina siembra en la mente de Hilario la semilla para irse de Cuba

Dicho por Ofelina en *APH*, la primera obra que analizamos, y sembrada la idea de la búsqueda de otras rutas, del viaje o la salida en sus actantes, encontraremos nuevamente en *ABC* individuos en situaciones similares o hasta peores. Nadie tiene que sembrarles la idea. Y lógicamente, por segunda vez, comprendemos su necesidad de escapar, salir del país, lugar que llaman estos personajes, la "isla-prisión". Aparecen en *ABC* tres actantes: Julio, Pepe e Inés. Julio necesita irse, e irónicamente está en silla de ruedas; Pepe, su mejor amigo, le trae a Inés para que lo acompañe y atienda durante su recuperación. El título engloba las dificultades del transporte en Cuba con el uso generalizado de la bicicleta. Pepe comenta al respecto: "We are slowly going back to the Iron Age. We're in the Bycicle Age out there. We've gone back to the wheel. A whole country riding bycicles…" (151)

Los comentarios de Pepe rezuman un descontento profundo con el sistema, sacando a la superficie un deterioro mayor de la situación política y económica, en comparación con la obra anterior. Pepe ha estado aprendiendo italiano, e intenta ponerse en contacto con una turista: "That would be my ticket out of this country…it's one way out of this mess." (151) Julio, enfermo y con la necesidad de someterse a cirujía en el extranjero, espera ansiosamente un permiso de salida que mucho se ha demorado, y que si llegara tarde pudiera costarle la vida. Percibimos claramente la ansiedad y desesperación del joven cuando dice: "Can't you see I'm drowning! I'm sinking in my own body. I'm sitting here on solid ground and I'm drowning."(155)

La sensación de ahogarse fuera del agua, en plena tierra, se explica cuando las condiciones de un país donde la lista de recursos necesarios para vivir, tales como los alimentos, la medicina, la electricidad y la gasolina escasean cada día más o son inexistentes. Y, como consecuencia, sus habitantes son afectados de forma devastadora. Es el caso específico de Julio. En tal situación es comprensible que el único "alimento" que mantiene vivos a los actantes, y les ayuda a sobrevivir, es la esperanza de la salida, eje del tema escapista.

Revelador resulta lo que dice Inés sobre el conflicto isleño: "I'd like to live in a place where the land extends and I can walk for miles, where I can run and never reach the end...Here, there's always the sea. The jail of water. Stagnant. Just the sea" (162). Los comentarios de la joven ponen de manifiesto la necesidad de expandir sus horizontes. Sus ansias ilimitadas de libertad de movimiento, de circular sin rutas marcadas ni caminos controlados. Sentimos que Inés, al igual que Pepe y Julio, viven y padecen hundidos en la desesperación, encerrados en la isla-prisión, encarcelados por el mar. Sobre ello, dice Rine Leal: "La insularidad castiga con sus límites cerrados, con la imposibilidad del horizonte que retrocede en la misma medida en que se avanza, con una naturaleza que no puede vencerse más que con un acto de evasión, de transgresión de sus límites, y que tiene mucho que ver con ese universo cerrado y sin salida que nuestro teatro muestra con gran frecuencia."(xii)

Y efectivamente, la isla es una cárcel y los habitantes ponen todo su empeño en fugarse de ella[4]. Debaten riesgos y estudian las posibilidades de vender sus posesiones para comprar una balsa y ejecutar la acción final, el escape a los Estados Unidos. La división esquemática de la obra en dos actos, el Primero, titulado "Tierra" con cinco escenas y el Segundo, "Agua", también con cinco, coincide con los dos elementos geográficos que gobiernan sus vidas: la tierra prisionera del agua. Hay una sexta escena, la final, titulada"Aire". Pudiera afirmarse que la liberación de estos personajes se obtiene pasando de la tierra al agua y al medio final: el aire. Lugar donde ocurre la catarsis, la liberación, coincidente con el descanso final, la muerte.

---

4 Numerosos y valiosos estudios se han acumulado sobre las asociaciones isleñas con el encierro, el acto vital repetitivo de la insularidad, y otros factores históricos y sociales. Martí, uno de los primeros autores en tratar el tema alega en su elegía a José Ma. Heredia que Cuba, en tiempos del poeta, "era un presidio rodeado de agua." *Encuentro de la cultura cubana*, 168. Asímismo, Roberto González-Echevarría en *Isla a su vuelo fugitiva*, Gonzalo Rojas en *Isla sin fin,* y Antonio Benítez Rojo *en La isla que se repite*, han tratado con certeza el tema de la isla-prisión.

Two Sisters and a Piano y la fuga del alma

Aunque hemos visto el deseo del escape físico, del cambio de la circunstancia vital, en *APH*; y los planes más que evidentes para salir del país por motivos de salud con la necesidad imperiosa de recuperarla, además de la falta de libertad y el deseo de satisfacer otras carencias en *ABC*, es en *Two Sisters and a Piano (TSP)* donde el escape espiritual, o la fuga del alma, alcanza mayor intensidad, específicamente en sus protagonistas María Celia y Sofía. Sobre estas dos obras, *APH* y *TSP*, comenta el autor lo siguiente: en la primera "every character dreams or imagines a better place", mientras que en la segunda, "two women liberate themselves from the confines of house arrest through flights of imaginary invention."(81) Compara y relaciona Cruz estas evasiones con los testimonios de la prisión política en Cuba de Armando Valladares en su obra *Against All Hope* (*Contra toda esperanza)*: "All that saved me from complete animality was inventing interior worlds which I would fill with the images that flooded my mind when I closed my eyes" (377). Percibimos también que la evasion es en Cruz, como autor, parte importante del proceso creativo, cuando dice: "As my characters look inwards to dream of other landscapes, in the privacy of my writing, I quietly close my own eyes and escape into the world of theater, into the infectious idiom of art." (81)

TSP (estrenada en 1999), traducida al español como *Dos hermanas y un piano,* se desarrolla en la Habana, en 1991, en una casa colonial donde las jóvenes viven bajo arresto domiciliario después de haber cumplido dos años de cárcel. El ambiente creado por las hermanas en su casa y cuidadosamente preservado mantiene la ilusión que el tiempo se ha detenido a su alrededor, lo cual es en sí una fuga de la realidad presente, un salto al pasado. Resalta entre todas, las memorias de un piano que lleva generaciones en la familia y cumple la función de compañía y fuente de esparcimiento.

Para evadir su circunstancia vital de prisionera en su propia casa, María Celia se dedica a escribir cuentos y cartas. El contenido de su correspondencia con el esposo nos revela la psicología de la actante: "I am 36 years old and feel my life is evaporating in front of me, that I am rotting and decaying in this house... It's the thought of you, the strength of your eyes that brings the precipitation of life..."(19). Aún cuando la música tiende a sosegar las inquietudes de Maria Celia, es notable la elevación de la tensión dramática en sus encuentros con el Teniente Portuondo, quien la vigila y decomisa su correspondencia. Con esta finalidad la visita a menudo, la chantajea con la lectura de las cartas, la enamora, y establece una relación con ella.

Por su independencia, su espíritu rebelde, su polarización hacia el amor y sus sentimientos de soledad y aislamiento, María Celia y Sofía son, indudablemente, dos personajes románticos. María Celia, como la Scherazada de *Las mil y una noches*, añade a las manifestaciones de su espíritu fantasioso la narración de una historia real o inventada al Teniente Portuondo, sobre un vecino a cargo de la marina y sus relaciones con una visitante, posiblemente involucrada en el robo de botes, a cambio de que el Teniente le lea las cartas del esposo incautadas por el gobierno. Sofía, por su parte, representa una creciente inconformidad, manifestada con mayor rebeldía y pasión desmedida. Además de tocar el piano, la joven busca disipar los tedios y la angustia del encierro subiendo a la azotea varias veces al día, y recorriendo disfrazada, de noche, las calles del barrio. Aunque en la dirección escénica consta que el escenario y las luces deben dar la ilusión de apertura y no de claustrofobia, los diálogos y juegos kinéticos de Sofía, y las alusiones a la salida en busca de un hombre, recuerdan al personaje de Tennessee Williams de *Cat On a Hot Tin Roof*, y a Adela en *La casa de Bernarda Alba*, una de las grandes tragedias lorquianas[5].

El piano representa el eslabón más fuerte con la vida de antes. El valor del instrumento es doblemente simbólico, no sólo en su categoría de personaje, sino como transporte al mundo de la imaginación, capaz de trasladarlas a un nivel superior, un espa-

5 Continuando la mejor tradición teatral de *Cat on a Hot Tin Roof* de Tennessee Williams, *La casa de Bernarda Alba* de Federico García Lorca, *La mordaza* de Alfonso Sastre, y *Aire frío* de Virgilio Piñera, el calor excesivo y la sensación de encierro determinan ciertas reacciones desesperantes en los caracteres.

cio privado donde no hay cárceles ni cadenas. El mundo de la libertad absoluta. La rotura del piano es una tragedia para las jóvenes, especialmente para Sofía, y simboliza la decadencia del país, donde nada funciona.

La obra termina en forma abierta, prestándose a distintas interpretaciones de acuerdo con el Epílogo. La casa luce vacía. El piano ha desaparecido. María Celia, mientras tuerce el hilo para tejer, recita lo que parece ser una carta para su esposo: "Here nothing has changed, my love. If anything, the regime has reduced the distribution of food once again. As for clothing supplies each person can expect a dress or a pair of pants every two years. Sofia hasn't been doing well. Yesterday the only joy and little amusement we had, was taken away from us. A group of men came to our house to take Sofia's piano away." (67)

Sofía, mientras tanto, con el oído en la pared escucha al vecino y habla disparates. En el fondo escuchamos la música de un piano, subiendo de tono, mientras que ellas, absortas, ignoran el toque de Portuondo a la puerta. Es notable en la obra la evasión mental, la fuga espiritual por medio de la música o la escritura, la fuga del alma para sobrellevar el tedio repetitivo y la angustia de la prisión domiciliaria ante el paso inexorable del tiempo y la pérdida de la juventud.

Lorca in a Green Dress y las escaramuzas fantasmales

TSP es la tercera obra de trasfondo cubano que he analizado en relación con los temas del escapismo y la fuga del alma. Por mi cuenta he revisado otras cuatro obras de Cruz en las que aparecen personajes fantasmales. Específicamente, *Lorca in a Green Dress (LGD)* captó mi atención porque trata la historia del poeta granadino usando novedosas técnicas dramáticas, desafiando los límites del lenguaje y del tiempo físico y espacial. Por la originalidad del personaje fantasmagórico en la lucha por la reivindicación de "su" propio crimen, y la necesidad impetuosa de escapar y regresar a la vida para seguir cumpliendo su destino.

Esta obra, con tendencias del teatro documento[6], estrenada en

6 Antecedentes del teatro documento se encuentran en el teatro político

el 2003, tiene lugar en 1936, año del asesinato del poeta. El texto se desarrolla en un salón del purgatorio llamado Cuarto de Lorca donde Cruz maneja y juega con diversas facetas del dramaturgo y, recurriendo a la técnica teatral del *collage*, por medio de cuadros, retablos, o *tableaux*, nos presenta aspectos de su niñez y juventud, sus sentimientos y emociones. Cruz introduce a una variedad de actantes para las distintas personalidades de Lorca. Por ejemplo, *Lorca Ensangrentado*, el más importante, y con papel protagónico, es en verdad el poeta, aparentemente asesinado hace unas horas, quien todavía cree que está vivo y no alcanza a comprender su situación. Los desdoblamientos de Lorca son representados por cuatro personajes y cada uno tiene su función: *Lorca en Pantalones de Ciclista*, joven de veinte años, representa sus sueños y su niñez; *Lorca de Traje Blanco*, hombre en los treinta, representa al poeta, al dramaturgo y al político; *Lorca de Verde*, hombre en los treinta avanzados, representa al amor turbio y sus deseos secretos; *Lorca Mujer*, fémina en los cuarenta, representa a su musa, a todas las mujeres de sus obras y a la parte femenina del poeta, su otra mitad.

El poeta muerto, *Lorca Ensangrentado*, aparece desde los primeros momentos en un estado de confusión. Tratando de saber quiénes están con él, dónde se encuentra, por qué, y con intenciones de escapar de esa locura. Los Lorca le contestan por separado, dándole indicios de su muerte. "You are full of blood" le dicen, tratando de convencerlo que está gravemente herido, tal vez muerto. *Lorca Ensangrentado* lo niega, "There's been a mistake…..Maybe you don't know who I am. I was just thrown in here. I haven't even introduced myself. I am Federico García Lorca. I am a poet. And may I ask who you are?" (199) Y cada

(Edwin Piscator) y el épico (Bertolt Bretch). Nació en la Alemania Federal, en 1964, con *El vicario* de Rolf Hochhut y *La indagación* de Peter Weiss y (estas obras) constituyen denuncias de los crímenes del nazismo y sus cómplices. Aunque en *LGD* se siguen algunos postulados del teatro documento: presentar una reevaluación del suceso ante el público, seguir el proceso de una técnica judicial, el estilo antiilusionista, etc., la riqueza del lenguaje e imágenes verbales, el dramatismo artístico, y la entrada del baile, la música y la poesía, en algunos momentos, la hacen disentir de esa categoría teatral. (Escarpanter, p.18, 19) una de sus personalidades le contesta: "I am Federico García Lorca." El poeta corre enloquecido "What's this place? Who brought me here?" Insiste el espíritu del poeta, tratando de convencer a los otros Lorca que solamente está herido, que quiere marcharse, o que todo es un sueño. Esta es la dinámica soterrada de la angustia que impulsará la obra y que seguiremos viendo en las acciones y los diálogos entre el espíritu de Lorca y sus alteregos casi hasta el final.

En ocasiones, *Lorca en Traje Blanco* hace el papel de *Lorca Prisionero*, mientras que el Guardia y el General relatan el asesinato, de forma sincrética, aunque detallada, con teatralidad, incluyendo disparos, insultos y humillaciones al poeta por su homosexualidad. Esta escena se repite, con variaciones mínimas, a través de toda la obra, dando la impresión de imágenes reflejadas en espejos *ad infinitum*. Las reacciones de *Lorca Ensangrentado* son siempre de temor, intentando escaparse de una situación aterrorizante que no acaba de captar en toda su magnitud y grita: "I want out! I want out!" (202). La lógica y la razón, controladas por el General y su corte, no existen para Lorca. Esta percepción distorsionada circunda al poeta con un aura de confusión y miedo, haciendo de la obra un espectáculo, y convirtiéndola en un objeto especulativo y reflexivo.

Sabemos por el General la función del Cuarto de Lorca. El poeta se encuentra allí para reconciliarse con su existencia, y por medio de sus experiencias y recuerdos reflexionar profundamente, hacer un ajuste de conciencia y aceptar su propia muerte. Incluyen las memorias tres áreas con sus funciones respectivas. La primera consiste en mini-representaciones de semblanza trágica o cuadros del asesinato del poeta, repetidas a través de la obra, con la intención de plasmar un testimonio vivo del crimen. La segunda, integrada en *tableaux vivants*, de tono y lenguaje surrealista, y teatralidad elevada, presenta episodios de la vida de Lorca, en los que aparecen recuerdos de Dalí y su hermana Ana María, en Cadaqués, con el poeta. Se mueven estos cuadros en los contextos del arte, la amistad, sus inclinaciones sexuales, y su probable relación con Dalí o la hermana. La tercer área, otro *tableaux vivant*, más en el orden narrativo y realista que teatral, cubre las memorias con sus padres y hermanos en el contexto familiar. La obra no sólo es un homenaje o recordatorio a García Lorca, sino que crea conciencia sobre el asesinato. La angustia profunda de su espíritu, sometido a la reiteración del crimen en detalle, trascendentaliza el acto y eterniza el momento, concientizándonos ante la injusticia del hecho.

El drama, de estructura circular y cíclica, termina con la salida o fuga del purgatorio y la vuelta de Lorca al "mundo real" Demostrando al final, que todos los intentos de convencer al poeta de su óbito han sido infructuosos. Se ha escapado del purgatorio y ha vuelto a la vida, sobreviviendo a la muerte y al olvido. Y percibimos, al finalizar *LGD,* que Lorca y sus personajes reviven cada vez que su teatro es representado.

Conclusiones

El presente histórico en cada una de las tres obras cubanas, comentadas al principio de este ensayo, es el mismo que el de los personajes y el de la acción. De acuerdo al concepto de la similitud del teatro como espejo de la vida y de los tiempos, estas obras de Cruz, junto a otras del exilio, son muestras valiosas para un estudio panorámico sobre la transformación histórico-política de la isla-nación y su repercusión en el pueblo cubano a través de los años. Problemas tales como la carencia o inexistencia de alimentos, medicinas y otros artículos; las faltas de libertad de expresión, de movimiento y otros derechos; el temor a la cárcel, y de manera general el descontento y la inconformidad ante las terribles condiciones vitales, afectan a los personajes de estos dramas. Respecto al tema político, se percibe en esta tríada una consecución, y una escalada, en la que se distinguen tres etapas impactantes del socialismo, en el país y en la familia cubana. En total, los personajes de estas tres obras fluctúan entre sus fugas imaginarias y la ejecución de la salida o el escape físico, impulsados primordialmente por la intención perentoria e incontrovertible de la sobrevivencia y, seguidamente, en busca de la libertad y la vida "en otro lugar." Finalmente, este viaje a mundos imaginados o reales, a un lugar mejor, antiguo y siempre vigente, repetido a través de la historia de la humanidad, ha sido el sueño y la meta de incontables seres en el mundo en distintas épocas y por distintas razones. Y nos percatamos, que los personajes de Cruz en estas cuatro obras, ya vivan en la isla-prisión, o ambulen como espíritus en el purgatorio, por siempre anhelan y buscan las fugas del alma, la libertad y la luz.

OBRAS CITADAS

Becker, Udo. Trad. De J.A. Bravo. *Enciclopedia de los símbolos*. Barcelona: Ediciones Robinbook, 1996.

Cruz, Nilo. "A Park in Our House". *Ollantay*. (Vol. V, No. 1), 1997, pp. 121-68.

______. *Two Sisters and a Piano and Other Plays*. Introd. by Janice Paran (pp.vii-xv). Theatre Communications Group. New York: 2007.

______. "The Train that Brings my Plays. The Playwrigths Speak."*Ollantay*. (Vol. V, no.1), 1997, pp. 79-82.

Duncan, Raymond. *The Soviet Union and Cuba. Interests and Influence*. NY: Prager Publishers, 1985.

Escarpanter, José A."Resonancias del teatro documento en el exilio cubano". *La Ma Teodora*. No. 1, oct/dic 98. (pp 18-20).

______. "Veinticinco años de teatro cubano en el exilio". *LATR,* Spring 1986, pp. 57-66

Espinosa, Carlos. *Teatro cubano contemporáneo. Antología*. Madrid: Fondo de Cultura Económica, 1992.

González. Mirza L. "Passage to Hope and Freedom: Luna Park". *Ollantay*. (Vol.V, no. 1), 1997, pp. 108-15.

Guirand, Felix. "Greek Mithology". *New Larousse Encyclopedia of Mithology*, (Introd. by Robert Graves), NY: Prometeus Press, 1974.

Hernández, José M. "El presidio rodeado de agua de Valeriano Weiler". *Encuentro de la cultura cubana*, (20, Primavera 2001), pp. 168-75.

Leal, Rine. "Ausencia no quiere decir olvido". *Teatro: cinco autores cubanos*. NY: Ollantay Press, 1995, pp. ix-xxxi.

Montes Huidobro, Matías. *Cuba detrás del telón, II. El teatro cubano entre la estética y el compromiso (1962-69)*. Miami: Ediciones Universal, 2008.

Valladares, Armando. *Against All Hope*. New York: Knopf, c1986.

OTRAS PERSPECTIVAS TEATRALES

El tema del paraíso perdido en el teatro cubano del exilio

Maida Watson Espener
Florida International University

Durante los últimos 40 años la población cubana en el exilio ha llegado a ser el tercer grupo en tamaño dentro de la minoría hispana en los Estados Unidos. Su realidad demográfica, al incluir un gran porcentaje de profesionales y personas que han logrado un éxito comercial, se refleja en su literatura. La literatura cubana en el exilio incluye obras escritas en español, en inglés y en *spanglish,* o en el bilingüismo de muchos de sus miembros. Refleja lo que Gustavo Pérez Firmat ha definido como la experiencia del inmigrante que viene a los Estados Unidos sin la intención de volver a su patria en contraste con la experiencia del exiliado que considera que su estadía no es permanente y desea volver al país de origen.

Pese a la gran variedad social, cultural y lingüística entre los autores cubanos que escriben obras de ficción en los Estados Unidos, el tema del paraíso perdido perdura en su producción literaria. La añoranza de la antigua patria y el fuerte sentimiento de nostalgia se destacan en obras tan diferentes como el teatro de Raúl de Cárdenas, José Corrales y Manuel Pereiras, así como las obras de Celedonio González y Omar Torres. En la narrativa, como la novela de Roberto Fernández, *Raining Backwards*, y en las canciones de Marisela Verena, Hansel y Willy Chirino, también surge este tema del pasado idealizado y recreado. El paraíso perdido es a veces La Habana y luego se vuelve Miami. La Habana se identifica con la juventud de algunos de sus personajes y para otros con el conflicto entre las generaciones. La ciudad de La Habana se vuelve para algunos un infierno y Miami, con su doble identificación de Cuba-Miami, asume este papel también. El paraíso perdido recreado a través de las dos ciudades llega a ser para ciertos personajes una búsqueda de identidad tanto étnica como personal.

El tema del paraíso perdido es una constante en la literatura universal. El jardín feliz del mundo clásico y el paraíso terrenal del mundo judeo-cristiano comparten muchas características. A. Bartlett Giamatti en su libro, *The Earthly Paradise and the Renaissance Epic,* dice que siempre ha existido un deseo por parte del hombre de buscar un lugar de descanso absoluto y de vida eterna. La imagen de un paraíso terrenal ha sido siempre en la literatura occidental la del paraíso bíblico, pero este paraíso comparte con otros paraísos muchas características. Suelen ser lugares sensuales, pastorales, difíciles de localizar. Tienden a tener un clima perfecto, brisas frescas, abundancia de agua, flores y árboles con muchas frutas.

Muchos investigadores durante los últimos años han tratado de estudiar el fenómeno del exilio, desde el análisis de Paul Illie sobre la relación entre el lenguaje y los diferentes tipos de exilio de España, hasta el estudio de Asher Milbaur acerca de la experiencia del exilio en las obras de Conrad, Nabokov y IB Singer. Estos críticos se han preguntado si la experiencia del exilio es positiva o negativa para un escritor; si al tener que cambiar su público y el idioma en el cual tiene que escribir se intensifican las capacidades artísticas del escritor al obligarle a perfeccionar un nuevo idioma o si al contrario, al perder tanto el público como los medios de difusión de su país natal, el autor sufre una muerte literaria. Los críticos han hablado de la posibilidad de una retórica nueva que surge de esta experiencia. Se ha postulado hasta la existencia de un exilio interno, o sea un exilio auto impuesto por escritores que no comparten el idioma ni la cultura hegemónica, como en el estudio de Illie sobre escritores que escribían en gallego, el idioma de Galicia, durante la España de Franco. Como dice Illie, el poeta catalán comparte con el poeta gallego el uso de la lengua de una minoría, pero el catalán también comparte con el vasco y el gallego la misma mentalidad del exilio al hablar en español.

Los exiliados, de acuerdo con Michael Seidel en su artículo "Nobokov and the Aesthetics of American Exile" son personas que viven en un lugar y se acuerdan o imaginan la realidad de otro. Lo que define el exilio, dice el autor, no es el no tener la posibilidad de regresar al lugar de origen ni la energía de hacerlo. Lo que define el estado de exilio es la obsesión por la falta del país natal o el recuerdo de esta presencia. La separación se vuelve deseo y el estado de estar alienado un nuevo modo de ser. "What defines exile, rather, is the absorbing concern with absence or remembered presence, with separation as desire, with alienation as new being" (8).

El teatro de cubanos exiliados tiene muchas de las características que Seidel, Ilie y Milbaur encuentran en los escritos de rusos, polacos y alemanes exiliados. Aunque estas características se encuentran en muchas obras del teatro cubano en el exilio, vamos a referirnos a dos de ellas que tienen como su tema principal el exilio: *Exilio* de Matías Montes Huidobro, escrito en español, y *Swallows*, un musical escrito en inglés por Manuel Martin Jr. Estas dos obras representan las posibilidades lingüísticas para el escritor exiliado. Pueden escribir en lo que Paul Ilie llama, "the custodial language, borne away from the homeland" (9). En el caso de Montes Huidobro sería escribir en español, o en el idioma del nuevo país como hace Martin al escribir en inglés. Como indica Asher Milbaur , "once the language barrier is removed, the chances for spiritual and physical survival will be higher" (10).

La decisión de cual idioma escoger está llena de repercusiones emocionales. Milbaur escribe que Joseph Conrad, aunque escribía muy bien en inglés, siempre pensó que su idioma natal, el polaco, era para él el símbolo de identificación con su país de origen. Paul Illie en su estudio sobre republicanos españoles que fueron obligados a huir de España, dice que los desterrados también tenían miedo de volverse "deslenguados". Cualquiera decisión, el escribir en la lengua natal o la asimilación lingüística era peligrosa. Como decía Conrad, si la persona transplantada se identifica completamente con el pasado, se muere, y si se identifica con el presente le pasará lo mismo.

En *Exilio* de Matías Montes Huidobro, temas como la muerte en vida, el tiempo y la nostalgia por el pasado se presentan en una obra de tres actos que narra los eventos en la vida de cinco amigos que viajan del Nueva York de los años 50, a Cuba en los 60 y luego se encuentran veinte años más tarde en Nueva York. El tema de la muerte, tanto la muerte física, que ellos tratan de evitar al aparentar ser lo más joven posible, como la muerte espiritual que ellos identifican con el exilio y el haber aceptado el poderío del comunismo en Cuba, forma parte del dialogo de los personajes. En *Exilio* el personaje de Rubén describe la vida durante el exilio como una forma de muerte en vida. Organiza con cuidado la reunión de los cinco personajes en Nueva York, 20 años después de que se han ido de Cuba, para matar a los que han causado el tener que pasar estos 20 años en exilio. Los personajes viven con constantes recuerdos del pasado. El mapa que ha remplazado el espejo es un mapa de La Habana que han dejado atrás. Hablan de las comidas y los sabores de los cuales se acuerdan. Miguel dice: "pero de veras no te acuerdas de las galleticas preparadas que hacían en El Europa. Era algo así como... carne de quimera... señas de identidad" (14).

El tiempo se vuelve circular. La obra empieza con los actores como exiliados en Nueva York y termina con ellos otra vez en Nueva York, nuevamente exiliados. Miguel Ángel, el poeta que ha trabajado para la Revolución Cubana durante los últimos 20 años, decide que ya no quiere seguir haciéndolo, y su esposa Beba no quiere regresar a Cuba porque teme que la vayan a matar. El destino que ella ha impuesto sobre otros le va a tocar ahora a ella.

La obra de Manuel Martin Jr, *Swallows* (Golondrinas) continúa el tema del conflicto entre los que se van de Cuba al exilio y los que se quedan en la isla. *Swallows* consiste en una serie de entrevistas con varios cubanos, tanto en Cuba como en los Estados Unidos, y está escrita principalmente en inglés pero con algún uso de español y *spanglish*. El título se refiere a un verso en la obra cuando un personaje dice "nos llamaban gusanos, creo que nos debieran de haber llamado golondrinas" (15). María, una actriz gay a la cual se le han negado todos los modos de subir socialmente en Cuba decide irse de la isla. Ella dice "since I had already tried suicide, exile was the next best thing, so in

1966 I left for the US" (16). En esta obra, tal como en *Exilio* de Montes Huidobro, el exilio se considera un tipo de muerte. Los personajes repiten que se sienten aislados como resultado de la separación; que se están transformando como consecuencia de la experiencia del exilio.

En *Las hetairas habaneras* de José Corrales y Manuel Pereira, el tema del jardín mágico aparece como símbolo de la ciudad perdida, La Habana. La obra tiene lugar en un prostíbulo fabuloso que se llama La Gloria. Los autores usan alusiones bíblicas y versos repetitivos para crear un ambiente ritualizado y mítico. Las prostitutas del burdel son traicionadas por un personaje llamado Menelao, que representa abiertamente a Fidel Castro y su revolución. En los paraísos perdidos muchas veces existen leones mansos, tigres domesticados y a veces un caballo blanco. Menelao se compara a un caballo blanco recordándonos también el simbolismo de la santería afro-cubana y el apodo "El caballo", que se le ha dado a Fidel Castro. El jardín donde se encuentra La Gloria está lleno de frutas y flores que se asocian con la sensualidad. Como dice Coralia:

> Que del plátano tenga
> el tacto grato
> y de los tamarindos su dulzor agrio,
> que del plátano copie
> las sensaciones
> y de los tamarindos
> las libaciones. (19)

Y otro personaje añade, al hablar de las cualidades que tendrá su nieto, el niño que todos esperan, o sea, el Mesías:

> Para mi nieto el fuego
> de las naranjas
> y el ansia y la pasión
> de las papayas. (20)

La ciudad mítica de la Habana se identifica más directamente con el paraíso terrenal, o sea, el paraíso perdido como resultado del pecado original, por otro personaje que le añade a las dotes que tendrá el niño deseado la siguiente descripción:

Que el nieto tenga
la gracia toda
de la isla paraíso
de la isla gloria. (21)

Como Adán y Eva, las hetairas o prostitutas que trabajan en la casa La Gloria son echadas del paraíso habanero. En este caso se les manda a trabajar en el campo para rehabilitarles, como hizo Castro. Los autores oponen el símbolo de la ciudad destruida (La Habana) al campo, pero ahora el campo no tiene la asociación bucólica de lo pastoral.

La relación entre la experiencia de la hetairas y el exilio cubano se vuelve más evidente cuando los autores relacionan a las hetairas con la palabra gusanos, la expresión usada por Castro para los que se iban de la isla. Diosdada dice que "nos han condenado a una pena más terrible que la muerte, porque nos han condenado al vacío, al no poder ni siquiera exclamar o decir cuánto sufrimos, porque nos han condenado a ser gusanos sin consuelo, sin mariposas mañaneras ni jardines donde volar y posar el pensamiento"(22).

La nostalgia por Cuba, el paraíso perdido, es también una búsqueda de identidad en las obras de otros autores. Omar Torres en "*If You Dance the Rhumba*" *(Si bailas la rumba)* usa música y baile para presentar el deseo del exilado por el paraíso perdido y expresar el sentimiento de desarraigo. El coro canta:

I'm a traveler without a country
longing to be able to return.
I come from an island of smiles and hurricanes.
Blacks and whites embraced by rum
with a charm in their walk
Fondling a sweet song. (23)

Nena, uno de los personajes de la obra, habla sobre esta búsqueda, por parte de los exilados, de la mítica y desaparecida ciudad de La Habana:

> At every corner I'm looking for the smiles
> of your women who today are carrying guns
> Someone tells me you're no longer what you were
> and I realize I am never to know
> the island of flowers, of palm trees and songs (24).

Utilizando la técnica de teatro dentro del teatro, Torres presenta un personaje que se llama El Exilado dentro de un circo ambulante. El domador de leones lo describe como "el hombre que se recrea todos los días, que tiene amnesia por el presente y sólo vive en el pasado" (25).

En otras obras aparecen referencias a La Habana como el paraíso perdido de Cuba. A veces representa el conflicto entre las generaciones. Cuba simboliza a los viejos cuya identificación con la vieja vida contrasta con la americanización de los más jóvenes. El tema del recuerdo, específicamente, aparece una y otra vez. En *Así en Miami como en el cielo*, de Raúl de Cárdenas, un joven se queja que los viejos siempre "están mirando hacia atrás y recordando". En *Una pequeña cosita en Los Ángeles*, también de este dramaturgo, escrita en 1995, hay un personaje, Juan, el abuelo de la familia, cuya nostalgia por la Cuba del pasado sirve como eje a la obra. El autor crea, como en muchas otras, una serie de personajes costumbristas, pero en esta pieza Juan nos recuerda el problema de los viejos que, en cualquier grupo étnico, se sienten inútiles y abandonados por los jóvenes. Juan vive en una casa en Los Ángeles con uno de sus hijos y su nieto, pero cuando la novia de éste queda en estado y la casa se llena de los hijos de ambos, se vuelve demasiado pequeña y se tiene que mudar. De aquí viene la "pequeña casita" del título. La difunta esposa de Juan, Teresa, sirve como símbolo de la Cuba paradisíaca que venimos mencionando. Juan le habla a ella, aunque está muerta, y ella funciona como referencia al pasado, diciéndole Juan: "a mí me parece que ya llevo aquí mil años" (29) y "este Los Ángeles que me quiere matar" (30). En otro momento, Juan habla con su nieto y le dice que cuando sus hijos crezcan les va a contar de Cuba. Cuba es el paraíso natural de muchas otras obras, un mundo "de playas doradas y de cielo azul que nunca más he vuelto a ver" (31). Miami como símbolo del conflicto generacional es tema constante. En *Así en Miami como en el cielo* el hijo se queja de que en Miami no hay libertad de expresión. Las estructuras autoritarias de Cuba se han cambiado de La Habana a Miami.

La Habana del paraíso perdido en algunas obras de teatro se identifica con Miami como el nuevo paraíso. Tres obras de teatro en especial examinan esta identificación: Miami-Cuba-paraíso, como en el caso de la mencionada obra de Cárdenas. El mismo título de *Así en Miami como en el cielo* ejemplifica esta relación.

En *Union City Thanksgiving* de Manuel Martín, La Habana como paraíso perdido llega a tener una función diferente y se vuelve la ciudad imaginada o inventada. La nostalgia por la ciudad perdida es como eje del conflicto familiar entre una generación y la otra. La obra tiene lugar en Union City, una ciudad obrera cerca de Nueva York, centro de exilados cubanos, muchos de ellos asociados a los movimientos para la liberación de Cuba. La hija, Nidia, le dice a su hermano que está involucrado en actividades terroristas: "tú eres un hombre que cree que puede volver a capturar un pasado glorioso en una isla imaginaria que nunca existió" (32). La relación sin cariño de la familia contrasta con los sentimientos de gratitud asociados normalmente con Thanksgiving, es decir, el día de Acción de Gracias norteamericano. La cultura cubana en el exilio se identifica en esta obra con los valores conservadores de la familia. En *Union City Thanksgiving* se menciona un personaje, la Tía Cuca, cuya familia está ganando mucho dinero en Miami. Nidia dice que Cuca y su familia se han vuelto prisioneros de otra cárcel, la cubanización estilo Florida. "Alfombras color de rosa y comedores donde no se puede comer" (38).

En *El Super* de Iván Acosta, el personaje principal, Roberto González, vive en el sótano de un edificio de apartamento donde la nieve no le deja ver ni un poco del sol. Roberto odia su trabajo pues está constantemente recibiendo quejas de los inquilinos. Se lamenta de que él ve el mundo desde abajo, o sea, desde la ventana de un sótano. La nieve llega a ser un símbolo para él de la cárcel en la cual se ha vuelto el lugar en el cual vive. Roberto contrasta el frío de Nueva York con el calor de Miami y decide mudarse a Miami, que se vuelve el sustituto de su paraíso perdido, La Habana. Como dice su hija, Aurelita, al hablar de Miami. "Allí la gente aún vive en el 1959, la Cuba de ayer. Lo que vamos a hacer es un viaje hacia el pasado" (35). Sin embargo, cuando Aurelia, la esposa de Roberto empieza a hacer las maletas para mudarse a Miami, ella dice que se siente como si estuviera preparándose para ir a Cuba en vez de Miami. Aurelia tiene sus dudas sobre si es buena idea mudarse a Miami. Le dice a una amiga, "allí las cosas están tan malas, tiros, asaltos, bombas y el cubaneo de que yo tengo más que tú, de que mi carro es mejor que el tuyo" (39). Miami para los cubanos que viven en otras partes de los Estados Unidos se identifica con la pretensión y la competencia económica y social.

La música popular de Miami escrita durante el exilio también ha empezado a expresar esta preocupación por la Habana como paraíso perdido en contraste con la realidad de Miami. Las canciones hacen referencias al regreso y al paisaje idealizado visto a través de la lupa del recuerdo, sin tener en cuenta los cambios experimentados por los que se habían ido o por el país donde se iba a volver. Canciones como "Carta de un amigo" de Willy Chirino (1988) hablan del dolor de estar fuera del país y lo identifican con lugares precisos en la Habana, como el malecón. El cantante menciona un amigo que ha viajado por todo el mundo pero para el que todavía "La Habana es la gloria." El cantante Hansel en su canción "Esquina Habanera" dice que se encontró soñando en una esquina habanera y que los recuerdos "eran todos de los tiempos de mi niñez"; o sea, el tema de la ciudad perdida se identifica con la juventud perdida. Y termina la canción estableciendo un contraste entre Miami y La Habana al decir que "aunque en Miami me muera, mi alma se irá volando para una esquina habanera"

En conclusión, el mito del paraíso perdido juega un papel importante en la literatura y música del exilio cubano, como ha pasado en la literatura de otras diásporas. El paraíso es un símbolo de La Habana perdida y pasado el tiempo se identifica La Habana con Miami y el paraíso o infierno encontrado. Esta nostalgia por un pasado idealizado y perdido se vuelve a veces parte de la búsqueda de identidad, tanto étnica como individual. Frutas, flores, brisas del mar, y personajes míticos representando La Habana, contrastan con la realidad de la adaptación al presente y la identificación de la Habana con Miami.

OBRAS CITADAS *

Acosta, Iván. *El Super.* Miami: Ediciones Universal, 1982

Corrales, José y Pereiras, Manuel. *Las heteiras habaneras.* Honolulu: Editorial Persona, 1988

De Cárdenas, Raúl. *Aquí no se baila el danzón*, inédita*

_____.*Una pequeña casita en Los Ángeles*, inédita*

_____.*Así en Miami como en el cielo*, inédita*

Giamatti, A Bartlett . *The Earthly Paradise and the Renaissance Epic*, Princenton: Princeton University Press,1966.

González, Celedonio. *José Pérez, candidato a la Alcaldía*, inédita*

González Pando, Miguel. *La familia Pilón,* inédita*

Illie, Paul. "Exolalia and Dictatorship: The Tongues of Hispanic Exile" *Fascismo y experiencia literaria: Reflexiones para una recanonización.*" Mineapolis: Hernan Vidal, Institute for the Study of Ideologies and Literature, 1985.

Martin Jr., Manuel . *Swallows,* inédita*.

______. *Sanguiving en Union City.* En *Teatro cubano contemporáneo. Antología.* Carlos Espinosa Domínguez, coordinador. España: Centro de Documentación Teatral, 1992.

Milbauer, Asher Z. *Transcending Exile: Conrad, Naabokov, and IB Singer.* Miami: University Presses of Florida, 1985.

Montes Huidobro, Matías. *Exilio.* Honolulu: Editorial Persona, 1988.

Perez Firmat, Gustavo, *Life on The Hyphen: The Cuban-American Way.* Austin: U. of Texas Press, 1994.

Seidel, Michael, "Nobokov and the Aesthetics of American Exile", Yale Review, Winter, 1985.

Torres, Omar, *If You Dance the Rumba,* inédita*

* Todas las citas con un asterisco corresponden a manuscritos inéditos.

Presencia negra en el teatro cubano

Pedro Monge Rafuls
Dramaturgo y editor
OLLANTAY Center for the Arts

A pesar de que el teatro es uno solo, nos ponemos a dividirlo: teatro europeo, teatro americano, teatro latinoamericano, teatro negro, teatro culto, teatro popular, teatro *gay,* teatro heterosexual y eso no es más que un anacronismo porque al teatro no se le debe estar poniendo apellidos.

I

En la investigación histórica[1] que realizó Rine Leal (1930-1996), cuando habla del principio del teatro cubano, al referirse a que se hacían presentaciones fuera de La Habana, señala que nuestras primeras manifestaciones teatrales tenían cara negra. Leal escribe:

> Bayamo nace teatralmente en 1792, cuando para celebrar el nacimiento del Príncipe de Asturias, un batallón de pardos, secundados por negros libres, organiza una mascarada y chirimías, y ruedan un carro alegórico tirado por bueyes, donde tres oficiales negros, vestidos de Amor, Apolo y Marte, discurren sobre las letras o las armas, y una Minerva, igualmente negra, cerró la función. Este espectáculo prueba que el ejercicio de la escena estaba en manos de mestizos, al igual que la música. (Volumen I)

Afirma Leal también, que mientras los blancos europeizados y europeizantes presentaban obras de España, los negros en sus

1 *La selva oscura* de Rine Leal, Volúmenes I y II. La Habana: Editorial Arte y Literatura, 1975.

barracones producían sus representaciones con sus costumbres, tradiciones y arte traídos de África. Yo imagino que lo hacían, muchas veces, introduciendo asuntos de su recién adquirida vida cubana.

Este teatro nos deja claro que el principio de nuestra dramática era lo que propiamente podría llamarse un verdadero teatro negro, pues estaba hecho por afrocubanos para un público compuesto por afrocubanos.[2] Lamentablemente, la totalidad de los datos de estas presentaciones se pierden, pues por todos es sabido que, desde el principio de nuestra historia, los blancos nunca se han preocupado por investigar el arte y la cultura afrocubana. La mirada de nuestros escritores e intelectuales siempre ha sido clasista y la de los dramaturgos y otros teatristas no ha sido una excepción[3].

Avanzando en la historia y entrando en los espectáculos que se hacían muchos años después de aquellas primeras representaciones teatrales, podemos observar como el negro continuó en la escena, aunque no necesariamente como debía. Todos los cubanos conocemos a los negritos del teatro bufo —lo que en el siglo XX comenzó a llamarse teatro vernáculo—. Este negrito, que los estudiosos afirman que viene de un género del teatro español, nació en el siglo XIX, llegó hasta al siglo XX y se hizo popular, incluso en el radio y la TV. Muchos cubanos aún se acuerdan del programa de Garrido y Piñeiro. Detengamos nuestro recuerdo especialmente en Piñeiro, que se pintaba la cara de negrito y era chabacano, tramposo y, claro, reconocedor de la superioridad del español, de Garrido y de los otros blancos. El calcado negrito está desaparecido actualmente o es sumamente difícil

2 Para que exista un teatro negro tiene que ser uno escrito y actuado por negros y dirigido a una audiencia de esa raza. Eso no existe actualmente. Por eso hablo del tema negro en el teatro y no de un teatro negro.

3 Existen importantes estudios sobre los negros, pero muy pocos, si alguno, enfocados *únicamente* en el teatro; en sus autores, personajes y temas. Inés María Martiatu ha escrito sobre varios dramaturgos cubanos y/o el ritual en los espectáculos, pero sus análisis suelen limitarse a varios autores contemporáneos dentro de la dramaturgia oficial. No parece interesarse por lo hecho anterior a 1959 —lo cual hasta parece negar— y menos trata el asunto en los autores del exilio. Armando González-Pérez ha trabajado este tema en el éxodo político.

encontrarlo, tanto en Cuba como en el exilio, en nuestro teatro popular contemporáneo, con su estilo simplista tan cercano al vernáculo, frecuente en nuestros escenarios. Lo cierto es que ya no se presenta la fórmula conocida: o sea, el gallego enamorado de la mulata, rodeado de la mujer chusma y el negrito, que hacen reír con su lenguaje y acciones estereotipadas. Estos personajes fueron víctimas de la "política correcta", lo mismo la capitalista de los Estados Unidos, que la castrista de la Isla.

Pero, dejemos a un lado a este triste estereotipo del ser humano que comienza en el siglo XIX. Volvamos atrás en el tiempo, a los períodos teatrales antes que apareciera el teatro bufo/vernáculo; al teatro escrito por negros del que tenemos pocos datos, debido a que los blancos no lo conservaron.[4] De todos aquellos creadores anteriores al siglo XX, sólo llegó una referencia de uno de estos dramaturgos, que le escribía lo siguiente a Del Monte: "Acuérdese, Smd, cuando lea, que yo soy esclavo y el esclavo es un ser muerto ante su señor." Se trata del esclavo liberto, el poeta Juan Francisco Manzano (1797-1854), quién nos dejó la tragedia en cinco actos, *Zafira*, publicada en 1842, y situada en lo que hoy es Argel. Además de llamar la atención sobre un escritor negro del siglo XIX, casi desconocido, esta obra tendríamos que estudiarla comparativamente con *Abdala*, el magnifico poema épico de José Martí (1853-1895), conscientes de que la obra de Manzano carece del poder de la obra de Martí; pero lo importante a notar es que en ambas situaciones, el escenario de la vida cubana que el autor quiere retratar se justifica colocándola en otro país, curiosamente, en ambos casos, en África y no en Europa, como ha sido el *espejismo* de nuestros escritores clasicistas. La excepción a esa mirada prejuiciada, tenía que ser la del individuo que siempre creó precedentes entre nosotros: ¡José Martí! El Apóstol fue un hombre que conoció el teatro desde su juventud, cuando le servía de mandadero a un peluquero que hacía los bigotes, barbas y pelucas para el teatro.

4 Para decir verdad, tampoco se dedicaron a conservar las referencias y el teatro escrito por blancos. Por eso el que parece ser nuestro primer dramaturgo, el remediano José Surí (1696-1762), solo se conoce por vagas referencias y no se ha encontrado ninguna obra del mismo. (Rine Leal: *La selva oscura*. Tomo II, 61-63)

Según Rine Leal y Luís Álvarez Álvarez,[5] Martí llevaba todos esos objetos de peluquería y se quedaba viendo las obras tras bambalinas. Además, y esto es importante, conocía obras y autores y se leía a los críticos. Pero, más aún, él fue un crítico importante del teatro de su época. Así que no nos sorprenda que a los 16 años, en 1869, José Martí escribiera *Abdala,*[6] y que sea el teatro casi su principio en la literatura, y que este poema épico imprimiera los trazos fundamentales de su trabajo literario. Estos rasgos esenciales son la "preminencia de lo revolucionario. Usó del teatro como expresión nacional y política y búsqueda de la independencia condicionada por la liberación nacional" (Leal, 9). Ya en ese 1869, Martí lleva la narración de *Abdala* más allá de las realidades históricas, y transforma a su héroe árabe en un jefe africano, al ubicar la acción en Nubia, en el nordeste de África. Es la primera vez que en nuestro teatro aparece un héroe de origen no-europeo, y de ese modo la visión del africano —la que en esos momentos se hallaba enteramente en manos bufas, es decir en la versión del negrito catedrático, bozal o esclavo— se transforma en su contrario." (Leal, 9).

Podemos estar seguros de que José Martí no seleccionó a su héroe africano por casualidad o capricho. Vamos a imaginarnos un Martí joven y soñador, lleno de entusiasmo por usar al teatro como una enseñanza, interesado en marcar unas sendas a través de la literatura dramática; al Apóstol pensando frente al papel, pluma en mano; al joven patriota madurando el personaje que debía usar para orientarnos *teatralmente* sobre la necesidad de buscar nuestras raíces como pueblo. Allí está Martí, desechando un héroe griego y dándonos un africano para enseñarnos la cubanía. ¡Su decisión debía hacernos analizar el caso y cuando hayamos entendido su intención, pasar a interpretar el teatro que con tema y personajes negros que se comienza a escribir o a representar en el siglo XX! Vamos a ver si Martí logró su propósito.

Muy distinto a como quiso hacerlo Manzano primero y luego,

5 Luis Álvarez Álvarez. *La crítica teatral en José Martí.* La Habana: Editorial Letras Cubanas, 2010.

6 "Al día siguiente de los sucesos de Villanueva, el 23 de enero de 1869, en La Patria Libre publica su poema dramático *Abdala"*. Rine Leal, prólogo a *Teatro. José Martí.* La Habana: Editorial Letras Cubanas, 1981, 9.

sobre todo el Apóstol, con su importante y determinante interés socio-patriótico, en la primera parte del XX, dos autores llegan al espacio africano a través de un interés antropológico y comunista. Carlos Montenegro y Paco Alfonso idean a los habitantes y las costumbres del continente africano según un interés partidarista, que no corresponde a la realidad africana sino a un interés de desprestigiar la sociedad de aquella época. En 1939, el cuentista y novelista Carlos Montenegro (1900-1981) montó *Tururí ñan ñan*, con música compuesta por el maestro Digo e inspirada en los instrumentos afrocubanos. La farsa causó sensación con la puesta en escena de un teatro masivo, en un escenario levantado en el desaparecido Parque Mundial de La Habana, y consiguió hacer un montaje donde participaron cien intérpretes de la raza negra que representaban el pueblo de las distintas tribus africanas llevadas a la Isla.[7] Montenegro habló de un teatro nacional sosteniéndose en lo africano. De esta obra, Natividad González Freire nos ofrece un panorama negativo:

> "La acción en Tururilandia, un lugar de África, donde en simbólica farsa político-social, Montenegro, hace una crítica al nazismo devastador, alentado por los gobiernos capitalista que ven en su doctrina el sustento de su poderío. A pesar de ser este escritor uno de los cuentistas de más fuerza dramática y cubana dentro de nuestra literatura, como dramaturgo no llegó a captar la técnica teatral y solo vio en la escena la posibilidad de representar gráficamente su pensamiento político y hacer, por tanto, más efectiva la propaganda de sus ideas socialistas de aquel momento. Por eso sus personajes son esquemas de símbolos"[8].

---

7 Se habla frecuentemente, distinguiéndolos, de los lucumíes, congos, yorubas, ararás, carabalíes, etc. En la literatura están reconocidas las etnias. Las podemos encontrar, entre varias obras, en la novela *Pedro Blanco, el negrero* (1932) de Lino Novás Calvo (1905-1983) y en el prólogo de la obra *Tambores* de Carlos Felipe. Sin embargo, Inés Ma. Martiatu escribe: "Africanos venidos a Cuba de casi noventa etnias, con lenguas, culturas, religiones e identidades diferentes, fueron igualadas a una sola condición, la de negros" (Inés Ma. Martiatu). "El negro: imagen y presencia en el teatro cubano contemporáneo" en *El rito como representación*. La Habana: Ediciones Unión, 2000, 195).

8 Natividad González Freire. *Teatro Cubano Contemporáneo. 1928-1957*. La Habana:1958, 96.

Dos años después de la experiencia de Montenegro, en 1941, Paco Alfonso (1906-1989) escribe *Yari-yari, Mamá Olúa*, una denuncia a la esclavitud. Igual que en *Tambores* (1943) de Carlos Felipe (1914-1975), la obra comienza en África y termina en Cuba; aunque en la obra de Felipe, la secuencia africana sólo es un prólogo corto. En ambas obras, la de Alfonso y la de Felipe, la acción en aquel continente se asemeja, debido a la mezcla de una imaginación *surrealista* cubana con ceremonias fantasiosas de la vida africana, dignas de las películas de Hollywood, filmadas en los estudios durante la década de los treinta, cuarenta y cincuenta, que presentaban un África falsa, resultado de la ficción angloamericana, que influenciaron en autores como los dos cubanos mencionados. Es curioso e irónico, que Alfonso, que era un furibundo comunista, antiyanqui, se dejara influir por películas gringas.[9]

Obviemos la pésima técnica teatral de estas obras, aunque podemos observar que ninguno de los personajes negros de Montenegro o de Alfonso tienen profundidad. Más adelante veremos cómo se representa esa falta de humanidad en los personajes negros del teatro cubano, igual que en el latinoamericano. El tema no es exclusivo de Cuba, se encuentra en las otras islas hispanas de las Antillas y en países tan distintos como México, Honduras, Colombia, Venezuela, Perú, Ecuador y Uruguay, entre otros.[10]

Estas dos obras mencionadas son las únicas del siglo XX, que he encontrado, donde la trama se remonta al continente africano para justificar la presencia negra en nuestra isla. Únicamente es este uso dramático de África lo que las hace importantes dentro de nuestro teatro y de la temática negra en las Américas. A estas obras, en el siglo XXI, bajo un concepto más amplio, podríamos agregar *Vacas* de Rogelio Orizondo (1983), que hace referencia a lesbianas africanas, al que me refiero a partir del manuscrito en mi poder. Sin embargo, el desarrollo teatral de *patakines*, mitos,

---

9 La obra de Alfonso fue Premio Especial otorgado en el concurso convocado por el empresario *yanqui* Josué Logan en 1949, buscando un musical capaz de presentarse en Broadway. ¡Verdad que la ironía es hasta cruel!

10 Sobre esto ver mi artículo "Notas negras para un estudio futuro". Buenos Aires: *Revista de Teatro Celtic*; Año 16, 31/2007. Versión cibernética y en papel.

leyendas y personajes de algunas nacionalidades de origen africano ha sido una importante contribución al teatro para niños en Cuba. El Teatro Nacional de Guiñol (TNG), bajo la dirección de los hermanos Camejo, parece haber comenzado este retablo titiritero que exige ser estudiado ampliamente. Los *patakines* también aparecen en algunas obras de adultos. Varios de estos textos pueden consultarse en la antología recopilada por Inés Ma. Martiatu.[11]

II

Cuba es el país de habla castellana donde más se encuentra representado el tema afro americano. Al analizarlo, vemos que el personaje de color en el teatro cubano y latinoamericano ha sufrido una represión, que generalmente se manifiesta a través de:

Primero: el silencio. No escribiendo ni presentando temas o personajes negros importantes, se da el primer paso en este proceso represivo. A este silencio de la escritura, también podemos agregar la ausencia de actores de color en cualquier rol dramático, lo que no permite el crecimiento equitativo de los artistas de este grupo racial[12].

Segundo: los personajes cuota. Estos se usan para dar "colorido", sin desarrollarlos humanamente. El personaje cuota no suele formar parte de la acción de la obra, o tiene una participación mínima, y muchas veces sólo es una mención sin ni siquiera aparecer en la pieza.[13] Suelen ser más estereotipados que los

---

11 *Wanilere Teatro* (Editorial Letras Cubanas, 2005) es la segunda antología que sobre teatro negro cubano se ha publicado. *Presencia Negra: Teatro Cubano de la Diáspora* (Madrid: Betania, 1999), la primera, tenemos que agradecérsela al Dr. Armando González Pérez, de la Universidad de Wisconsin.

12 En la televisión prácticamente no aparecen presentadores negros, y los papeles que realizan los actores negros o mulatos en las telenovelas casi nunca son protagónicos. ("El 'efecto Obama' sacude la isla". Madrid: *El País,* 18/11/2008) Naturalmente, esto se aplica al teatro.

13 Podría argumentarse que son introducidos en las obras con el interés de llamar la atención sobre la discriminación hacia los negros, pero el asunto

personajes esquemáticos, del que hablaremos en el punto que le sigue, que por lo general crean una imagen distorsionada de los negros. Estos personajes cuota son los más frecuentes en nuestra dramaturgia, como también son los más pobres de todos los protagonistas negros. Además de ser personajes superficiales son completamente innecesarios para la acción de la obra. A estos personajes cuota, Inés María Martiatu los llama "personajes ausentes, referidos o anecdóticos". Frecuentemente los autores dan referencias superficiales sobre ellos o, peor aún, tratan un asunto o circunstancia general relacionada con la negritud sin profundizar, haciéndolos folclóricos: aman la tumbadora, son mujeriegos en exceso, no tienen buenas costumbres, no están muy preocupados por la moral colectiva, y las mulatas que aparecen en estas obras son bailadoras y muy muy "fáciles".[14]

De acuerdo a las obras que he leído, Carlos Felipe y Abelardo Estorino (1925) son los dos autores que más personajes cuota tienen; aparecen en casi todas sus obras. Antón Arrufat (1935) también tiene estos personajes. *Las tres partes del criollo* (2003) es posiblemente la obra con más personajes cuota de nuestra dramaturgia, pero tengamos en cuenta que a Arrufat, en la mencionada obra, y a Carlos Felipe hay que darles el crédito de tener algunos de los poquísimos chinos que hay en nuestro teatro, sobre todo Felipe, que ofrece uno de los asiáticos más importantes de nuestra escena, un chino, que además le da nombre a la obra y tiene un papel decisivo en la acción de una de las piezas de mayor riqueza psicológica del teatro nacional.[15]

---

está en que no aportan nada a la acción.

14 "La valorización de las dotes físicas de la mujer mulata tiene sus bases ante todo dentro del contexto del placer. O sea, la mulata es amante o prostituta, y jamás se la concibe como la esposa —ni de un blanco ni de un negro—; su belleza excepcional parece estar ligada a lo diabólico o al menos a la concupiscencia y lo prohibido." "La mulata del Nuevo Mundo: estereotipo paradigmático" de Mariela A. Gutiérrez. Círculo. Revista de Cultura. Cedar Grove, NJ: Publicación del Círculo de Cultura Panamericano. Vol. XXXVIII, Año 2008, 17-27. ccpcirculo@aol.com

15 *El chino* (1947) de Carlos Felipe. Estrenada por ADAD. Publicada varias veces, incluyendo la recopilación de sus obras completas, realizada por José A. Escarpanter y José A. Madrigal. Society of Spanish and Spanish-American Studies, University of Colorado, 1988.

Curiosamente, Eugenio Hernández Espinosa (1936), un dramaturgo negro, tiene varios personajes cuota, en varias de sus obras; incluso en su famosa *María Antonia* (1967), cuya protagonista es un personaje estereotipado, inconfundible imagen de la mulata sandunguera; fácil, sin otro interés que un macho, y sin muchos escrúpulos morales; sin adecuado —o ningún— desarrollo humano y/o teatral.

Uno de los personajes cuotas más peculiares es un esclavo de Ignacio Gutiérrez (1929-2007) en *La casa del marinero* (1964). La acción es en La Habana, en 1762 durante la toma de La Habana por los ingleses. Corriendo entra un esclavo de Pepe Antonio, que exclama "Mi amito Pepe Antonio vio cien navíos, y dijo: 'Coño, los ingleses van a atacar. ¡A los machetes!" Una escena llena de colorido como pocas, pero cuestionable, pues ese "coño" es anacrónico, ya que el llamamiento a los machetes aparece solo más tarde en la historia de Cuba, como un grito mambí.

Tercero: los personajes esquemáticos. Bosquejos de un ser humano, al igual que los personajes cuota se usan para dar colorido al ambiente.

A algunos escritores les parece lógico introducir forzosamente a un hombre y/o a una mujer de color, para dejar representado al pueblo en todas sus etnias. El dramaturgo le da acción al personaje y hasta puede que le permita participación en gran parte de la obra, pero suelen ser esquemas de hombres y/o mujeres, sin un desarrollo humano igual al de los personajes blancos. Sin importar el grado de participación en la trama generalmente no son trascendentes en el desarrollo de la obra y por lo general resultan además estereotipados, ya que frecuentemente son la caricatura de un tipo chabacano, apegado al blanco al que creen superior. Varias veces, y esto es terrible, estos personajes se sienten mal por ser negros. En nuestro teatro veremos abundantes personajes con las peculiaridades características de esta clasificación, pero aquí ofreceré unos pocos patrones de por qué están en una obra:

A) Solución a la escritura. Se hace uso de la técnica de presentar el conflicto dramático a través de unos personajes que poco importan en el desarrollo de la trama. Sólo bajo un análisis forzado puede pensarse que tienen una misión que cumplir dentro de los acontecimientos.

B) Sometidos: El mulato, como la mulata, se estereotipa a consecuencia de sus sometimientos respecto al blanco. Uno de los ejemplos más sorprendente ocurre en la escena de la mujer con el bruto y celoso cochero catalán de la mencionada *Las tres partes del criollo*[16] de Antón Arrufat, que merece citarse:

> EL COCHERO CATALÁN. Andando. No te me quedes detrás. Dale a las patas. Andando. [...] Así me gusta. Obediente. *(Chasqueando el látigo.)* Besa las manos. Besa las polainas. Besa a tu dios el látigo. ¿Quién es tu amo? Bésame el fotingo. Bien. Y si eres obediente y sumisa en todo, ¿por qué lo miraste? (*La Mulata niega angustiada. El Cochero le pega con el látigo, desgarrándole la blusa de lunares. Grito terrible de la querida.)* Lo miraste no me lo niegues. Se obediente y dime la verdad. ¿Lo miraste? *(La Mulata niega otra vez.)* Maldita mentirosa. *(Le pega fríamente enredándola en el látigo, los pechos saltan fuera de la blusa desgarrada.)* Andando. Andando a casa. [...]Voy a dedicarte el día entero y el látigo entero *(Le pega y se aleja unos pasos, desapareciendo).*
>
> LA MULATA. *(Se transforma.)* Partía de mirones hambrientos, es blanco y español. ¿De qué se pasman? Blanco y español. El cuero lo conozco desde niña. Mis padres fueron esclavos. Delante de mi, el mayoral les pegaba hasta dejarlos sin aliento. ¡Mírate el pelo! Pasa. No, mi hijito, no. Pasa. *(Se pega en la cabeza.)* Mírame el mío. Igual que el tuyo. Pasa. Mírame la piel, color de esclavo. Él es blanco y español. Raza escogida. Aquí, ¿quién manda más que ellos? Qué va. Raza escogida. Acostarse después de una paliza es lo más rico que hay. Voy, mi santo. (42)

Una de las pocas excepciones —un hombre blanco dominado por una mulata— la tiene José Corrales (1937-2002) en *Vida y mentira de Lila Ruiz (1989)*[17]*:*

---

16 *Las tres partes del criollo* de Antón Arrufat. La Habana: Editorial Letras Cubanas, Repertorio Teatral Cubano, 2003.

17 *Caribe.* Revista de cultura y literatura. Marquette University y Western Michigan University. Tomo 4-5, 2001-2002, 188-215.

ARLINDA. Dime, ¿quién es tu reina?

RIGOBERTO. Tú, mulata. Tú eres mi reina, tú eres mi dueña. *(Se abrazan con más pasión aún si eso fuera posible.)* Mi reina, domíname.

C) El oficio. Entre los distintos aspectos discriminatorios bajo el que se presenta este personaje esquemático —y el cuota— es que tiene, ha tenido o ha aspirado a determinados oficios o profesiones "propios" de su raza, pero no tiene ningún aliciente existencial.

D) La descripción de su apariencia y/o de su vida de libertinaje. Este fenómeno nos ofrece los personajes más folclóricos y caricaturescos de la dramaturgia cubana.

Cuarto: La pasión de los teatristas. El cuarto y último punto en que se puede clasificar la situación negativa en que se encuentra el teatro negro cubano es el que ahora estamos señalando. Algunos autores y artistas tratan de aclarar la visión y el papel de los hombres y mujeres de la raza negra en la historia y la sociedad, y, repetidamente, caen en la devaluación de la realidad. Parecen estar más interesados en criticar y denunciar la situación de detrimento de este grupo que en hacer buen teatro. El asunto se complica con la aceptación de estas obras por una audiencia interesada en denunciar estos temas sobre el prejuicio racial en escena, sin mostrar interés por la estética teatral.

Estos cuatro puntos son la consecuencia de los motivos que suelen acompañar todo trasfondo de prejuicio social y no ayudan a los artistas de color a desarrollar su talento.[18]

---

18 La tesis más increíble es la de Juan José Churión, en Venezuela, mencionado por Susana D. Catillo. Churrión culpó a los mestizos por "la ausencia de genio teatral" Al mencionar que Juan José Arrom "fue el primer crítico que insistió en interpretar la evolución teatral venezolana dentro de su contexto social e histórico" (...) "Para ello, empezó por rechazar los argumentos de Juan José Churrión, quien en su *Teatro en Caracas* señalaba al mestizaje —de manera específica, al cruce con la raza negra— como causa antropológica para la ausencia del genio teatral. El párrafo que insertamos a continuación ejemplifica los efectos negativos del cientificismo en Churrión: '...(la falta de teatralidad) podríamos achacarla con mayor razón al defecto orgánico o antropológico del mestizaje de la raza... nuestro mestizaje no ha

Los personajes de la raza negra en la dramaturgia cubana se hallan en el teatro con tema histórico, cuya acción tiene lugar durante la colonia y donde aparecen sobre todo personajes esclavos y/o libertos. Se encuentran también cuando se plantea la cuestión religiosa. En esta temática existen obras únicas en nuestro teatro, que se acercan al trasfondo mítico de las creencias afrocubanas. Naturalmente, la santería conlleva apareado al personaje de la santera y curiosamente escasean los santeros. Flora Díaz Parrado (1902-1991) escribe *Juana Revolico (1942*?), injustamente ignorada; quizás porque el diálogo puede parecer pintoresco y desvía la atención del lector/espectador, alejándolo de un análisis positivo sin darse cuenta de su importancia: *Juana Revolico* es nuestra primera obra con unos personajes negros, con fuerza y características humanas y, además, puede considerarse la primera obra donde la santería no aparece verdaderamente como una idolatría pagana.[19]

Los amores entre parejas de la raza negra no son frecuentes en la dramaturgia escrita en Cuba. Sin embargo los prejuicios y

---

sido eugenésico sino agenésico. Ha resultado híbrido y por tanto infecundo como el mulo, producto zoológico de la raza equina con la asnal...'" *Teatro en Caracas* (Tip. Vargas, Caracas, 1924, 46), mencionado en *El desarraigo en el teatro venezolano. Marco histórico y manifestaciones modernas* de Susana D. Castillo (Editorial Ateneo de Caracas, 1980, 13).

19 Pensemos en esto que escribe Anabella Rodríguez: "La institución del canon socialista de manera oficial en Cuba —que se corresponde con la segunda fase del programa de la sociedad socialista— se podría situar con las *Palabras a los Intelectuales*, pronunciadas por Fidel Castro, el 30 de junio de 1961, y con el montaje de *La buena alma de Se-Chuan* de Bertolt Brecht (1898-1956) en la inauguración del Palacio de Bellas Artes, también en 1961. Un año después se estrenaría *Santa Camila de La Habana Vieja* (1962) de José Brene, que representa la primera obra del realismo socialista cubano como canon oficial, porque buscaba la afirmación de las bases de la nueva sociedad, planteando el poder transformador del socialismo. En la obra de Brene, se puede apreciar cómo se critica la santería (como representante de lo mágico-religioso) y se origina una imagen *progresista*, propia de la estética soviética en que se asocia las creencias espirituales con "primitivismo", tal como también ocurre en *Las provisiones de Jehová* (6 de febrero de 1973), de Sergio González". Anabella Rodríguez: "Lo *narodnyj*, en el teatro cubano isleño y su consecuencia: el teatro del exilio", New York: OLLANTAY Theater Magazine, Vol. XVI, Nos. 31-32, 2008, 109. Ver, Flora Díaz Parrado, *Teatro.* La Habana: Editorial Lex, 1944.

traumas que enfrentan los amores interraciales están presentes en la literatura nacional desde tiempos remotos. Dos de las historias de amor más atrevidas de nuestra novelística se encuentran en *Sab* (1841) de Gertrudis Gómez de Avellaneda (1814-1873), donde un negro esclavo está enamorado de una blanca, caso único en la literatura de la época, y en *Cecilia Valdés* (1882) de Cirilo Villaverde (1812-1894).[20] Por otro lado, la novela radial *El derecho de nacer* (1948) de Félix B. Caignet (1892-1976) fue un éxito y el primer producto melodramático radial del hemisferio, que saltó de un país al otro y luego desbordó las fronteras del continente. También, ha tenido varias versiones en el cine y la televisión mexicana.

III

El amor interracial en nuestro teatro contemporáneo[21] está presente desde la primera mitad del siglo XX, si bien es necesario recordar que algunos dramaturgos se han preocupado más por la denuncia social y/o política que por la estética teatral. En una apretada síntesis, debemos hacer referencia a las obras que paso a citar:

El mulato (1940) de Marcelo Salinas (1889-1976) cuenta como Daniel Cortés, el secretario mulato de un senador, denuncia un fraude arrocero y es víctima del político que desea eliminarlo de la vida de su hija, la cual se deja arrastrar por los prejuicios

20 A esta conocida novela, además de las dos versiones teatrales que menciono en este trabajo, se le han hecho versiones en otras manifestaciones artísticas: una zarzuela con libreto de José Sánchez Arcilla, con música de Gonzalo Roig, estrenada en 1932; una cinematográfica de Humberto Solas; un ballet, *Mestiza*, estrenado por el Ballet Nacional de Cuba, con coreografía de Lorenzo Monreal y música de Enrique González Mántici. Datos mencionados por Armando Morales, que lanza una afirmación tremebunda: "Otras Cecilias, habría que olvidarlas" y no ofrece motivos para tal aseveración. "Prólogo para destruir las fronteras o *La Virgencita de Bronce*" La Habana: Editorial Alarcos, *La Virgencita de Bronce*. Norge Espinosa Mendoza, 2004, 10.

21 *Tragedia indiana* (1952), una hermosa obra de Luís A. Baralt (1892-1969) trata esos amores interraciales, pero entre una india y un conquistador, convirtiéndose en una excepción, pues nuestra literatura ha ignorado a nuestros habitantes prehispánicos.

raciales.

En *Nuestra gente* (1944) de Oscar Valdés Hernández, nacido en 1915, un recogedor de desperdicios está arrimado a la negra Cacha en el barrio marginal habanero de Llega y Pon. Según Natividad González Freire en *Teatro cubano contemporáneo* es "Un cuadro de la degeneración moral, la corrupción y el vicio a que puede llegar el hombre cuando por la falta total de recursos económicos no puede satisfacer sus más vitales necesidades"

En *Yerba hedionda* (1951), Paco Alfonso vuelve con el tema de la discriminación racial, pero en su afán de ir contra el sistema, escribe una obra encauzada a mantener y agudizar la separación entre las dos razas. Con una relación interracial, en este caso únicamente sexual, *Yerba hedionda* está entre las obras escritas con más tirria en nuestra dramaturgia.

A la par de *Yerba hedionda, Un color para este miedo* (1954) de Ramón Ferreira es un melodrama con situaciones poco creíbles que presenta una relación interracial entre una mujer blanca y un hombre de la raza negra.

La mulata María en una de nuestras obras más importantes, *Medea en el espejo* (1960) de José Triana (1931), es la mujer de Julián, un hombre blanco y rubio. Estrenada en la Sala Prometeo y publicada varias veces, fue estrenada en inglés en Londres y en griego en Grecia, convirtiéndose en la mulata más conocida de nuestro teatro.

Ignacio Gutiérrez en *La casa del marinero* (1964), crea un amor puro y apasionado entre la mulata Aleida y el llamado marinero, que por otro lado, es deseado por Doña Catalina, quien procura la destrucción de Aleida.

La exageración de los hechos y la caricatura en algunos personajes es característica en ciertas obras de José R. Brene y así nos encontramos a Candelaria, una negra esclava joven y hermosa que tiene una relación "algo bufa" con el astronauta francés Godard en *El ingenioso criollo Matías Pérez* (1979). En *Los demonios de Remedios* (1965) Brene hace referencia a los amores del alcalde Don Jacinto de Rojas con esclavas jóvenes, e incluso habla de cinco hijos resultados de una de esas relaciones. Entre todas ellas sobresale Pascuala, que tiene la mala fortuna de ser uno de los personajes negros con más posibilidad temática de nuestro teatro, pero se queda en un personaje cuota colonial, como una referencia que no cuajó.

La querida de Enramada (1982) de Gerardo Fulleda León (1942), un autor de color que ha escrito los personajes negros mejor logrados en nuestra dramaturgia, trata sobre los amores de un senador con una mulata y los enredos que surgen a la muerte del político en tiempos de la República.

Parece blanca (1994), de Abelardo Estorino, es una versión de *Cecilia Valdés*, la novela de Cirilo Villaverde, que no agrega nada ni en técnica, estilo, tema o estructura a la conocida zarzuela de Gonzalo Roig (1890-1970) o al resto de la iconografía del famoso personaje.

También con Cecilia, usando la música de Roig y jugando a ratos con los personajes y otros aspectos de la versión de Estorino, Norge Espinosa Mendoza (1971) escribe *La virgencita de bronce* (2004), a la que clasifica como una comedia lírica para retablo en un prólogo y nueve cuadros.

En *Vida y mentira de Lila Ruiz* de José Corrales, Arlinda, una hermosa mulata de diecisiete años es la amante de Rigoberto, el padre de Lila, con el cual tiene un encuentro ardiente en su misma casa. Arlinda logra que Rigoberto abandone a su familia y por lo tanto se convierte en el eje del conflicto de las relaciones de los padres de Lila.[22]

Deben mencionarse, además, *El salto* (1980) de Jorge Ibarra, con residencia en Suecia, donde dos estudiantes de medicina se enamoran, pero la madre de la muchacha no acepta la relación por tratarse de un joven de la raza negra; y la situación de Juliana, novia de Yamil, abogado de la raza blanca, en *Museo* (2010)

22 Ver: Paco Alfonso, *Yerba hedionda.* La Habana: Escena Cubana, Año I, No. 1, Noviembre 1959. Ramon Ferreira, *Teatro.* Miami: Ediciones Universal, 1963; José R. Brene, *Pasado a la criolla y otras obras.* La Habana: Editorial Letras Cubanas,1984; Ignacio Gutiérrez, *Teatro.* La Habana: Editorial Arte y Literatura, 1978; *Medea en el espejo* de José Triana, aparece publicada en *El Parque de la Fraternidad.* La Habana: Ediciones Unión, 1962. *Parece blanca* de Abelardo Estorino se encuentra publicada en *Vagos rumores y otras obras.* La Habana: Editorial Letras Cubanas, 1997. *La querida de Enramada* fue publicada por Ediciones Unión en 1989. José Corrales, *Vida y mentira de Lila Ruiz,* en *Caribe,* tomos 4 y 5, 2001-2002, 188-215

de Lilliane Lugo.

El caso de la blanca con un amante negro no es frecuente en nuestra escena. En *Tula, la Magna* (2010) de mi autoría, tomé el personaje de Sab de la novela del mismo nombre de la Avellaneda y lo transformé en Sebastián, su amante de la juventud. Como en la novela, Seba se suicida por el desamor de su ama.[23] En *La casa vieja* (1964)[24] de Abelardo Estorino, sólo aparece como una referencia secundaria: "¿Quién le va hacer caso a una mujer que ha vivido con medio pueblo? ¡Hasta con un negro¡" Otro ejemplo se encuentra en la familia de Roberto Amador González de *El súper* (1977)[25] de Iván Acosta (1943), la obra que da comienzo a una corriente del teatro popular en la dramaturgia escrita en el exilio donde Aurelita, la hija, se ha *liberado* de sus tradiciones cubanas, y cometiendo uno de los peores crímenes que pueda consumar una mujer, se ha puesto a "quemar carbón" —expresión despectiva y burlona sobre las personas blancas que sienten atracción por la gente de raza negra.

Algunos de estos amores interraciales son homosexuales. En *El velorio de Pura* (1940 o 41?) de Flora Díaz Parrado, Juana, la criada, y Purita "¡Eran dos almas en una!", "¡Dos almas en una!" Juana es la única que parece sentir el suicidio de Pura, que se ahorcó por un desengaño amoroso, y su pesar es tanto que sufre un desmayo. Todo es un misterio en esta magnífica, irónica y ambigua obra de Díaz Parrado con relación al desengaño que llevó a Pura a quitarse la vida. Los críticos que han estudiado este trabajo, siempre se han inclinado por lo menos impúdico dentro del escándalo y han afirmado que el desengaño fué motivado por el bobo. Debido a la actitud de Juana frente a la muerte de Pura y a todo lo dicho por las hermanas y vecinas, además de su complicidad final con el bobo, yo estoy seguro que Juana es nuestra primera negra teatral lesbiana o al menos, bisexual. ¿Se ahorcó Pura al descubrir la infidelidad de "su alma gemela", Juanita, con el bobo?

---

23 Monge Rafuls, Pedro R, *Tula, LaMagna.* New York: Ollantay Press, 2010.

24 Abelardo Estorino, publicada en *Teatro.* La Habana: Letras Cubanas, 1964.

25 Iván Acosta. *El súper.* Miami: Ediciones Universal, 1982.

Yuri, el pelotero mulato en *El pasatiempo nacional* (2001/2004)[26] de Raúl de Cárdenas (1938), tiene amores con un pelotero blanco castigado por el castrismo. Personajes y situación que se pierden frente a la intención de denuncia política del autor. Candelario en *La vida es un carnaval*[27] de Enrique R. Mirabal, exiliado en México, es uno de los personajes negros mejor logrado en nuestra dramaturgia, que el autor describe como "mulato cuarentón y maricón a la antigua, robusto y pasado de libras. Casi analfabeto y patéticamente revolucionario", está perdidamente enamorado de un bugarrón blanco. Cheché, el criado de la quinta de *Las tres partes del criollo* de Arrufat, hostigaba sexualmente a Juan Cabrera cuando era niño. Ángel, el mulato pinguero en *Trío* (2004)[28] de Norge Espinosa Mendoza, está atrapado entre "su odio a los maricones y su oficio de puta", según le dice Isaac. Su deseo (como el de los dos personajes de *El pasatiempo nacional* de Raúl de Cárdenas) es irse del país. Un bugarrón improvisado y fatal es Jesús/José de *Trash* (1989), escrita en inglés por el autor de estos comentarios, que ha sido estrenada varias veces y es parte del repertorio *No String Theatre Company/Escape Artists* de Cambridge. El monólogo trata sobre un mulato marielito[29] que mata accidentalmente a un cura homosexual angloamericano y se enfrenta a la justicia en los Estados Unidos.

Heidrun Adler, la investigadora alemana del teatro latinoamericano, al referirse a este monólogo, escribió algo que puede dar luz a gran parte de esas relaciones interraciales:

> "El ciudadano blanco proyecta sus deseos sexuales en el negro, a quien desea y pretende "utilizar" como objeto. Delante de él no tiene vergüenza porque el negro no está a su altura. Homi Bhabha describe esta ambivalencia de estereotipos en el trato con parejas desiguales como atracción sexual y a la vez rechazo que exige la humillación del otro para borrar por la fuerza tal

26 En *Cuatro obras escogidas* de Raúl de Cárdenas. Miami: Alexandría Library, 2010

27 Manuscrito en mi poder, cortesía del autor.

28 Manuscrito en mi poder, cortesìa del autor

29 Gentilicio por el cual se conoce a los exiliados del 1980 salidos por el puerto del Mariel.

> transgresión sexual que no encaja en su propio código de honor. [...] Lo prohibido es "transgredido" por la sumisión. El odio y el desprecio aumentan el placer y al mismo tiempo exoneran de toda responsabilidad, pues la posición social del blanco permite la explotación del negro. Él, el negro, es el culpable del pecado del blanco. En fin de cuentas, el negro no es más que pura basura: *trash."* [30] (127)

Mucho nos queda por discutir de esta temática y personajes en el teatro cubano y latinoamericano; sirvan estos apuntes para que el lector se interese en buscar e investigar más sobre esta rica faceta teatral.

---

30 "Pedro R. Monge Rafuls: Una coma entre las culturas" por Heidrun Adler en *Extraños en dos patrias*. España: Iberoamericana, 2003. Originalmente editado en alemán en *Fremde In Zwei Heimatlandern*. Alemania: Vervuert, 2002.

Traducción del teatro cubano: un rompecabezas

Phyllis Zatlin
Rutgers, The State University

Suelo decir que traducir bien el teatro es un gran desafío. En el caso del teatro cubano, puede ser un verdadero rompecabezas. Los autores cubanos son capaces de inventar juegos de palabras, acciones simultáneas y textos multilingües, causando de este modo gran angustia por parte de los traductores. Vamos a comentar tres ejemplos, dos obras que escogí para talleres y luego, más detenidamente, otra que se ha puesto en escena, en la traducción mía. Se trata de *El tiro por la culata*, de Matías Montes Huidobro; *Nadie se va del todo*, de Pedro Monge Rafuls, y *Lady Strass*, de Eduardo Manet.

Antes que nada quisiera aclarar que según el diccionario de la Real Academia, "rompecabezas" tiene tres acepciones. Además de ser el tipo de juego que todos conocemos y un problema de difícil solución, puede referirse a cierta arma ofensiva. A veces, cuando lucho con textos escritos por nuestros amigos cubanos, me parece que es esta tercera acepción la que más describe la situación de la pobre traductora martirizada por las armas ofensivas de los autores.

El tiro por la culata se escribió en 1960 en la isla; es más, por su temática podría considerarse como propaganda de agitación obvia, incluso pesada: el rico terrateniente que quiere abusar a la hija inocente de campesinos. No obstante, la niña pobre es más lista que el rico; en su triunfo deja al viejo verde derrotado y a los espectadores muertos de risa. Por el ingenioso sentido del humor del autor, la obrita viaja fácilmente, tanto en el tiempo como en el espacio. Esto ya lo he probado a través de los años en varios talleres de traducción en distintos lugares: en Miami, en la universidad de FIU, donde disfrutamos de la colaboración inolvidable de Matias Montes Huidobro y su mujer Yara González Montes, en un congreso de la asociación de traductores (ATA) en Los Ángeles y hace pocos meses en un seminario de estudiantes de traducción en Milwaukee.

En los talleres, nos divertimos a pesar de que el texto deje destrozados a los traductores. Las estrategias de seducción del viejo lo mismo que las armas ofensivas de la niña son palabras que empiezan con las letras A, B y C. No hay dificultad con adoración ("adoration") y abuso ("abuse"); bello ("beautiful") y burro ("burro"); o cariño ("caress") y cosecha ("crop"), ¿pero cómo vamos a resolver la letra A de amor ("love"), la B de beso ("kiss") o la C de cama ("bed")? Esto sin hablar del hambre, que no empieza con A como cree la niña sino con una H muda, lo que deja abierto el camino para otro juego con la misma palabra "muda".

Un artículo que analiza los problemas de la escena clave y propone una traducción de ellos salió en el número 82 (otoño de 2011) de *Translation Review,* la revista de ALTA, la sociedad americana de traductores literarios. Lleva como título, "As Easy As ABC".

Nadie se va del todo, del año 1991, se escribió en Estados Unidos y claramente enfrenta la situación del exilio. Aunque Pedro Monge Rafuls no ha inventado juegos de palabra tan enredados como los de *El tiro por la culata*, su obra plantea otras dificultades. Cuando la presenté en el congreso de LATT (Latin American Theatre Today) en Connecticut en 2005, entre los participantes figuraban personas de teatro tan conocidas como Jorge Huerta, Ana Puga y Adam Versényi quienes llegaron de sus universidades en California, Illinois y Carolina del Norte. Sin embargo, la escena que escogí nos resultó problemática a todos.

Lo que Pedro Monge ha imaginado es un solo escenario donde transcurren acciones con gran fluidez de tiempo y espacio. Vamos del presente al pasado, desde Nueva York y Miami hasta el Central Zaza y la Habana. En la escena más problemática para la traducción la acción pasa simultáneamente en Miami y el Central Zaza. Cuando fusilaron a su marido, Lula se escapó a los Estados Unidos con su bebé. Ella, en Miami, trata de conseguir asilo político a la vez que los padres del muerto en Cuba tratan de conseguir el cadáver de su hijo. Son dos diálogos sincronizados que en versión inglesa tienen que mantener cierto ritmo y compaginar el lenguaje. Según las acotaciones, "La dirección debe mezclar las dos conversaciones para lograr un juego de palabras entre las dos escenas simultáneas". Para este efecto de contrapunto, gran responsabilidad corre de cuenta de los actores pero hace falta una buena traducción para facilitar su labor. De hecho, en la escena hay dos interrogatorios paralelos: tres milicianos que hacen preguntas a los padres, vestidos de luto, y un oficial anglo de inmigración que hace preguntas a la viuda que huye del comunismo. Para el público es obvio que los padres sufren; la muerte de su hijo explica muy bien por qué Lula se ha ido de la isla, con su niñito, en un bote. Ni los milicianos cubanos ni el oficial anglo expresan compasión por la tragedia de la familia del desaparecido Julio.

En sus respuestas, Lula dice "no" siete veces; son palabras negativas que refuerzan el dolor y angustia de los padres del asesinado en el otro diálogo. Para mantener este juego, no valen traducciones más largas que las frases originales. Doy un solo ejemplo. Dos veces los milicianos llaman al muerto "un gusano". El diccionario de la Real Academia ofrece la definición "persona vil y despreciable". En este sentido tal vez sirva la traducción directa, "worm" que puede significar "a human being who is an object of contempt, loathing, or pity," pero se pierde el contexto cubano. En la red, en Wiktionary, para las tres sílabas de gusano se sugiere en inglés "A person who has defected from Cuba". Claro que tal solución de varias palabras no sirve en cualquier obra de teatro y especialmente en ésta. Tal vez se pueda jugar con alguna variante de "traitor" o "treacherous worm." Con esta posibilidad, luego la palabra "worm" se entendería cuando se usa la segunda vez.

Conozco mucho más de cerca los problemas planteados por *Lady Strass* de Eduardo Manet ya que traduje la obra no como parte de un esfuerzo colectivo en un taller sino como trabajo mío. No me di cuenta al empezar esta labor, pero los problemas empiezan con el título mismo. Como aprendí más tarde, gracias a directores de teatro en Inglaterra, los angloparlantes en general no entienden el significado de "strass". Una proyectada puesta en escena en Londres nunca se realizó; luego, para la puesta en Nueva York, donde no molestó el título a la gente de habla francesa de Ubu Repertory, añadí una frase en el texto para aclararlo para el público. Claro que los franceses entendieron que "strass" significa "falso" o "simulado" porque llegaron al término a través de su primer idioma.

Cuando conocí a Eduardo Manet en París en 1987, solo había leído un par de obras suyas pero esperaba leerlas todas. Le pregunté si iba a descubrir un subtexto cubano en su teatro. Me contestó, en francés, "Ojalá que no". Unos meses más tarde le envié un estudio mío que pretendía probar hasta qué punto la identidad cubana del autor se escondía bajo sus textos teatrales en francés. Huelga decir que Manet en el exilio escribe en francés y suele hablarme en francés pero es multilingüe. Si escribo sobre sus obras en inglés —o en español— me entiende a la perfección. Cuando le volví a ver, en París, temía que mi estudio le hubiera fastidiado. Pero no. Me dijo que sin duda yo tenía razón al encontrar un trasfondo –inevitable, diría yo— que el autor mismo ignoraba.

En el sentido temático, se puede analizar *Lady Strass* como ejemplo de obras latinoamericanas que Diana Taylor ha llamado "teatro de crisis." A mi parecer, el teatro de Manet escrito antes de 1980 cabe perfectamente dentro de esta clasificación sin importar dónde transcurra la acción ni la lengua en que se escriba la obra. Luego escribe novelas, algunas semi-autobiográficas, que abiertamente hablan de la experiencia cubana.

Lo que plantea problemas para la traductora en *Lady Strass* no es el tema de la crisis —es decir, del conflicto político fuera de la casa deteriorada donde transcurre la acción— sino el diálogo en el mundo dramático dentro de la casa. Hay tres personajes: una vieja inglesa que vive encerrada con sus recuerdos y dos hombres que entran para robar lo que puedan: un francés de edad madura y un joven guatemalteco. Se encuentran en Belice (antes Honduras Británica).

La obra de Manet, estrenada en el Théâtre de Poche-Montparnasse en 1977, bajo la dirección del prestigioso director Roger Blin, por supuesto se escribió en francés, pero los tres personajes intercalan expresiones en otras lenguas. ¿Qué vamos a hacer con estas a la hora de traducir *Lady Strass* al inglés?

El uso de bilingüismo en el teatro es frecuente con autores en el exilio o de familias con doble herencia cultural. Entre los muchos ejemplos se destaca *Coser y cantar* (1981) de Dolores Prida: tiene un solo personaje en forma de dos papeles: Ella y She. Cada una de estas mujeres, que son de hecho las dos mitades complementarias de una persona, refleja su propio idioma y cultura. En sus acotaciones, la autora nos dice de manera tajante que no se debe suprimir el bilingüismo intencionado de su pieza.

Al contrario, cuando se iba a poner *Lady Strass* en Nueva York, la directora artística del teatro Ubu Rep me dijo que su política teatral era inglés y solo inglés, es decir, que yo tendría que rehacer el guión para suprimir todo uso de francés o español en el texto de Manet. Un cambio así de radical no se debe hacer sin consultar al autor. Dudo que le gustara esta exigencia de Françoise Kourilsky, pero Manet dio su autorización.

En el caso de nuestro Eduardo Manet, no se trata de decir que sí a todo para que una obra se ponga en escena. Cuando un equipo de directores en Inglaterra querían imponer una traducción británica a *Lady Strass* en lugar de usar la mía, Manet les dijo que no. Como resultado me senté con estos directores en Londres para discutir los ligeros cambios de léxico que vendrían mejor para su público. Llegamos amistosamente a varios acuerdos. Respecto al título de la obra, ellos sugieron *The House of Dreams.* Acepté la necesidad de cambiar el nombre de pila de la vieja inglesa. Si a estos no les pareció muy inglés Eliane, el nombre que inventó Manet, seguro que sabían de qué hablaban. De vuelta a Estados Unidos, pedí la ayuda de Carys Evans, buena traductora de origen británico. Con ella hice algunos cambios y escogimos el nombre Helena.

La vida de teatro nunca es fácil. Los directores en Inglaterra tuvieron un sinfín de dificultades, sobre todo al buscar una estrella para hacer el papel de la vieja inglesa. Poco a poco abandonaron el proyecto a pesar de haber pagado derechos anticipados al autor y su traductora.

Bajo la influencia de estos directores de Londres, preparé una nueva versión de *Lady Strass*. A mí no me convence del todo *The House of Dreams.* La obra de Manet termina en tono triste pero empieza en plano cómico; creo que mejor sería un título que nos prepare a sonreír. Así que inventé un nuevo título: *Helena and the Hoodlums.*

Hay dos versiones publicadas de mi traducción de *Lady Strass*; la segunda, que salió en una antología del mismo teatro Ubu Rep, se ha puesto en escena en Nueva York, en Off-Broadway. Pero la versión *Helena and the Hoodlums* no ha llegado —todavía— a ninguna parte.

Me ha pasado algo igual en Miami con *La estanquera de Vallecas* del español José Luis Alonso de Santos. Llamo a mi traducción, publicada ya hace varios años, *Hostages in the Barrio.* A los del Bridge Theater de Miami, les gustó mucho y le dieron una serie de lecturas dramáticas con el propósito de llegar algún día a una puesta en escena de verdad. Es más, me pidieron una nueva versión con personajes más claramente cubanos; así que inventé *Hostages in Hialeah*, traducción que se queda en un cajón, al lado de *Helena and the Hoodlums.* Todo bajo la letra H—muda.

En términos generales, diría que hay estrategias básicas para traducir una obra teatral que intercala frases en un segundo idioma. Si resulta que este segundo idioma es el idioma de la traducción misma, tal vez se pueda hacer un intercambio directo. Un texto en español con algunas frases en inglés puede ser un texto en inglés con unas frases en español. Si el segundo idioma es otro, se puede dejar sin traducir. Por ejemplo, si en una pieza de lengua española que se traduce al inglés alguien dice unas palabras en francés, se pueden dejar en francés. Si hay muchas frases en la tercera lengua, se pueden omitir algunas de ellas.

Bueno, es la teoría. En la práctica, puede resultar muy complicado. *Coser y cantar*, por ejemplo, no admite traducción alguna al inglés o al español. Puedo imaginar esta obra con la acción trasladada a Francia, donde también hay una población bilingüe; en tal caso faltarían bastantes cambios, con la debida autorización de la autora, para que hubiera un diálogo entre Ella y Elle. Para *Flor de Otoño*, obra con un uso extenso de catalán de José María Rodríguez Méndez, el traductor Marion Peter Holt decidió reducir mucho el diálogo en catalán. Con razón sabía que los espectadores en España podrían adivinar el sentido de las frases con más facilidad que un público norteamericano. El caso de *Lady Strass*, por otro lado, no me pareció problemático antes de conocer a la directora artística de Ubu Rep.

En el texto original de Manet, en francés, el guatemalteco intercala alguna interjección en español. Decidí en seguida dejar tales frases en español y, al traducir las palabras del personaje francés al inglés, dejar en francés o, si hablaba en inglés, inventar alguna frase suya en francés para crear un efecto equivalente. Miremos estos ejemplos del principio de la obra, cuando los hombres tratan de entrar en la casa cerrada.

BERTRAND'S VOICE: *Merde*. You do it then. You're the young, thin one.

MANUEL'S VOICE: Maybe so. But you're the one who wanted to go down first. You're there, so jump, *cojones*. It's raining buckets, and I'm going to catch my death of cold.

Esperaba que el público de lengua inglesa captara el sentido de estas palabras extranjeras, pero Françoise Kourilsky no estaba conforme. Tampoco le gustaron las primeras palabras de la vieja inglesa escondida que da un aviso en tres idiomas:

HELENA'S VOICE (*slight British accent, heard over loudspeakers situated at several locations around the stage*): Don't move! Ne bougez pas! No se muevan! You are under surveillance! Estáis siendo vigilados!

Son concretamente las palabras que Eduardo Manet puso en boca de su personaje y claro que yo pensaba dejarlas. No solo es lógico que una inglesa en un país de muchos hispanohablantes hable en más de un idioma, tienen un efecto cómico.

Gracias al director de la puesta en escena, André Ernotte, llegamos a un nuevo acuerdo sobre la cuestión de multilingüismo. No sé si él conocía el texto original de Manet o no, pero dijo que los dos hombres debían decir algunas palabras en sus propias lenguas y me pidió que las inventara. Claro que yo estaba encantada, y no tenía que inventar mucho puesto que podía volver a las palabras del autor. Así que en la puesta en escena, Manuel, al descubrir que la inglesa los había puesto en una trampa, pudo expresar de esta manera su enojo:

MANUEL: ¡Puta y reputa de la chingada de su madre!

El público en Nueva York, la noche cuando asistí, se rió a carcajadas. Y menos mal. Porque hasta aquel momento, como me dijo luego una amiga allí presente, no se había dado cuenta del humor, ni que el francés y el guatemalteco hablaban con toda intención un inglés un poco torpe con ligeros acentos. A partir de esta línea, el diálogo iba sobre ruedas.

A mi parecer, no es fácil traducir el teatro cubano, pero cuando alguna obra sale bien puede darnos una gran alegría. Es decir, una alegría auténtica, no una falsa, de *strass.*

JOSÉ TRIANA CELEBRANDO A VIRGILIO

Desentrañando los vericuetos de la dramaturgia de José Triana

por Matías Montes Huidobro
Publicado en *Cubaencuentro,* (28/12/2011)

La presencia de José Triana en Miami, acompañado de su esposa Chantal Dumaine, durante la conferencia "Teoría y práctica del teatro cubano", "Celebrando a Virgilio", organizada por el *Instituto Cultural René Ariza,* que presido, en la Universidad de Miami los días 12, 13, 14 y 15 de enero, es ya de por sí un acontecimiento único y trascendente, que sencillamente no ha tenido lugar antes bajo contexto parecido en la historia del teatro cubano contemporáneo. Perteneciente a la generación de dramaturgos que renovará el teatro cubano a principios de la década de los sesenta, siguiendo la línea creadora de vanguardia que establece Virgilio Piñera, maestro de toda una generación de escritores y artistas que reciben la sacudida de su obra dramática, Triana marcará la escena cubana a través de una obra plenamente lograda y conocida internacionalmente que incluye éxitos escénicos que se suceden unos detrás del otro: *El mayor general hablará de Teogonía, Medea en el espejo, La muerte del Ñeque,* hasta llegar a la obra que a mitad de los años sesenta representa la gran sacudida del teatro cubano, *La noche de los asesinos,* "El gallo de la Habana", pieza de múltiples filos, cuyo éxito nacional e internacional, las ambivalentes opciones interpretativas que hay en el texto, sus implicaciones estéticas y políticas, y sin dudas, la envidia que despierta en sí misma logro semejante, será una verdadera y radical explosión volcánica en la escena cubana. Una obra dramática que no se detendrá allí, como lo confirman *Revolico en el Campo de Marte* y *Ceremonial de Guerra,* haciendo de su presencia en "Celebrando a Virgilio" un hecho clave.

Cuatro propuestas básicas, "Juegos de muerte: inconmunicación, fragmentación e irracionalidad" por Armando Chávez Rivera, "Del ritual y la fiesta popular en *Revolico del Campo de Marte,* una visión desenfadada y escéptica de las revoluciones" por Jorge Chen Cham, de Costa Rica, "Medea entre máscaras y espejos" de Marcelo Fajardo, y "A más de treinta años de distancia: una relectura de *La noche de los asesinos",* por Kirsten Nigro, una de su más fiel e incisiva intérprete de su obra, se empeñarán en desentrañar, frente al autor, los vericuetos de su dramaturgia, al conjuro de un *Monólogo de Lalo* a cargo del actor cubano Orlando Varona.

De no ser otro el logro de "Celebrando a Virgilio", que es como decir "celebrando a todo el teatro cubano", la participación de José Triana en este encuentro escénico, acrecienta el júbilo del mismo y mi satisfacción personal en este empeño. Miami, en particular, tendrá la oportunidad de un acercamiento directo en este congreso, cuyas actividades están abiertas al público sin costo alguno.

Presentación de *Teatro Completo* de José Triana

Por otra parte, José Triana no viene solo, sino acompañado de su esposa Chantal Dumaine. Como si fuera poco y como ha ocurrido con muchos dramaturgos cubanos que han sido discípulos de Piñera y cultivan la poesía, que compite con su propia obra dramática, la reciente publicación de su *Poesía Completa* por Aduana Vieja lo acompaña y, más todavía, su *Teatro Completo,* en una presentación que tuvo lugar en el marco del Congreso, publicada por Aduana Vieja y la participación de su director, Fabio Murrieta, el ensayista Enrico Mario Santí y el dramaturgo Matías Montes Huidobro.

José Triana: el duende frágil

Enrico Mario Santí
University of Kentucky

Frágil duende que anhela transparencia

En las cuatro paredes del olvido.

Cuando hace un mes mi amigo el poeta José Triana me pidió que ayudara a presentar su libro acepté enseguida. Pepe y yo somos amigos hace treinta años y no podía faltar a esta ocasión. Quiero, por tanto, que mis primeras palabras sean para felicitarlo tanto a él como a la Editorial Aduana Vieja y a Fabio Murrieta por esta estupenda publicación, que como sabemos culmina una de las obras más importantes escritas en nuestro idioma.

Pero antes de hablar sobre la obra de Pepe debo decir algo. Como sabemos, la reivindicación y desagravio a Virgilio Piñera viene andando desde hace varios años, aunque hasta hoy no se ha hecho lo más importante: que el Estado cubano asuma la responsabilidad por la persecución y muerte del escritor, que esclarezca las verdaderas circunstancias en que ocurrieron, señale a las personas responsables, y pida perdón por esas acciones. Hace tres días en La Habana se estrenó un evento como este, y desde luego es bueno que en todas partes celebremos el centenario de Virgilio Piñera. Pero sería aun mejor que se incluyese, tanto aquí como allá, el recuerdo del trauma que motiva su urgencia, y que ese recuerdo también incluya la discusión de otro hecho: durante los mismos años de persecución que padeció Virgilio se victimizó a mucha otra gente, sobre todo a muchos escritores y artistas, a actores y dramaturgos, y entre ellos algunos de los presentes que lograron vivir para contarlo. Nada de eso puede llamarse ni reivindicación ni desagravio. Tiene un nombre mucho más sencillo y más necesario: la justicia.

No soy teatrero. Pero sí soy amante del teatro, y siempre me ha interesado la relación entre teatro y poesía. A veces se nos olvida que el teatro es poesía, y no me refiero únicamente al teatro en verso. Por otra parte, la buena poesía es dramática, en el sentido de que todo poema pone en escena a una serie de hablantes o voces que representan a su autor, o como dijo Borges, su "yo plural". Teatro y poesía son juegos de máscaras, sus vasos comunicantes tan evidentes como en canciones que se cantan en escena o en monólogos que dramatizan la interioridad de un personaje. Nadie duda que el teatro sea la forma más alta de poesía—como prueba la lectura de Shakespeare, Lope de Vega y Racine. Pero la literatura cubana no suele abundar en poetas dramaturgos, que tal vez, si mi pobre memoria no me traiciona, se pueden contar en una sola mano: José Martí, la Avellaneda, Virgilio, y este, nuestro otro José. Estás en buena compañía… Y sin embargo, pocas veces, tal vez precisamente por su escasez, se ha hablado sobre este fenómeno, al extremo de que un reciente ejercicio de canon de la literatura cubana excluye a estos cuatro autores pretextando que su inventor "no los ha merecido".

Lo cierto es que José Triana viene escribiendo poesía y teatro desde hace más de medio siglo. Su *Poesía completa*, que abarca dos tomos, de casi 700 páginas, contiene 27 libros; el teatro, también de dos tomos y tantas páginas, consta de 11 piezas. (Hablo desde luego solo de la poesía y el teatro; Triana ha escrito mucha prosa que aun no ha sido recogida.) Paul Valéry decía que un clásico se define por tres cualidades: excelencia, cantidad y variedad. No hay duda, con la evidencia que hoy se publica, de que José Triana es un clásico, además de ser el más importante escritor cubano hoy vivo.

Quiero reflexionar sobre la relación entre teatro y poesía, y cómo veo esa relación en la obra de José Triana. Para ello se me ocurren por lo menos tres ideas, tres vértices de un solo triángulo.

La primera idea es más bien evidente y se resume en una pregunta: en una pieza de teatro, ¿dónde está el autor? Sófocles, ¿es Edipo o el coro? Shakespeare, ¿habla por Hamlet o por Horacio; simpatiza por Ariel o por Calibán? José Triana ¿será Lalo, Beba, o Cuca? La pregunta se hace más interesante en el caso de un dramaturgo que también es poeta, aunque ya hemos dicho que los términos son casi sinónimos. Sin embargo, creo que cuando un poeta escoge crear teatro pone en función otro mecanismo, seguramente porque abriga la secreta ambición de ser **todos** sus personajes. Y sin embargo, y al mismo tiempo, ese mismo artista siente, por una suerte de fatalidad o exigencia de su espíritu, que no puede ser ninguno de esos personajes. Porque poetas dramaturgos como Triana —como Sor Juana Inés de la Cruz, como García Lorca, o como T.S. Eliot— proyectan a la creación del escenario la sabiduría, o tal vez la atroz lucidez, que antes internalizan en el acto poético: para ser los otros, antes tengo que aprender a ser nadie; para crear personajes, antes debo reconocer el vacío de mi yo, el yo que no existe, porque mi única identidad posible me la otorgan los ojos y las voces de los demás.

Este es, por tanto, mi segundo punto, el segundo vértice del triángulo. Tal vez el motivo más frecuente en la poesía de José Triana, o por lo menos el que más me llama la atención, sea precisamente ese: el yo poético no existe, o si existe es sólo en virtud de su lenguaje. Cito una de tantas de esas observaciones que aparecen en sus poemas, del libro *Oscuro el enigma* (1993): *"Soy una sombra insomne de querencia/que se rumia a sí misma en el olvido"*; o esta otra, de *Dados de apócrifo* (1997): *"Espectro que soy del fui, /humo, residuo, fragmento, aturdido pensamiento/ de no ser lo que viví/o viví como esperpento"*. O tal vez esta, los primeros dos versos del poema I de su primer libro: "Frágil duende que anhela transparencia- en las cuatro paredes del olvido". De hecho, desde el título de ese primer libro— *De la madera de los sueños* (1958), traducción a su vez del célebre verso de Shakespeare *("we are such stuff as dreams are made of")* hasta los últimos versos de *Orfeo en la ciudad* (2010), Triana, como Sor Juana, como William Butler Yeats o como Fernando Pessoa, como todos los grandes poetas, ha explorado la idea de que el yo poético existe únicamente en virtud de dos cosas: el lenguaje y los otros. Sólo que en el caso de los poemas de Triana, es decir, en la fábrica donde se urde el lenguaje de sus personajes, los otros no son mera abstracción sino, literalmente, los seres y presencias que sirven de apoyo a la creación poética. ¿Se han fijado ustedes, aquellos que han seguido la obra poética de Triana, la enorme cantidad de poemas que llevan dedicatorias, o la avalancha de títulos que invocan personajes, tanto reales como ficticios—Holderlin, Figari, Antonia Eiriz, Henri Michaux, Lope y Quevedo, Emilio Ballagas, Calvert Casey, Virgilio, Matías Montes Huidobro, y tantos más—para no hablar de los 88 textos que recogen las dos últimas secciones de la *Poesía completa, Feria de acrósticos,* y *Del más vivo recuerdo.*

Llego, por tanto, a mi tercera y última observación. Se trata de una que, en casos análogos que a lo largo de mi carrera me ha tocado analizar o comentar, siempre me deja perplejo, sin palabras que valgan. Me refiero a la insólita capacidad que tiene la obra artística, la obra dramática o poética en este caso, de trascender su circunstancia histórica y convertirse en testimonio lúcido y privilegiado y, por eso mismo, en mirada transgresora y maldita. Resultaría fascinante una discusión detallada de este fenómeno en el teatro de José Triana, pero como hacerlo tomaría varias horas prefiero tomar el atajo de una breve ilustración, el comentario a una escena que este público conoce de sobra. Me refiero al punto culminante de *La noche de los asesinos.* Ocurre a principios de la segunda parte con el juicio de Lalo, ese tribunal que los fantasmas de los padres erigen para volver a imponer su autoridad. Hacía mucho que no releía esas violentas escenas y confieso que no pude dejar de leerlas como si fuesen un "recuerdo del porvenir", al decir de Elena Garro, o más bien de revivirlas, telescópica y alegóricamente, a través del lente de la historia que juntos nos ha tocado padecer. Recordemos que se trata del personaje de Cuca haciendo las de fiscal:

> Le repito al señor juez que el procesado obstaculiza sistemáticamente todo intento de esclarecer la verdad. Por tal motivo, someto a la consideración de la sala las siguientes preguntas: ¿puede y debe burlarse la justicia? ¿La justicia no es la justicia? ¿Si podemos burlarnos de la justicia, la justicia no deja de ser la justicia?... ¿Si debemos burlarnos de la justicia, es la justicia otra cosa y no la justicia?... En realidad, señores de la sala, ¿tendremos que ser clarividentes?... La justicia no puede admitir tamaño desacato. La justicia impone la familia. La justicia ha creado el orden. La justicia vigila. La justicia exige las buenas costumbres. La justicia salvaguarda

> al hombre de los instintos primitivos y corruptores. ¿Podemos tener piedad de una criatura que viola los principios naturales de la justicia? Yo pregunto a los señores del jurado, yo pregunto a los señores de la sala: ¿existe acaso la piedad? Pero nuestra ciudad se levanta, una ciudad de hombres silenciosos y arrogantes avanza decidida a reclamar a la justicia el cuerpo de este ser monstruoso... Y será expuesto a la furia de hombres verdaderos que quieren la paz y el sosiego.

Como sabemos, Triana escribe esta escena en 1965, tal vez años antes, y la obra se representa en La Habana de 1966. Hoy, después de medio siglo de llamada Revolución, de la humillación pública del poeta Heberto Padilla en 1970—a solo cuatro años del estreno—, o del circo romano del llamado Caso Ochoa—en 1989, tras otro cuarto de siglo— (y me limito a dos episodios), años en los que hemos comprobado el recurrente uso perverso de la teatralidad por parte del régimen, no podemos sino releer estas escenas como una atroz profecía de lo que se avecinaba. Convengo desde luego que siempre es preferible, y motivo de halago, universalizar el sentido de toda obra, y de esta en particular. Toda lectura simbólica de una obra sin duda ayuda a ampliar su interpretación—de ahí en parte el éxito internacional de *La noche de los asesinos.* Pero esa lectura también la vuelve abstracta, la saca de su contexto inmediato, olvidando tal vez que Triana termina de escribir la pieza en 1965—el mismo año, por cierto, que Guillermo Cabrera Infante regresa a La Habana a enterrar a su madre y que decide romper con el régimen—cuando ya se vivían en Cuba los estragos del neo-estalinismo y se padecía en carne propia los infames campos de concentración conocidos por el histriónico nombre de *Unidades Móviles de Ayuda a la Producción.*

Confieso que no poseo las claves para explicar o entender del todo el insólito contenido profético de una escena como esta. Me imagino también que en las demás piezas de Triana debe haber otras que se me escapan. Por eso, a falta de una explicación racional he hurgado en otras fuentes. La que encuentro más convincente no tiene nada que ver con Cuba, pero sí con la poesía. Se trata de la carta del 28 de diciembre de 1817, poco tiempo antes de morir, que el poeta inglés John Keats le dirige a sus dos hermanos. Dice Keats allí a propósito de la personalidad poética que el entonces joven trataba de desarrollar: "Me he dado cuenta de lo que hace a un hombre realizado, especialmente en literatura, y que Shakespeare tenía de sobra. Me refiero a la capacidad negativa [*negative capability*]; es decir, cuando se es capaz de ser entre incertidumbres, entre misterios y entre dudas, sin que tengamos que ir buscando irritantes hechos o razones".

"La pieza," escribió en su momento Rine Leal sobre *La noche de los asesinos*, "es la tragedia de la purificación, realizada a modo de exorcismo mental y regida por la sangre". No pudo Rine, como en cambio sí pudo la pieza de Triana, ver en ese momento que las palabras y las acciones del poeta anunciaban algo muy terrible que no podía entenderse, o tal vez que no se quería entender. La grandeza de la obra de José Triana radica, a mi juicio, en esa capacidad negativa de saber vivir entre incertidumbres, de soportar con entereza, como un duende frágil, la verdad sobre la tragedia de nuestra historia. Para hacerlo Triana se ha basado, a su vez, en otra verdad más profunda, y que lleva muy adentro: la carga, el peso del poeta que sabiendo que es nadie, sin embargo vive para contarlo.

(Agradezco la invitación a los organizadores de este congreso — Matías y Yara Montes Huidobro, Yvonne López Arenal, Mario García Joya, Lesbia Varona, Lilliam Manzor y Orlando Rossardi).

Juegos de muerte: *La noche de los asesinos* y la sociedad disciplinaria

Armando Chávez Rivera
University of Houston-Victoria

> El ***panóptico*** concebido por el filósofo Jeremy Bentham en 1791 como eje arquitectónico de la prisión ideal tiene como efecto mayor "inducir en el detenido un estado consciente y permanente de visibilidad que garantiza el funcionamiento automático del poder. Hace que la vigilancia sea permanente en sus efectos, incluso si es discontinua en su acción. Que la perfección del poder tienda a volver inútil la visibilidad de su ejercicio; que este aparato arquitectónico sea una máquina de crear y de sostener una relación de poder independiente de aquel que lo ejerce; en suma, que los detenidos se hallen insertos en una situación de poder de la que ellos mismos son los portadores. Para esto, es a la vez demasiado y demasiado poco que el preso esté sin cesar observado por un vigilante: demasiado poco, porque lo esencial es que se sepa vigilado; demasiado, porque no tiene necesidad de serlo efectivamente." (Foucault, *Vigilar y castigar* 204-205)

Durante casi medio siglo *La noche de los asesinos* (1964), obra emblemática de José Triana (1931), ha logrado éxito de público y crítica en los más diversos países. Algunas claves de esa permanencia y universalidad pueden ser comprendidas si se encara el texto desde la sugerencia de Michel Foucault (1926-1984) de que la familia es un espacio surcado por mecanismos de obediencia presentes también en otros ámbitos disciplinarios de encierro y supervisión como son los hospitales, las fábricas y las escuelas. Desde esa perspectiva, el conflicto de tres hermanos dispuestos al parricidio se eleva por encima de las circunstancias coyunturales de la gestación del texto en la Cuba de los años sesenta y se ubica en el entorno de la sociedad contemporánea, cuyos mecanismos de vigilancia y punición fueron examinados por Foucault al describir el surgimiento y desarrollo del capitalismo.

La comprensión de *La noche de los asesinos* se hace mucho más sugerente si se tienen en cuenta aspectos como la condición reticular, los recursos disciplinarios apoyados en el uso del tiempo y el examen; los vínculos entre poder, disciplina y saber, el control de la salud y la sexualidad, así como las concepciones sobre la justicia penal y los castigos. En *Vigilar y castigar* (1975), referencia fundamental para este análisis, Foucault indaga en los dispositivos disciplinarios presentes en la época moderna, su funcionamiento desde la antigüedad y el gradual perfeccionamiento en ámbitos militares, educativos, productivos, religiosos y sanitarios. Una de las recomendaciones del autor es que se analicen los mecanismos de obediencia que se ramifican hasta adentrarse en la familia:

> será preciso demostrar un día cómo las relaciones intrafamiliares, esencialmente la célula padre-hijo, se han 'disciplinado', absorbiendo desde la época clásica esquemas externos escolares, militares, y después médicos, psiquiátricos, psicológicos, que han hecho de la familia el lugar de emergencia privilegiada para la cuestión disciplinaria de lo normal y de lo anormal. (*Vigilar y castigar* 218-219)

Desde esa perspectiva, la obra de Triana se llena de nuevas resonancias. Los hermanos Lalo, Cuca y Beba viven aprisionados por redes disciplinarias familiares y sociales, y engarrotados por dispositivos que hacen infructuosos y contradictorios los intentos de rebelión.

La noche de los asesinos tiene como eje el tenso encierro de los hermanos en un cuarto-desván o sótano para ensayar el asesinato de sus padres. Semejante aislamiento es un requisito para preparar la conjura, pero también una reafirmación de la única forma de convivencia que han conocido. De acuerdo con Foucault, la clausura es la primera condición para el funcionamiento de cualquier método disciplinario. Los tres hermanos han vivido sin poder asomarse a las ventanas, sin escuchar la radio o leer a su antojo, sin intercambiar libremente con amigos ni visitas. Cuando eligen encerrarse en un espacio recóndito del hogar están repitiendo el mismo esquema reticular de toda su existencia. Se recluyen porque no saben vivir ni rebelarse de otra forma. Incapaces de moverse a sus anchas en la colectividad, se construyen un mundo sustitutorio a la medida de unos pocos metros cuadrados; juegan a reconstituir un nuevo orden interno en el estrecho espacio al que se someten.

Durante la autoclausura se reafirman como víctimas, pero a la vez se entrenan como victimarios; se adiestran en ejercer la coacción sobre los otros: "¡Es el juego! Vida o muerte. Y no escaparás. Soy capaz de todo con tal de que te juzguen" (Triana 105), le grita Cuca a Lalo. En primera instancia, la hermana se refiere a la necesidad de que Lalo responda por el presunto parricidio, pero sus palabras adquieren una trascendencia mayor apuntando a la lógica de un sistema punitivo que mantiene enfrentados a todos. Desde su recogimiento, estos jóvenes repudian las estructuras que los oprimen e imaginan la liberación, pero paradójicamente también acceden al placer de vigilar y castigar. Tal vez su dilema no radique solamente en la necesidad de rebelarse, sino también de poder ser momentáneamente vigilantes y victimarios. El tenso enclaustramiento en el desván repite trazos análogos a los de la dinámica social repelida.

El encierro y la sociedad panóptica

El drama de estos hijos ha sido el mismo de su propia familia; todos están sometidos a un poder vigilante que es múltiple, automático y anónimo, vertical y jerarquizado, así como horizontal en la medida que motiva el recelo entre los semejantes. "Hay que andar con cuatro ojos, que digo cuatro, cinco, ocho, diez... vigilarlos, espiarlos, estar de por vida al acecho, porque son capaces de las mayores atrocidades" (97), se queja Cuca, personificando a la madre. Las hermanas son vigiladas por los padres, pero también por el propio Lalo. Todos son incesantemente censores y censurados. Lalo acusa a su hermana Cuca de que siempre está "espiándonos" (78). La sospecha permanente es una imagen perfecta de la sociedad panóptica, en la cual cada individuo imagina el incesante acecho de un delator oculto. Según Lalo, la hermana Cuca siempre está asegurándose de "nuestros pasos, de lo que hacemos, de lo que decimos, de lo que pensamos. Ocultándote detrás de las cortinas, las puertas y las ventanas... (*Con una sonrisa despectiva*) La niña mimada, la consentida, trata de investigar" (78). La familia semeja un correccional donde los integrantes se supervisan recíprocamente. "Si eres nuestra enemiga, enseña tus dientes: muerde" (79), aguija Lalo a Cuca. Como parte de la nueva retícula de poder construida en el desván, los tres hermanos no censan de fustigarse y juzgarse. Conocen la trama de discursos represivos que les fijan límites y por tanto remedan las voces de los padres, vecinos, policías y miembros de la instancia judicial. Que cada hermano se desdoble en personajes-tipos corrobora su conocimiento de las coordenadas ideológicas del entorno. Las indicaciones escénicas precisan que los personajes "son capaces de representar el mundo sin necesidad de ningún artificio" (74). En función de nuestra interpretación, tomamos tales desdoblamientos como un eco genuino de la familia y la sociedad, no sólo como actos individuales lúdicos, catárticos y paródicos.

La obra se enfoca en el parricidio para poner en entredicho el alcance de las facultades de la familia en su afán de someter al individuo en nombre de la formación y la disciplina. La inconsistencia de esa sociedad disciplinaria son sus vigilantes tuertos, policías morbosos, vecindario murmurador y parentela intrigante. Semejante sociedad es represiva no sólo por la omnipresencia del poder, sino porque éste no genera maduración personal ni progreso colectivo. No obstante, Foucault advierte que "hay que cesar de describir siempre los efectos de poder en términos negativos: 'excluye', 'reprime', 'rechaza', 'censura', 'abstrae', 'disimula', 'oculta'" (198). Más adelante, aclara que el poder disciplinario también puede contribuir a fines útiles como la enseñanza, el entrenamiento y la coordinación efectiva de multitudes. Sin embargo, *La noche de los asesinos* caracteriza formas de poder ejercidas sólo de modo retrógrado. Si estos tres individuos se encierran en un desván es porque consideran que la sociedad es una réplica a gran escala de las limitaciones de la familia y dista de ser un espacio positivo hacia el cual escapar. No confían en la familia, pero tampoco en la colectividad ni en sus instancias de justicia. Sufren el agravante de que el apodo íntimo y familiar se ha sobreimpuesto sobre ellos desplazando su nombre y apellidos, o cualquier otra distinción valedera para circular socialmente. Los hermanos son descritos con cierta gracia adolescente "un tanto marchita" (74), como figuras de "un museo en ruinas" (74). Lalo tiene treinta años, Cuca llegó a los veinte y Beba queda en una edad indefinida, pero es la más aniñada y timorata de todos. "Si Beba juega, es porque no puede hacer otra cosa" (85), se lamenta Lalo. Los tres padecen de un desarrollo emocional limitado que apenas les permite un paso más allá del interior hogareño. Su destino ha sido replegarse allí donde se arrincona lo sucio, mutilado y prescindible, junto a cucarachas, ratones y otras alimañas.

Acaso el ensayo ritual del crimen forme parte de una misma actitud compensatoria de la sociedad disciplinaria en que sus integrantes rumian a solas sus frustraciones e imaginan caprichosas venganzas. Protestar en vano en su encierro, acuchillar el aire y sacudir muebles desahuciados les mantienen resignadamente obedientes cuando abandonan el cuarto y retornan a la rutina pública. El ensayo perpetuo del homicidio puede ser descifrado como una dinámica que los reafirma como individuos conocedores de sus propias ataduras e imposibilidades. El cuchillo levantado una y otra vez en un sinfín de repeticiones iguala el modo obsesivo con que las dos mujeres sacuden y ordenan mecánicamente los trastes inservibles. La obra escarba en las grietas de la sociedad disciplinaria, tensa sus mecanismos internos de equilibrio y descubre la posibilidad latente del estallido. En ese adiestramiento de autómatas, interminable, repetitivo y alienante, tan útil para los procesos productivos del capitalismo, los hermanos se desahogan imaginando un crimen. Esa gimnasia o ritual les contiene. Foucault subraya la importancia de la ejercitación para la existencia de mecanismos disciplinarios. A su juicio, los sujetos son ceñidos por un sistema de coacciones, interdicciones u obligaciones que tienen la intención de hacerlos dóciles, al mismo tiempo que útiles. Las recriminaciones de los padres contra Lalo parecen dirigidas a frenar su rebeldía, más que a echarle en cara su presunta inutilidad. Sin embargo, Lalo y su padre sufren conflictos paralelos. Uno padece el encierro del hogar; el otro, el laboral. Lalo plantea ante el tribunal: "Yo sabía que lo que los viejos me ofrecían no era, no podía ser la vida" (118). Ambos sobrellevan un ahogo similar al del secuestro. El padre se lamenta de que ha desperdiciado treinta años en la oficina de un ministerio recibiendo un salario mísero. Padre e hijo están comprimidos por estructuras que se apropian de la existencia del ser humano sin compensación satisfactoria. Foucault utiliza el término de instituciones de secuestro para aquellas en que la vida es encerrada con el objetivo de controlar, formar y valorizar en función de algún sistema económico, educativo o político (60). Su intento es *fijar* a los individuos a una estructura de corrección y normalización. Los quehaceres domésticos son una metáfora de esa ejercitación. Lalo lo resume: "Yo quiero mi vida: estos días, estas horas, estos minutos..., para decir y hacer lo que deseo o siento. Sin embargo, tengo las manos atadas. Tengo los pies atados. Tengo los ojos vendados" (85). El reclamo de Lalo y su padre apunta hacia instituciones (familiares, sociales, profesionales) que comprimen al individuo y no colman sus expectativas.

Foucault considera que de las comunidades monásticas surgió un modelo estricto de empleo del tiempo que luego se expandió a colegios y talleres y hospitales caracterizándose por tres grandes procedimientos: "establecer ritmos, obligar a ocupaciones determinadas, regular ciclos de repetición" (153). Estas prácticas son lineales y de complejidad progresiva para llegar al momento en que el sujeto rinde examen y es evaluado. A lo largo de los siglos XVII y XVIII las disciplinas se convirtieron en "fórmulas generales de dominación" (Foucault 141), las cuales son "métodos que permiten el control minucioso de las operaciones del cuerpo, que garantizan la sujeción constante de sus fuerzas y les imponen una relación de docilidad-utilidad" (141). A partir de este proceso, Foucault considera la formación de "una política de las coerciones que constituyen un trabajo sobre el cuerpo, una manipulación calculada de sus elementos, de sus gestos, de sus comportamientos" (141), derivando en que "la disciplina fabrica así cuerpos sometidos y ejercitados, cuerpos 'dóciles'" (142). En esta interpretación de *La noche de los asesinos* consideramos a la familia —tal como plantea *Vigilar y castigar*— como un espacio que participa de la multiplicidad de procesos diseminados de técnicas ínfimas, minuciosas, reiterativas, convergentes, que se refuerzan unas a otras para disciplinar a los individuos y acrecentar la dominación. Cuca y Beba no dejan de limpiar y ordenar, tal como los padres les demandan diariamente, aunque desempolvar resulte un absurdo allí donde sólo se acumulan trastos. Ambas hermanas llenan su vida con una actitud que es en sí un sinsentido, metáfora descarnada de la educación recibida.

La rotación de los papeles y la gradual ejercitación en cautiverio de los tres hijos conspiradores reafirman su actitud rebelde, pero también la dimensión ritual subyacente en prácticas escolares y religiosas. El ejercicio repetitivo es parte ineludible, subraya Foucault, del trabajo sobre el cuerpo y de la manipulación calculada de los comportamientos en cualquier sistema de dominación. "En esta casa el cenicero debe estar encima de una silla y el florero en el suelo" (76), insiste Lalo, que intenta romper órdenes, discursos y codificaciones tradicionales. Lalo cambia el nombre de cada objeto, su función cotidiana y la ubicación espacial. Su pretensión es rebatir el orden vigente y refundar la familia, tal como resume el reproche materno de que éste sueña "con ponerme la casa patas arriba" (99). El único dilema del joven no es suprimir a sus padres, sino la perspectiva de tener que hacerse cargo de la emancipación personal. "Reconozco que no sé moverme en la calle; me confundo, me pierdo... Además, ignoro lo que me pasa, es como si me esfumara. Ellos no me enseñaron; al contrario, me confundieron..." (87). Cada vez que se ha marchado de casa, no ha sabido utilizar la libertad y ha optado por regresar. La desaparición de los padres quebraría el marco tradicional dentro del cual sabe desempeñarse.

Los métodos de ejercitación de la sociedad disciplinaria van acercándose *in crescendo* al momento de la prueba o el examen, afirma Foucault. El empeño de Cuca y Beba por sacudir muebles avizora la inspección de la madre/autoridad. El sujeto obediente se siente compelido a rendir examen satisfactoriamente ante la mirada fiscalizadora. "Desde chiquito —cuenta Lalo— me dijeron: 'Tienes que hacer'; y si lo hacía mal: '¿Qué se puede esperar de ti?' Y entonces vengan golpes y castigos" (86). Igualmente, la familia es sometida a examen durante las visitas esporádicas de los vecinos, irrupciones semejantes a la inspección normativa ejecutada por congregaciones religiosas que visitan el hogar de sus miembros para fiscalizarles su vida doméstica. "Vienen a olfatear la sangre", comenta Lalo sobre las esporádicas apariciones de vecinos (Margarita, Pantaleón, Ángela). Los tres hermanos y sus padres reciben las inquisitivas apariciones de vecinos con los cuales conversan puntillosamente sobre los malestares y las vísceras (vejiga, esfínter, fibroma, verrugas) adentrándose a lo escatológico. La salud de cada individuo se torna motivo de control, tal como ocurría durante las cuarentenas dispuestas para controlar la expansión de epidemias en ciudades medievales. Entonces, se pasaba lista diariamente casa por casa y cada miembro de la familia debía rendir cuenta de su estado. Los intendentes y alcaldes recibían información pormenorizada sobre el avance de la enfermedad y las posibilidades de contagio entre los habitantes. La ciudad asolada por la peste y la población enclaustrada con el pretexto de evitar la infección han sido, explica Foucault, metáforas del poder ejercido de modo absoluto para obturar la convivencia social.

El examen y las instancias de castigo

Una gran ironía de *La noche de los asesinos* es la inversión del esquema del examen. Foucault afirma que "el examen se halla en el centro de los procedimientos que constituyen al individuo como objeto y efecto de poder, como efecto y objeto de saber" (197). De ser sujetos controlados y disciplinados para la estabilidad de la familia y la sociedad, los hermanos establecen un modelo de examen dirigido a ensayar y perfeccionar el homicidio.

> El examen combina las técnicas de la jerarquía que vigila y las de la sanción que normaliza. Es una mirada normalizadora, una vigilancia que permite clasificar y castigar. Establece sobre los individuos una visibilidad a través de la cual se los diferencia y se los sanciona. A esto se debe que en todos los dispositivos de la disciplina el examen se halla altamente ritualizado (Foucault 189).

Lalo y sus hermanas subvierten el modelo de examen que usualmente deben rendir socialmente para ponerlo al servicio de su paulatina destreza como homicidas. Durante su enclaustramiento los hermanos no solamente se disponen a rendir un auto examen como individuos y además como potenciales homicidas, sino que también *examinan* a otros individuos y representantes institucionales (policía, juez y fiscal). No queda airosa la integridad de los propios padres, con sus resentimientos, frustraciones y trances reprobables, mucho menos el accionar de la justicia penal.

El sistema de vigilancia reflejado en la obra integra dos instancias de castigo: la hogareña y la social. El primer acto describe el funcionamiento de la *micropenalidad* en la casa, mientras que el segundo se dedica a la acción del poder penal. La micropenalidad, indica Foucault, se ocupa de censurar las pequeñas faltas que están fuera de la vigilancia de la ley penal en lo que atañe al uso del tiempo, la manera de ser, el cuerpo y la sexualidad, entre otros aspectos. En ese sentido, pueden ser motivo de sanción, por ejemplo, la descortesía, la insolencia, las posturas incorrectas, los gestos impertinentes, la suciedad y la falta de recato sexual. El poder necesita castigar por cualquier cosa "para lograr que cada sujeto se encuentre prendido a una universalidad castigable y castigante" (Foucault 183). En el hogar de Lalo, las micropenalidades implican una secuencia que va desde el castigo físico y las humillaciones hasta el encierro. "Me gritaban, me golpeaban, me castigaban; horas interminables en un cuarto oscuro; me repetían una y mil veces que debía morir (…)" (117), describe Lalo ante Cuca, devenida fiscal en el segundo acto. El punto extremo del orden disciplinario, penalizador y jerárquico es la justicia penal. De ahí que el segundo acto sea precisamente el juicio.

Foucault explica que el punto máximo e ideal de la penalidad en nuestras sociedades sería someter a la disciplina indefinida, lo cual se concretaría en un interrogatorio sin término, en una pesquisa sin límites, en una observación minuciosa y gradualmente más analítica, como si fuese un juicio jamás cerrado. Consecuentemente, los hermanos avizoran la investigación policial y la actividad del tribunal como un tormento tan grotesco e insufrible como la propia ejecución del crimen.

Las frases trilladas durante el juicio son homologadas a la tediosa percusión mecanográfica de la secretaria levantando el acta. La inclinación del fiscal a los circunloquios y la grandilocuencia refuerza la sensación de la justicia como una prolongación de un sistema enajenado en sí mismo. Tal parece que el lenguaje circunscrito a fórmulas retóricas se corresponde con el acto interminable de sacudir y limpiar trastos inservibles.

"¿Puede y debe burlarse la justicia? ¿La justicia no es la justicia? ¿Si podemos burlarnos de la justicia, es la justicia otra cosa y no la justicia?" (112), expone el fiscal, encarnado por Cuca. El acta del juicio, que transcribe semejantes parlamentos, viene a ser una materialización de una estructura ideológica cerrada e inapelable. Lalo rompe con ese lenguaje del sistema judicial cuando destroza el documento de la declaración y lo pisotea. Estalla contra la maquinaria judicial:

> ¿Qué saben ustedes de todo eso? (*Gritando. Rompe el acta.*) Basura, basura, basura. Eso es lo digno. Eso es lo ejemplar. Eso es lo respetable. (…) Es muy simpático, muy digno, muy ejemplar que ustedes ahora digan culpable. Y ya. Basta, a otro asunto" (…) ¿No les satisface lo que ha pasado? ¿Por qué pretende endilgarme una serie de invenciones, sin ton ni son? ¿Qué partido sacará…? ¿O cree o se imagina que soy un bobo de remate? (111)

El tribunal viene a ser una continuidad de los mecanismos opresivos domésticos. "Soy culpable. Sí, culpable. Júzgueme. Haga lo que quiera. Estoy en sus manos." (111), clama Lalo. El repudio del joven abarca las estructuras familiares, policiales y judiciales, así como los discursos orales y escritos de la ideología vigente. Los hermanos avizoran el juicio como una representación escénica para caracterizarlos como sujetos representativos de la anomalía, más que para llegar al fondo de los móviles genuinos de la violencia doméstica.

La justicia penal reflejada en *La noche de los asesinos* está permeada por la subjetividad moral y religiosa. Durante el juicio, se llama a declarar a Angelita, que antes había sido nombrada como Ángela, pero al ser presentada ante el fiscal es ennoblecida con el diminuto. Ángela representa metafóricamente al mensajero de la palabra de Dios, quizás una referencia al personaje homónimo y su función de testigo en *San Manuel Bueno, mártir* (1930), de Miguel de Unamuno (1864-1936), uno de los autores de referencia de Triana durante su juventud. El fiscal esgrime imágenes de regusto bíblico: "¿Es que existe la piedad? (*Pausa*) Pero nuestra ciudad se levanta, una ciudad de hombres silenciosos y arrogantes avanza decidida a reclamar a la justicia el cuerpo de este ser monstruoso... Y será expuesto a la furia de los hombres verdaderos que anhelan la paz y el sosiego" (114). Se exige justicia en términos que parecen remontarse al medioevo, cuando se reclamaba el cuerpo del criminal para exponerlo públicamente a la furia y desmembrarlo. Otras imágenes sobre la instancia judicial tienen un resabio de la confesión y los mandatos cristianos. Foucault caracteriza la institución penal como una maquinaria que "puede producir la verdad en ausencia del acusado" (43). Sin embargo, es un procedimiento que tiende a la confesión "porque constituye una prueba decisiva que no hay necesidad apenas de añadir otras" (43). Al mismo tiempo, la confesión se convierte en una victoria sobre el delincuente cuando éste "tome a su cuenta su propio crimen, y firme por sí mismo lo que ha sido sabia y oscuramente construido por la instrucción" (44). Foucault resume que la instrucción penal es "el ritual de producción de la verdad penal" (45); o sea, esa verdad en la cual Lalo no se reconoce y que causa su enardecimiento. Llegados a este punto observamos que tanto el simulacro de parricidio como el intento de juzgarlo adquieren una dimensión de ritual.

De acuerdo con las indicaciones escenográficas, el instante en que se incita a la confesión y se redacta el documento de la instrucción policial "adquirirá una dimensión extraña. Los elementos que se emplean en ella son: los sonidos vocales, los golpes sobre la mesa y el taconeo acompasando (...)" (109). Cuca "dictando automáticamente", recita "en el local de esta Estación de Policía, y siendo..." (109). En ese segundo acto, Lalo examina su propia conducta, clasificándola y elaborándola discursivamente. "¿No comprendes que es un requisito, que es importante la confesión?, le dice Beba, como policía, a Lalo. "Di lo que quieras, lo que se te ocurra, aunque no sea lógico, aunque sea un disparate; di algo, por favor" (109), se le demanda durante la toma de su testimonio. Vemos que la confesión es una clave del valor ritual de esta instrucción penal. Foucault afirma que "la ceremonia penal, con tal de que cada uno de sus actores represente bien su papel, tiene la eficacia de una prolongada confesión pública" (51). En el segundo acto, Lalo confiesa sus motivaciones más legítimas, pero también se representan las hipotéticas confesiones del padre y la madre sobre sus frustraciones y miserias.

Foucault explica que la profusión de relatos sobre crímenes y delincuentes se corresponde con la función política de la escritura de generar discursos de objetivación y sometimiento. Las visitas de los vecinos, las preguntas sobre la familia y los testimonios posteriores durante la instrucción penal dan cuenta del proceso de observación al que son sometidos los sujetos y cómo eventualmente esa información se pone al servicio de la dominación. *Vigilar y castigar* explica que los procedimientos disciplinarios hacen de la descripción de la vida del individuo "un medio de control y un método de dominación" (196). O sea, es una designación de los hechos de la vida del individuo que "funciona como procedimientos de objetivación y sometimiento" (196). La familia es examinada por los vecinos tomando nota de las diferencias de sus individuos, de sus conductas y de que las peculiaridades, que pueden hacer de alguno de ellos un ser *anómalo.*

Los hermanos imaginan cómo la prensa amplifica el homicidio y esboza didácticamente el rigor del castigo. Prensa, policía, juez y vecinos son figurados con una morbosidad casi patológica. El vecino Pantaleón, encarnado por Cuca, se regodea en el relato:

"Ah, si llegas a ver el charco de sangre..., y el olor" (92). También Cuca, como un vendedor de diarios, vocea:

> Última noticia. El asesinato de la calle Apodaca. Cómprelo, señora. No se lo pierda, señorita. Un hijo de treinta años mata a sus padres. ¡Corrió la sangre en grande! El suplemento con las fotografías. (*Casi cantando*) Les sopló a los viejos cuarenta puñaladas. Cómprelo. Última noticia. Vea las fotos de los padres inocentes. No deje de leerlo, señora. Es espantoso, caballero. Avance (...) Tremendo tasajero. (92)

El amarillismo de la prensa y el voceo de los detalles escabrosos corroboran la existencia de una sociedad adicta a esos relatos. Asimismo, el tono inesperadamente coloquial del agente revela la irrupción de la subjetividad individual que desplaza el rigor de las pesquisas. "Con que el caballerito no hizo nada", "El caballerito es inocente" (108), espetan socarronamente los policías, encarnados por las dos hermanas. "El caballerito tiene sus horas contadas. Has firmado tu sentencia, mi hermanito" (108), prosigue Cuca, en su representación del agente. De ahí que la palabra delirio no sea asociada solamente a Lalo, sino en general al procedimiento policial y judicial. Las indicaciones escénicas recomiendan "el taconeo y el tecleo oral, hasta que la escena alcanza un breve instante de delirio" (111-112). La insistencia en la actitud delirante de Lalo fundamentalmente remite a un tema relacionado con la salud mental del sujeto. De demostrarse su locura, queda eliminada la posibilidad de culparle plenamente del delito. Es un sujeto parcialmente inhabilitado, al cual se le considera más o menos culpable en la medida proporcional a su estado mental. Observemos que *La noche de los asesinos* apunta hacia la cuestión médica y mental de la familia del parricida. Foucault aborda la relación entre las condenas y la locura desde el siglo XVIII hasta el XX:

> la sentencia que condena o absuelve no es simplemente un juicio de culpabilidad, una decisión legal que sanciona; lleva en sí una apreciación de normalidad y una prescripción técnica para una normalización posible. (28)

La obra de Triana registra una relación familiar y social grotesca que parece apuntar hacia la sociedad como entramado *anormal.* Se representa la proliferación social del grotesco y el absurdo como esencialmente constitutivos de entornos sociales, laborales y hogareños, aunque llegado el momento estas características se les achaquen sobre todo a los *transgresores.*

Lalo y sus hermanas purgan anticipadamente por sus tentativas de infracción. El autoenclaustramiento semeja una condena autoelegida por voluntad propia y que a su vez contiene a los hermanos de consumar el crimen. Es una expulsión dentro del hogar para expiar la culpa de anhelar el parricidio. La reclusión semeja la aceptación del destierro como castigo ideal, tal como era aplicado antiguamente a fin de impedir la repetición de los males contra el orden establecido. El encierro de los hermanos semeja una expiación autoelegida.

Sangre y cuadros clínicos

La obra está traspasada por sistemáticas alusiones a la salud, la sexualidad y la anatomía. Las dos hermanas y la madre parecen sufrir de neurosis obsesiva, con sus típicos actos repetitivos, compulsión por el orden y obsesión por la pulcritud. En el segundo acto, el interrogatorio desliza insinuaciones sobre la supuesta condición médica y sicológica de la familia tales como las depresiones de la madre y la inquietud angustiosa por su cuerpo. A su vez, la descripción de Lalo se realiza en términos que sugiere etapas de delirio al tiempo que se pretende usar el argumento de que se encuentra medicado para justificar su inestabilidad nerviosa. Cuca, como si recibiera a visitantes, disculpa a su hermano: "tiene los nervios muy alterados" (83) y prosigue: "El doctor Mendieta le ha mandado mucho reposo" (83). La salud mental de Lalo es colocada en entredicho, como si la rebelión fuera posible sólo como resultado de una crisis de salud. Cuca, como un fiscal, pregunta si había algo "enfermizo" (116) en los juegos de los menores. Previamente, la medicina se ha puesto en función de validar el uso de la fuerza, cuando se pretende obligar violentamente a la hija menor a ingerir brebajes. Lalo, como el padre, empuña la taza y fuerza a Beba: "por las buenas o por las malas, te lo tomarás" (96). En nombre de la medicina se excusa la violencia doméstica. La medicina ha sido utilizada históricamente como aliada para el ejercicio de la autoridad, cuestión ampliamente abordada por Foucault al examinar la relación acrecentada entre saber médico y poder desde los siglos XVIII y XIX.

En esta obra abundan los cuerpos enfermos, los *cuadros clínicos* y la obsesión con la sangre. Las alusiones a la sangre parecen remontarse a los mecanismos de ordenamiento social basados en el linaje y los privilegios de grupo. *Historia de la sexualidad* (1976-1984) aborda la transición del feudalismo al capitalismo, y el cambio de distinciones clasistas que antes se basaban en un linaje consanguíneo y luego en el mantenimiento de la conducta sexual heterosexual y monógama. En *La noche de los asesinos*, la hipotética imagen de la sangre derramada por el parricidio semeja la ruptura con una casta, mientras que el cuchillo levantado parece movido por la fuerza del falo deseoso de liberarse. El cuchillo enarbolado semeja la tentativa de Lalo de recuperar su sexualidad; es su modo desesperado de alcanzar la adultez y crecerse sobre la infantilización impuesta. La imagen de la sangre derramada en el hogar debido a un parricidio representa el final de un linaje (al estilo de la sociedad feudal en que la aristocracia detentaba derechos adquiridos a perpetuidad). Cuca, como la madre, le pregunta a Lalo: "¿Crees que renunciaremos tan fácilmente a nuestros derechos?" (99). El cuchillo erguido augura guerra y muerte, pero es además una afirmación desesperada del derecho a la salud, la sexualidad y la vida.

Lalo clava un cuchillo en el medio de la mesa, epicentro de la vida doméstica. Sus intentos previos de poner la casa *patas arriba* han sido truncados por la madre: "eso no lo consentiré ni aún después de muerta" (99), clama ésta, interpretada por una de sus hijas. La frase es más que una hipérbole; es la certeza de que la madre representa un poder normalizador que continuará a pesar de su ausencia física. En este hogar, el cenicero y el florero deben permanecer sobre la mesa. El intento reiterado de Lalo de desplazar cenicero y florero implica la sustitución de la simbología tradicional. "La sala no es la sala. La sala es la cocina. El cuarto no es el cuarto. El cuarto es el inodoro" (100), cantan las hermanas mientras el hermano supuestamente ejecuta el homicidio. A su vez, es como si hipotéticamente cantaran: *el homicida no es un homicida*, subvirtiendo de ese modo la gravedad de la conjura.

Niebla (1914), de Unamuno, también se vale de la imagen del cenicero con rastros de ceniza del último cigarrillo del padre ya fallecido, denotando el tiempo y el orden detenidos en la retícula familiar. Augusto Pérez vaga sin rumbo, sin tomar las riendas de su vida, y sumido en un orden arcaico que lo manipula. La incapacidad vital de Augusto Pérez y la rebeldía refrenada de Lalo tienen un nexo en común. Ambos son seres atrofiados por un régimen obsoleto y autoritario. Augusto se queda inmóvil en el umbral de su edificio a la espera de una aparición azarosa que lo arrastre a vivir. Lalo ordena cerrar y abrir puertas, pero a fin de cuentas se queda escondido en el punto más recóndito y protegido del hogar. Se siente cosificado y mutilado, incompleto: "he sido cualquier tareco para ellos [los padres], menos un ser de carne y hueso" (85). El enclaustramiento en "un sótano o el último cuarto-desván" (74) semeja un retorno al útero protector y la necesidad de regeneración. Encerrarse es a la vez un modo de obturar momentáneamente la realidad impugnada y el papel del individuo dentro de la misma.

En esta obra no hay referencias a la sexualidad como espacio de goce, placer o plenitud, sino como suciedad, engaño y dominación. Se alude a las relaciones sexuales prematrimoniales de los padres, como si ese goce a escondidas y censurado socialmente hubiese sido la causa de las desgracias familiares futuras. A Beba se le grita que la matarán luego de una travesura aparentemente sexual. "Serás una cualquiera, pero no mientras yo viva (*sacudiéndola por los hombros*). Óyelo, sangrona. Te voy a matar por puerca" (94). Tal vez la alusión más llamativa sea la mención al mito campesino de Mamá Coleta, cuya virilidad es asociada con el final trágico de su familia.[1] Más allá de la fugaz

1 Supuestamente, este crimen tuvo lugar en el poblado de Cifuentes, en el bohío de Mamá Coleta, el seis de febrero de 1944, provincia de Las Villas. Vivían en dicho bohío, Mamá Coleta, humilde campesina de la raza negra, su esposo y sus cuatro hijos, de los cuales, uno de ellos, cometió el crimen.

mención a Mamá Coleta, este drama capta el imaginario popular que se mantiene impregnado en refranes, frases coloquiales y localismos. Las abundantes irrupciones del lenguaje coloquial refuerzan el color nacional en el tratamiento de temas permanentes y universales.

La presunta homosexualidad de Coleta es la clave popular para explicar el carácter errático de sus hijos, las prácticas incestuosas durante la adolescencia, el desenlace sangriento en el hogar y finalmente la puesta en peligro de toda la comunidad. La sexualidad *anormal* se presenta como una degeneración genéticamente transmisible. Acaso estos tres hermanos no asesinan a sus padres porque sería un acto semejante a lincharse ellos mismos. Si el asesinato no se consuma es porque en su ritual compensatorio los homicidas se reconocen y se reafirman como constituidos por rezagos de aquello que repudian. Lalo y Cuca, al transformarse cada uno respectivamente en director de la representación, también muestran la vida como *teatro* en el sentido de que cada individuo ya tiene un papel prefigurado.

La obra alcanza su dimensión trágica al valerse del motivo del parricidio, ubicándose en una tradición con antecedentes en Sófocles y Shakespeare. Lalo se unge de esa dimensión trágica que recuerda *Edipo rey*, *Hamlet* o *Macbeth*, pero a la vez el lenguaje coloquial y, por momentos, desparpajado de los hermanos le recuerda al público que estos conflictos son innatos al ser humano, cruzando sobre épocas y culturas. En una entrevista, Triana afirma que "mi obra, supongo, es una parábola invertida hacia atrás, a buscar los orígenes, buscar secretos, buscar aquello que parece que está afuera de la historia pero que sin embargo es la historia misma" (Taylor 119). El drama de la sociedad y la familia contemporánea se crece así, desde el espacio de la sociedad cubana

Temerosa, la madre, que dice estar poseída por Barrueta, un brujo, se lo cuenta a su hermana, y ambas se acuestan en la cama del hijo mayor, teniendo lugar una relación incestuosa. Consultada una santera, Francisca, hija de Mamá Coleta, es la encargada de alejar el maleficio, pero desgraciadamente enloquece, convence a todos que el espíritu de Barrueta se ha apoderado del cuerpo del padre, lo matan a golpes y también a Mamá Coleta, partiéndole el cráneo a su hermano más pequeño, y desnuda y armada, huye a galope tendido en un caballo por las calles del pueblo. Información tomada de *Arrajatabla.* Web. Nota del Editor.

de mediados del siglo XX, hasta el abordaje de los mecanismos de control sobre el individuo en cualquier época.

La noche de los asesinos refleja el ejercicio del poder y las técnicas disciplinarias tal como las refiere Foucault en términos de "el hecho de ser visto sin cesar, de poder ser visto constantemente es lo que mantiene en su sometimiento al individuo disciplinario" (174). El panoptismo se hace presente en la constante supervisión: cada miembro de la familia se coloca en la posición de vigilado y de vigilante, de víctima y victimario. Foucault asegura que vivimos en contextos sociales que son en sí una "sociedad panóptica" (200). Se trata de una sociedad de la vigilancia, una maquinaria panóptica con efectos de poder que prolongamos nosotros mismos. *La noche de los asesinos* despega de la insularidad y temporalidad de su escritura y de su ambientación en cualquier época en "los años 50" (Triana 74) al señalar la permanencia de las estructuras carcelarias de la sociedad contemporánea; la funcionalidad de un entramado de victimarios y vigilantes, la pervivencia de la maquinaria punitiva y el autoritarismo más retrógrado. En la platea, devenida centro de un hipotético panóptico, el espectador se torna vigilante, al cual se le interpela, incita y provoca, pero también se le recuerdan sus límites. Lector y público terminan sintiendo una soterrada complicidad con los parricidas.

OBRAS CONSULTADAS

Campa, Román de la. *José Triana: Ritualización de la sociedad cubana*. Minneapolis, Minn.: Institute for the Study of Ideologies and Literature, 1979.

Dauster, Frank N. *Teatro hispanoamericano: Tres piezas*. New York: Harcourt, Brace & World, 1965.

Fernández-Fernández, Ramiro. *El teatro del absurdo de José Triana (El ensayo de narratología greimasiana)* Boulder, CO: Society of Spanish and Spanish-American Studies, 1995.

Foucault, Michel. *Vigilar y castigar: El nacimiento de la prisión*. México: Siglo XXI, 2003.

———. *Historia de la sexualidad*. México: Siglo XXI Editores, 1990.

Freire, Silka. *Ensayo en cuatro actos: Teoría del texto dramático: G. Gambaro, F. Sánchez, G. Meza, J. Triana*. Montevideo, Uruguay: Facultad de Humanidades y Ciencias de la Educación, Universidad de la República, 2010.

Meléndez, Priscilla. *La dramaturgia hispanoamericana contemporánea: Teatralidad y autoconciencia.* Madrid: Pliegos, 1990.

Montes Huidobro, Matías. *Cuba detrás del telón II. El teatro cubano entre la estética y el compromiso (1962-1969)* Miami, Fla: Universal, 2008.

Nigro, Kirsten F. *Palabras más que comunes: Ensayos sobre el teatro de José Triana.* Boulder, Colorado: Society of Spanish and Spanish-American Studies, 1994.

Taylor, Diana. *Ensayos críticos sobre Griselda Gambaro y José Triana.* Ottawa, Ontario: Girol Books, 1989.

Triana, José. *La noche de los asesinos*. Madrid: Cátedra, 2001.

———. *Teatro.* Madrid: Verbum, 1998.

Del ritual del lenguaje y el distanciamiento estético: la comedia de capa y espada en *Revolico del Campo de Marte*

Jorge Chen Sham
Universidad de Costa Rica

En el número 19 de la revista *Gestos*, correspondiente a abril de 1995, José Triana da a conocer un texto dramático hasta ese momento inédito y cuya primera versión se remonta a 1972; se trata de *Revolico en el Campo de Marte*, en el cual se nos muestra una visión desenfada de las revoluciones, que Priscilla Meléndez interpreta en casi un retruécano en el subítulo que acompaña su breve introducción al texto: "Politicemos el humor y riámonos de la política" (133). En efecto, la versión carnavalesca de la realidad se impone, en palabras de Meléndez, porque el "juego teatral" subraya "un mundo caótico, carnavalesco, supersticioso, lujurioso y lleno de codicia" (133). A la revolución se la ha despojado de su áurea serio-trágica o épica, es decir, de su sentido grandilocuente, de su trascendencia colectiva y utilidad socio-política, para ahora ser resemantizada desde otra versión de los acontecimientos y de su lección histórica. Y no es cualquier revolución a la que alude Triana; la denomina en el título de la pieza dramática con el sustantivo nada inocente de "revolico". La sufijación –ico llama poderosamente la atención, pues expresa tanto la reducción de tamaño como la atenuación o rebajamiento en un contexto en que "se aminora la importancia de alguna persona o cosa" (*Nueva gramática de la lengua española* 168). Su efecto es inmediato para unos propósitos que hacen de la "revolución" un asunto de risa irónica en el que se menosprecian sus alcances y por eso se atenúa su valor y repercusión, como ya lo afirmaba Meléndez. O también de parodia en el que se rebajan los alcances del discurso político oficial, por cuanto se ríe de esos eslóganes de la Revolución que buscan que toda la fuerza física y espiritual de los seres humanos estén al servicio de la producción social y del trabajo en pos de los ideales revolucionarios (Montes Huidobro 84).

Pero para ello, Triana se vale, en primer lugar, de unos códigos génericos que apelan al distanciamiento estético y que conducen a un cuestionamiento de las estrategias dramáticas utilizadas por José Triana. Este efecto *démodé* (de extrañamiento o distanciamiento, como quiera verse), de anacronismo, se logra en primer lugar temáticamente con la remisión al enredo de amores y de identidades (Montes Huidobro 88) y, en segundo, formalmente con la utilización del verso y de la comedia de capa y espada,[1] a la que ya aludió Meléndez en su introducción a la pieza en la edición de *Gestos* (134). Este subgénero de la comedia áurea se caracteriza por su tema de tipo amoroso, por el uso del "ingenio" en el enredo de la trama (Arellano 1988: 29), así como por la ruptura del "decoro" clásico con "la generalización de agentes cómicos, con tratamiento humorístico del honor, marcas de inserción en la coetaneidad y cercanía (geografía, cronología, onomástica), primordial objetivo de enredo y dinamismo suspensivo" (Arellano 1988: 48). De esta manera, asistimos en el inicio de la pieza a una compleja trama de relaciones de personajes que va más allá de las relaciones amatorias que ofrecía la clásica comedia de enredos, porque se despliegan ocho "trípticos eróticos" (Montes-Huidobro 87), cuya vorágine y número ya es una muestra de profusión tropical. La presentación de estos "tríos" se desarrolla en las seis primeras escenas, las que comprenden el "Cuadro Primero" y parte del "Cuadro Segundo" del Primer Acto. Sin embargo, a ellos les dedicaremos este trabajo, con el fin de que se explicite el trabajo intertextual y metateatral que realiza Triana.

Los códigos intertextuales se imponen para que el lector descodifique desde la entrada las evocaciones que se esconden detrás de los tipos seleccionados. Así Rosa, la santera, es la figura de la "celestina" a quien se dirige el atribulado enamorado en busca de su remedio al mal de amores: "LUIS (*Contando unos billetes que guarda en la billetera*[2]). Yo no sé si es atrevido/ sugerirle que mi estado/ de amor corre atribulado" (141), mientras

1 Y se trata de comedia de capa y de espada como se conoce en nuestra tradición hispánica.

2 Si no hay indicación alguna, las cursivas o los énfasis son de la edición manejada.

que ella sabe sacar provecho de las "cuitas" amorosas y, remedando el tópico del *furor amoris* clásico, sin desparpajo consuela al enfermo de amores:

> ROSA: En verdad que cualquier hombre/ despides brasas, asombres/ o no... Sé cauto en canino/ menester y delibera eligiendo tus antojos/ que ponen vendas a los ojos,/ y arrímate a otra ribera (*Sacude una bolsa de dinero entre los faldones.)* Entre los signos del cielo/ ratifica situación/ y búscate una ocasión/ propicia para el consuelo. (*Vuelve a sacudir la bolsa*.)

En *La Celestina* de Fernando de Rojas, el verdadero sentido de la tercería o la embajada siempre se negocia a espaldas de Calixto, ya que tanto Celestina como sus secuaces buscan el rédito personal para sacar provecho de quien está enfermo de amores, es decir, ocultan sus verdaderas intenciones, como se lo espeta Sempronio a Celestina en el Auto Primero: "Calisto arde en amores, de Melibea. De ti y de mí tiene necesidad. Pues juntos nos ha menester, juntos nos aprovechemos" (71). Pero en el texto de Triana la codicia se expone en ese doble nivel de articulación escénica. Por un lado, en el plano metafórico Rosa invita a Luis a desfogarse, a aliviar sus pasiones; pero fijénse que lo hace con un lenguaje oscuro y de juegos metáforicos. Despedir "brasas" equivale a ese proceso sinecdótico que en la tradición amorosa occidental corresponde al *furor amoris*, porque trata la consecuencia de aquello que lo quema por dentro, se combustiona por el amor, mientras que "asombrar", etimológicamente quien tiene o hace "sombra una cosa a otra" (García-Pelayo 104), se oscurece. He aquí lo que en un nivel superficial se opone: quemarse (luz) o apagarse (sombra); pero en un nivel profundo se pondera de otra manera, pues figuradamente asombrar quiere decir "[c] ausar grande admiración o extrañeza" (García-Pelayo 104). Es decir, si a causa del amor, Luis llega a desbocarse ("asombres") o detenerse ("o no"), Rosa le aconseja "en canino menester", en esta zoomorfización de lo humano que lo hace actuar instintivamente, no pensar demasiado racionalmente en tanto que se deje de "[c]onsultar y discutir una cosa" (García-Pelayo 322) y se someta al arbitrio de aquello que le produzca el placer ("arrímate a la otra ribera"). Para ello, lo que en el nivel superficial se aconseja en el nivel profundo se niega, produciendo una inversión semántica en el juego de las palabras:

"Sé cauto en canino menester" ⇒ "canino menester" = seguir lo instintivo
"delibera eligiendo tus antojos" ⇒ lo contrario, no lo reflexione mucho
"arrímate a la otra ribera" ⇒ acercarse a la orilla en donde encontrará lo que busca

De manera que Rosa, como buena conocedora del corazón humano y amiga de la persuasión con un doble lenguaje, invita a Luis a buscar lo que ella, eufemísticamente, denomina como "el consuelo". Es aquí en donde los signos escénicos se redoblan ahora para insistir en esta lectura superpuesta de códigos, pues Rosa, indica la didascalia, se sacude la bolsa del dinero que guarda entre sus faldas apelando a él como el medio más seguro para satisfacer sus deseos frente a lo que sus palabras aconsejan. Con ello, se remite al personaje de la Celestina; Rosa, mediante elementos cinésicos de su movimiento corporal, evoca con el tintineo de las monedas la usura (la transacción monetaria); pero también se está indirectamente frotando las partes íntimas en clara evocación lujuriosa (el intercambio sexual). Así, el gesto de sacudirse la "*bolsa de dinero*":

Nivel explícito: Rosa le sugiere pagar
Nivel implícito : Rosa le sugiere desfogarse

Existe, pues, un desfase entre los actos y las palabras del personaje, con lo cual se subraya esa inversión entre la moralina que Rosa supuestamente plantea y lo que el gesto de sacudirse la bolsa de dinero entre sus faldas inconscientemente evoca ("dinero" ⇒ "entre los faldones") y que despierta la concupiscencia por lo que se oculta entre las piernas. Para ser más exacto, Rosa estaría en la prosapia de la La Madre Celestina en el *Esperpento de las galas del difunto*, caracterizada por ser la que maneja el dinero del prostíbulo, como se lo espeta La Bruja a la "daifa", la prostituta: "La Bruja. ⇒ ¡Si te vieras con capitales, era el ponerte de ama y dorarte las monedas, que el negocio lo puede!" (Valle-Inclán 44). Porque "ama" es en lenguaje hampesco la "dueña de la mancebía", según nos recuerda Ricardo Senabre en una nota a la edición que manejamos (Valle-Inclán 44). En un primer momento, Luis pretende no entender este doble código muy propio de la Celestina de Fernando de Rojas, pues ella sabe valorar en esa esfera de los "negocios" del corazón y de las debilidades humanas cómo el ardor del amor dura lo que el dinero pueda proveer en una suerte de "intereses creados":

> Melibea es hermosa, Calisto loco y franco; ni a él penará gastar ni a mí andar. ¡Bulla moneda y dure el pleito lo que dudare! Todo lo puede el dinero; las peñas quebranta, los ríos pasa en seco; no hay lugar tan alto, que un asno cargado de oro no le suba. Esto he sentido, esto he calado, esto sé de él y de ella; esto es lo que nos ha de aprovechar. ("Tercer Auto", 104)

Así, Rosa como buena Celestina desnuda a Luis en sus apariencias y desmonta la hipocresía de su comportamiento:

> ROSA. El fingimiento/ es carrera aborrecida,/ mas si no adviertes salida/ échale mano al momento.
> LUIS. Un rostro de doble cara/ me asusta.
> ROSA. ¡Triple esperpento/ modulas!… ¡No me hagas cuento/ que eres tremenda cuchara!
> LUIS. Pero si Alicia se entera… *(Saca una billetera del bolsillo interior de la chaqueta.)*
> ROSA. ¡Vaya ganso! (141)

La Celestina "trianesca" invita a Luis al *carpe diem*, que se deje de remilgos y de buenas costumbres y sepa buscar remedio a su aflicción amorosa. Dos veces lo hace, se lo recordaba antes bajo el tópico de la *consolatio* amorosa pero aquí en cuanto desfogue corporal: "búscate una ocasión/ propicia para el consuelo" y, ahora se lo dice también con lenguaje metafórico, "échale mano al momento". En el primer consejo se subraya la prosapia clásica del "consuelo" para terminar en lo sexual; en el segundo, la utilización de la frase hecha del lenguaje popular destaca la oportunidad y la ayuda de terceros. El lenguaje de la disimulación da paso aquí al desmontaje de la apariencia, de lo que Rosa denomina el lenguaje del "fingimiento" de las cosas dichas con doble sentido; por eso increpa a su interlocutor apelando a esas mentiras que no se pueden sostener más, cuando aduce que Luis está representando un "Triple esperpento"; la evocación de la trilogía de *Martes de carnaval* no es inocente.[3] El honor, la honra y la moral de la decencia es lo que Ramón Valle-Inclán destruye en su trilogía *Martes de Carnaval*; pero a lo que alude Rosa no es tanto a esa concepción de captar esa realidad deformada y deformante que para Valle-Inclán solamente puede el espejo cóncavo de la ficción dar como imagen especular de la realidad (Cardona y Zahareas 37), sino a esa manera en la que los esperpentos de *Martes de Carnaval* intentan desenmascarar valores y normas en desuso (Chen 1997: 279), aquello que está anquilosado y caduco en la mentalidad española y que se parodia en la trilogía valle-inclaniana. Aquí Luis se comporta como un mojigato y alguien que teme ser tachado infringiendo las buenas costumbres, que se debate entre el ser y parecer y que en ese sentido es un "fantoche" propio del esperpento[4]; así Rosa lo desenmascara y lo obliga, utilizando una expresión muy cubana ("eres tremenda cuchara"), en tanto no la haga perder más su tiempo, lo cual él comprende bien cuando acepta pagarle el "encargo" y "comisión", que no descubrimos hasta la Escena 3, cuando Rosa dirigiéndose a Magdalena acomete con sus artificios y devela esos secretos que han sido confiados a la celestina:

> ROSA. Luce ya hermoso pimpollo./ Cuerpo y cara... ¡Qué algazara,/ qué de histerias a las claras/ cuando cante como pollo!
> MAGDALENA. ¡Cantando está!... ¿Y..., el...,

3 En tanto trilogía *Martes de Carnaval* aparece por primera vez como volumen XVII de la colección *Opera Omnia* (1930), en las que reúne Valle-Inclán sus tres esperpentos: *Los cuernos de don Friolera* (1921), *El terno del difunto* (1926) y *La hija del capitán* (1927).

4 Fantoche sería propiamente la denominación valle-inclaniana para el personaje esperpéntico.

señor?
ROSA (*Con gran desenfado. Divertida.*) ¿Luis?... Arrebatado, hijita./ No come ni duerme y grita/ soñando por un amor.
MAGDALENA ¿Por un imposible arroja?/ ¿De quién? ¿De su esposa fiel?/ ¡Bah!
ROSA (*Divertida, con gestos de malhumor.*) No tomes el dosel/ ni el rábano por las hojas! (*Otro tono.*) ¿Qué pasa? ¿Pierdes color?... (*Otro tono.*) Es su nombre Magdalena.
MAGDALENA (*Sorprendida.*) ¿Por mí?
ROSA (*Sorprendida.*) ¿Por ti? ¡Qué cadenas/ las cadenas del amor! (144)

Toda la escena está encuadrada por el disimulo, de "efectos calculados de estímulo-respuesta, atestados de guiños y connivencias", según indica Díez Borque como elemento estructural dramático de la comedia de capa y espada (61), para que funcione la previsibilidad y pasemos de la negación o rechazo a la 'concertación". Así, Rosa observa a la presa de su estratagema o encomienda amorosa, a la que llama "dulce pimpollo", anunciándonos el desenlace posible en tanto víctima llevada al matadero "cuando cante como pollo". Como la buena celestina, Rosa sabe escrutar los corazones y tensar las cuerdas de los afectos/pasiones y, haciéndose la desentendida, la que no está muy enterada en la sorpresa de la pregunta ("¿Luis?"), que es correspondida también en la ingenuidad buscada de la pregunta proferida por Magdalena ("De quién? ¿De su esposa fiel?"). Toda la estrategia del disimulo se pone en escena, con el peso que las didascalias imponen en esa repetición de los acotativos "*Divertida*" y "*Sorprendida*", con los que Triana advierte del juego de simulaciones y de falsos malentendidos entre los dos personajes. Si Magdalena es pretendida por un galán, ella se hace la desentendida cuando Rosa ahora aprieta las tuercas para ver esa reacción en Magdalena y, en un lenguaje lleno de insinuaciones, Rosa apela al saber paremiológico de la sabiduría popular. Retoma el dicho "Tomar el rábano por las hojas", es decir, no andarse con rodeos o tapujos, haciendo otra equivalencia con el "dosel" del árbol, en tanto se trata de la parte culminante del follaje; sin embargo la alusión sexual de la expresión se subraya por la significación de "punta" y de forma fálica del tronco con "rábano", de manera que en una doble alusión, a que no sea mojigata y que no se haga la desentendida desde un punto de vista sexual, lo cual es pertinente por la pregunta que le hace Rosa ("¿Qué pasa? ¿Pierdes color?..."). De esta manera, se monta y se desmonta el mecanismo de estímulo/ respuesta y nos hace ver el juego del efecto calculado que señala Díez Borque para la comedia de capa y espada, entre tensiones y distensiones "otorgando un doble significado a la serie de parlamentos y acciones que se sucederán a partir de aquí, con un calculado diseño mecánico de guiños como estrategia de comunicación" (Díez Borque 67).

Y decimos "mecánico" no tanto porque responda a una acción que Triana se haya propuesto como automatizada sino porque sus esquemas son previsibles en el género seleccionado y que sirve como si fuera un hipotexto, es decir, como modelo textual. De esta manera, la frase final de la secuencia analizada, de nuevo nos pone ante ese triunfo de la Celestina en su negociación persuasiva, como también en el tópico al que remite Triana, pues "¡Qué cadenas/ las cadenas del amor!" (Triana 144) remite no solo al buen desarrollo de su encomienda, de sus dotes de tercería al saber mover los hilos del amor, sino también a esa concepción amorosa que nos viene de la lírica petrarquista y se desarrolla en la tesis de que el amor es una pasión/prisión que hace sucumbir al atribulado amante. Una obra de la literatura española de finales del siglo XV la expone a perfección; a saber, *Cárcel de amor* (1492) de Diego de San Pedro, en donde Leriano, el atribulado enfermo, se dirige de esta manera al personaje-autor:

> [...] y assí de Amor me vencí, que me truxo a esta su casa, la cual se llama Cárcel de Amor; y como nunca perdona, viendo desplegadas las velas de mi deseo, púsome en el estado que vees. Y porque puedas notar mejor su fundamiento y todo lo que has visto, deves saber que aquella piedra sobre quien la prisión está fundada es mi fe, que determinó de sofrir el dolor de su pena, por bien de su mal
> [...]
> Pues oyendo Amor que quien me avía de salvar me condenava

dio como justo esta sentencia cruel contra mí.[5] (71-72)

En la alegoría de San Pedro, el Amor conduce al enamorado a una prisión que, paradójicamente sufre, porque de él depende su salvación espiritual; de ahí deriva el motivo de las "cadenas del amor". Porque Amor (así en mayúscula) es la pasión que arrastra y, en el caso de las comedias de enredo o de capa y espada, conduce a esa dicotomía que en estas piezas se hace entre el amor virtuoso y el amor locura, tal y como se explicita en la comedia *No hay burlas con el amor* de Calderón de la Barca,[6] cuando don Alonso responde a don Juan por el cambio psicológico de su criado Moscatel, ahora prendado de amores:

DON ALONSO: ¡Hase enamorado!
Mirad si tengo razón/ de darle tan bajo nombre,
pues no hace alevosía,/ traición ni bellaquería,
como enamorarse, un hombre. (Calderón de la Barca 192, vv. 67-72)

En cambio, don Juan interviene inmediatamente corrigiéndole, para que de nuevo don Alonso le replique insistiendo en las veleidades del amor:

DON JUAN: Amor es quien da valor/ y hace al hombre liberal
Cuerdo y galán.
DON ALONSO: ¡Pesia tal!
De los milagros de amor/ la comedia me habéis hecho,
que fue un engaño culpable,/ pues nadie hizo miserable,
de avaro y cobarde pecho/ al hombre, sino el amor.
(Calderón de la Barca 192-193, vv.73-81)

Nos recuerda Ignacio Arellano en su edición crítica de esta comedia que, en la concepción galante del amor cortés, que la

---

5 Le recuerdo al lector de que no se trata de erratas sino de la grafía de la época, que la edición manejada respeta.

6 Publicada en la quinta *Parte de las comedias* de Calderón de la Barca (1677), aunque su escritura indica Arellano, es de 1635 como apunta en su estudio introductorio a esta comedia (Calderón 1981:125).

fineza, liberalidad y cortesía dominan la definición del galán (Arellano 1981: 192), mientras que para don Alonso es un vicio que hace caer al ser humano en el juego y discreción engañosa (Arellano 1981: 102-103), para describir lo que, en lenguaje áureo, se denomina mudanzas y veleidades del amor en tanto comportamiento reprochable, es decir, en tanto "juego de placer" (Arellano 1981: 68) y de fingimiento. Esta es la concepción del amor en esta pieza de Triana. En este sentido, recordemos que las comedias de capa y espada se caracterizan por el enredo de la acción, o lo que Ignacio Arellano denomina como "[l]as coincidencias y la acumulación de sucesos [... que conduce a] la densificación económica del enredo" (37), con el fin no solo de afectar las relaciones de amor y de amistad, sino también de producir esa complejidad de sentimientos que provoca (de enredos). Así, en la escena 3 de este "Cuadro Primero", además de este primer hilo argumental Luis-Magdalena, se expone un segundo hilo en el que entra la pareja de esposos conformada por Enrique-Marieta:

> MARIETA. (*Violenta, a Enrique su esposo.*) ¿Oyes, oyendo?... ¡Contesta!/ ¿Acaso mudo has quedado?/ ¿Estás lelo?... ¡Estás borracho!
>
> ENRIQUE. ¡Pronto empezará la fiesta!/ Que no piense Magdalena/ que conmigo juega suave.
>
> MARIETA. (*Sarcástica.*) El asunto pinta graves/ manotazos de sirena. (*Mirando a Renato.*) ¡Lindo Oficial!...
>
> ENRIQUE. (*Violento.*) ¡No me importa/ que abordes algún amante!/ No eres a mis manos guante/ ni fogón a mi retorta.
>
> MARIETA. (*Furiosa, despechada.*)Sin embargo, ella, ¿qué tiene/ que no tenga yo con creces? ¿O es que acaso te mereces/ una vestal que mantiene/ círculo errante...? (*Intenta agredir a Enrique y llora de rabia.*) (144)

Los celos de la pareja entran ahora en acción, la pareja de esposos celosos ofrece una segunda línea de acción que intensifica y contrasta con la primera (recordemos que Luis se presenta también como un hombre casado que pretende a otra mujer); pero en este caso la introducción de la pareja Enrique-Marieta viene a complicar la acción y a sumarle complejidad, porque por boca de Enrique nos enteramos que pretende a Magdalena, mientras que Marieta se ha fijado en el hermano de aquella, a quien describe como "¡Lindo Oficial!...". Decíamos que esta segunda acción contrasta con la anterior, porque al disimulo de la anterior, aquí la pareja conformada por Enrique-Marieta se agrede y se increpan en un clima de tensión verbal y social. Señala Triana en las didascalias la forma de comportamiento de estos personajes; utiliza la notación psicológica "*violento*" para ambos cónyugues, en una representación en la que los celos provocan la confrontación de marido y mujer, sin dejar a un lado ese lenguaje alusivo y retórico, pues con esos "graves/ manotazos de sirena", alude Marieta a la Magdalena. Las equivalencias surgen cuando recordemos que la Magdalena bíblica se caracteriza por sus lloros y lamentos, mientras que las sirenas con su canto airado y persuasivo atraen a los hombres y los llevan a su perdición, porque en nuestro imaginario occidental, la belleza física y el deleite de su canto esconde el peligro inminente para el marino (Balavoine 75). El doble juego retórico continúa en las dos respuestas siguientes. Por un lado, la de Enrique remite al saber paremiológico, retomando el dicho "ser guante para mi mano"; la expresión se utiliza cuando las cosas encajan bien o son muy favorables en determinadas circunstancias, pues el tamaño del guante sería el adecuado calzando perfectamente a la mano, con lo cual Enrique expresa su reprobación para con su esposa. Por otro lado, la de Marieta, también incomoda y ataca a su esposo cuestionando precisamente su comportamiento inapropiado e indecoroso, cuando hace referencia a la "vestal", las sacerdotisas de la diosa Vestal, la que cuidan del fuego y del hogar y que eran conocidas por sus costumbres y decoro. Lo que queda claro en el texto es la actitud machista de Enrique, pues cuando Marieta se fija atentamente en Renato, se empodera de ella el sortilegio de amor producto del intercambio de miradas en un diálogo de reminiscencias culturales híbridas:

> MARIETA. ¡Nada jures! (*Contemplando a Renato, en un hipnótico desenfreno.*) ¡Perfecto cuerpo, Dios mío!/ La piel del escalofrío/ me empuja a que te conjure/ a Shangó y

Yemayá.

RENATO. (*En un idéntico desenfreno.*)
Es un barullo de sueño/ y de brujeros empeños/ que amor quita y amor da. (145)

Conjuros y pócimas están al orden del día en una comedia de enredos que hace emplazar a la Celestina en un ambiente tropical de santería, en donde su intercesión se hace necesaria para que funcionen las trampas/seduccciones del amor y se tence la acción dramática con el tópico del *furor amoris*, que las didascalias traducen en la acotación "*hipnótico desenfreno*". Pero desde el punto de vista de la comedia de capa y espada, el móvil del amor concertado y desconcertado queda ya explícito en estas confesiones de corazones atribulados y apasionados, lo cual se profundiza aún más cuando Enrique se percata de que su mujer ahora muere de amor por un nuevo galán; los celos surgen ahora para completar los móviles del odio/amor/celos, propio de la verosimilitud del género. Se trata de una doble anagnórisis o reconocimiento de parte del lector/espectador, pues tanto su esposa como la otra a la que pretende, lo están engañando; de parte de Enrique los celos lo empiezan a carcomer:

ENRIQUE.¿Qué hago? ¡Sí! ¿Qué haré? ¿Me quedo/ como un tarugo elegante/ o como engrifado amante/ que desenreda el enredo?/ ¡Los mato ahora mismo! ¡No! (*Magdalena le entrega una bolsita de dinero a Rosa que hace grandes aspavientos y termina aceptando*). Y Magdalena... Es el caso/ que voy dando paso a paso/ al trampolín del amor.

MAGDALENA. (*Desconcertada, descubriendo la presencia de Enrique, apoyándose en Rosa, que la mira a su vez totalmente extrañada.*) ¡Virgen Santa! ¡Dios! ¡Enrique!/ ¡Ay!, ¿dónde, dónde me meto?/ Capaz es de bronca y reto,/ de algo que me mortifique.

ENRIQUE. ¿Qué hace aquí, diga, señora,/ tan temprano?

MAGDALENA. Pues, pasaba.../ Y a mi amiga acompañaba,/ pues el trencito demora.

ENRIQUE. ¿Es cierto? ¿No estás mintiendo?/ Como un tomate el semblante...

MAGDALENA (*Muy rápida y agresiva.*)Discutía de un bergante/ que estoy casi aborreciendo. (146)

La comedia de capa y espada tensa sus hilos para que se despliegue la complicación de las relaciones de esta manera:

Enrique (esposo)	=	Marieta (esposa)
↕	(Rosa)	↕
Luis ↔ Magdalena (hermano)	=	Renato (hermano)

La doble flecha (↔ o ↕) subraya las pretensiones amorosas de cada cual; por lo que desde el punto de vista actancial hay rivales en cada triángulo amoroso; las pretensiones amorosas de cada uno de los participantes y sus respectivos impedimentos u obstáculos en este momento se aclaran; si la acumulación de hilos dramáticos y las necesidades de enredo obedecen al "azar controlado" (Arellano 1988: 37) con el que el dramaturgo complica la acción, el enredo obedece a las pretensiones que cada personaje tiene en materia del amor; a esta mecánica obedece el enredo. Por otro lado, queda claro el papel de intermediario que posee Rosa, mientras los móviles del engaño, la traición y la correspondencia hacen su aparición.

Volviendo ahora a la escena más arriba citada, veamos cómo Triana desmonta el móvil del honor, que aparece en las comedias de capa y de espada para ser explotado en sus "potencialidades cómicas", porque ¿cómo pedir el honor y el respeto a la decencia, cuando explícitamente Enrique y Marieta se están engañando recíprocamente? Ignacio Arellano nos recalca que el honor es un anacronismo en estas comedias y que solamente por sus potencialidades se utilizan para ver los arrebatos en los que caen padres o hermanos (1988: 46). En este caso, Enrique, herido en su pundonor de marido, no actúa, no tanto como el pusilánime del esperpento valleinclaniano ante el rumor social,[7] sino porque

7 Nos referimos en efecto a don Friolera en el esperpento homónimo, que debate así en su soliloquio de la "Escena primera": "—¡Mi mujer piedra de escándalo! El torcedor ya lo tengo. Si es verdad quisiera no haberlo sabido. Me reconozco un calzonazos. ¿Adónde voy yo con mis cincuenta y tres años averiados? ¡Una vida rota! En qué poco está la felicidad, en que la mujer te salga cabra. ¡Qué mal ángel, destruir con una denuncia anónima la

es consciente de que si lo hace en este momento acaba el espectáculo teatral; recordemos su parlamento: "¿Me quedo/ como un tarugo elegante/ o como engrifado amante/ que desenreda el enredo?" (146). Las dos posibles acciones: como cornudo ("tarugo elegante") o celoso, ("engrifado amante"), que son los dos papeles clásicos, significaría desmontar el "enredo" de la comedia humana a la que asistimos y, por lo tanto, acabar la obra dramática. Pero por otro lado, representa muy bien eso que llama Montes Huidobro como el "péndulo léxico" (92) de la pieza, en donde el lenguaje popular se codea con un lenguaje altisonante con neologismos barrocos, que para Montes Huidobro apuntan al estilo lezamiano (92), para producir esta estilización deliberada y delirante. Esta conciencia estética y metateatral es básica para comprender la actuación de unos personajes que obedecen a esquemas preestablecidos y a un "juego" ilusorio y lúdico, y no tanto a una concepción trágica del mundo, lo cual podemos ver con las "salidas" y respuestas de los personajes, llenas de réplicas que corresponden a un universo intertextual y a clichés culturales, a lo cual podemos aunar el uso del verso dentro de un distanciamiento estético.

Pero veamos en la escena citada más arriba, un último caso de esta réplica que, sonando anacrónica o *démodé*, instaura el donaire y el ingenio como en los diálogos de los personajes de capa y espada. La respuesta de Magdalena cuando se ve descubierta por Enrique en su conducta delictiva al darle dinero a Rosa y quiere averiguar las razones por las cuales está allí nos servirán de ejemplo; la respuesta es inaudita, aunque tiene pertinencia en este contexto, porque "[d]iscutía de un bergante/ que estoy casi aborreciendo" (146), nos hace ver la gracia y la respuesta ingeniosa de Magdalena para cubrirse las espaldas y a la pregunta seria de Enrique, encararlo, con lo cual se dispara la risa del espectador/lector ante tal inesperada respuesta pero

paz conyugal! ¡Canallas! De buena gana quisiera atrapar una enfermedad y morirme en tres días. ¡Soy un mandria! ¡A mis años andar a tiros!... ¿Y si cerrase los ojos para ese contrabando? ¿Y si resolviese no saber nada? ¿Qué culpa tiene el marido de que la mujer le salga rana? ¡Y no basta una honrosa separación! ¡Friolera! ¡Si bastase!... La galería no se conforma con eso. El principio del honor ordena matar. ¡Pim! ¡Pam! ¡Pum!... (128-129).

atinada. Un "bergante" es un "pícaro, sinvergüenza, tunante" (García-Pelayo 143), con lo que la mirada hacia su esposo y sus palabras atrevidas sirven para recriminarle su comportamiento indecoroso en una situación inapropiada para él también. Frente a las sospechas y a las evidencias, los personajes se reprenden, se provocan, se incitan y se desconciertan recíprocamente; pero también disimulan y se engañan entre ellos. Es allí en donde el enredo aparece, indica Ignacio Arellano, como artificio y motor del mundo aparencial que se intensifica para su mantenimiento, mientras: "[e]l público se siente poco afectado por los falsos juicios de los personajes. Son los personajes los que se equivocan, y el espectador, más que aplicarse a sí mismo el caso, lo toma como motivo de risa o provocador de la suspensión y la sorpresa" (1981: 78). Lo anterior es importante para determinar cómo los personajes de las comedias de capa y espada son "títeres de sus apariencias" (Arellano 1981: 79), en un espacio en el que el divertimento y el juguete teatral se imponen. Y lo son también en esta pieza de Triana para que sirvan como títeres de la ilusión teatral en ciernes.

Vistas así las cosas, los celos también son un buen motor para el honor en juego en este mundo apariencial, como le ocurre a Luis en la escena 7 cuando encuentra a su esposa Alicia en compañía de su hermano; oye risas que vienen de la sala y en lo que parece un aparte como se decía en el teatro clásico, dice:

> LUIS [...] Oigo crujir de faldas, gritos vanos/ enturbiando la casa del deseo./ Si me pongo alguacil o filisteo/ me traiciono a mí mismo mano a mano./ Siguen tronando voces, al desgano/ de los oscurecidos camafeos./ Si rompo los telares, devaneos/ son y delirios tristes de verano./ No se ponga oneroso desatino,/ su victoria pléyade sonando/ en la tierra encrespada de mi suerte./ Armando voy de sombra mi camino,/ olfateando mastines y callando/ un licencioso círculo de muerte. (150)

De esta manera, otra vez Luis nos recuerda al don Friolera valleinclaniano en su vacilaciones sobre la honra de su mujer, lo cual no es inocente, en un contexto en el que "la casa del deseo" es lo que debe guardar y vigilar el marido ante las asechanzas de los demás contrincantes; debe guardar su casa, sinecdóticamente en las comedias de capa y espada, recordemos, su honor. Las dos posibles conductas son enunciadas en forma metafórica, el que castiga el delito y ejecuta la justicia ("alguacil") o el que permite que invadan su territorio ("filisteo"); sin embargo, ambas posiciones poseen sus consecuencias y permiten observar la agudeza verbal y los artificios retóricos en su exposición; escoge Triana una estructura simétrica desde el punto de vista morfosintáctico; veamos:

⇒ "Si me pongo alguacil o filisteo/ me traiciono a mí mismo mano a mano".

⇒ "Si rompo los telares, devaneos/ son y delirios tristes de verano".

El uso de oraciones con subordinadas en condicional permite una exposición en forma de silogismos que otorga un ritmo cadencioso y musicalidad desde el punto de vista formal, eso es cierto, pero que desde el punto del contenido, obliga a pensar en la duda o el grado de probabilidad de lo que la prótasis plantea, pues la condición expresa siempre la "relación necesaria" (Gili 319) para la consecución de lo que se enuncia en la oración principal. En el primer caso, si actúa como le pide el código del honor o se hace la vista gorda, provocará en definitiva el descubrimiento de la ofensa, es decir, podrá verificar o desmentir sus celos; al fin y al cabo, el código del honor recae sobre él para sentar la responsabilidad y salvar su honra, por lo que él será el causante de su propia desgracia. Así, la "traición" la realiza el que "quebranta la fidelidad o lealtad" (García-Pelayo 1014) y él no quiere dar ese paso que lo obligaría a intervenir. Lo cierto es que si lo ejecuta, rompería "los telares". Aquí "telares" es sinécdoque de la fidelidad y lealtad de su mujer, por su relación con el personaje mítico de Penélope, la que teje/desteje en símbolo de su fidelidad hasta que el ansiado y esperado marido retorne a Ítaca. Al destruir la ilusión y la apariencia de su matrimonio desencadenaría la vorágine de la locura, en una remisión a la obra de Shakespeare *A Midsummer Night's Dream*:"devaneos/

son y delirios tristes de verano". La vacilación es sinónimo de duda; Luis lo pondera como "oneroso desatino" que lo puede arrastrar a una "tierra encrespada", es decir, de tormenta y de aflicciones en tanto "encrespada" se refiere a las olas de mar. La referencia final es aún más oscura y críptica, en el sentido de que advierte las consecuencias de su comportamiento si actúa y descubre la infidelidad ("mi camino"), porque tendría que actuar "olfateando" como mastín en perpetua cacería a los que podrían ser los causantes de su deshonor y obligado a matar en pos de su honor así mancillado, porque "licencioso" referido a "círculo de muerte", se refiere a la desenfrenada obligación de matar en estos casos. Lenguaje oscuro y de evocaciones intertextuales que obliga a tener en cuenta que si en pleno siglo XX se habla de este modo, es para tener conciencia del efecto estético logrado por José Triana.

En definitiva, estamos en *Revolico del Campo de Marte* en la creación de un espacio de engaños mutuos, fingimientos, de burlas y de retórica *demodée* y compleja, para que las sorpresas, los juegos y los desconciertos provoquen al lector/espectador y conduzcan a ese distanciamiento crítico de un dramaturgo que, en este texto, no se toma muy serio, se ríe y utiliza parodiando las convenciones de un género. Es en este "Primer Acto" en donde se juega desde el punto de vista de las elecciones dramáticas y de las posibilidades estilísticas que hemos analizado en relación con el género de capa y de espada, aunque en este no se agotan todas las posibilidades genéricas que ya Matías Montes Huidobro había señalado en referencia al teatro bufo (93), ni qué decir de la comedia de enredo que representa también *A Midsummer Night's Dream*, cuyas relaciones desbordan este trabajo. Es ahí en donde concordamos con Montes Huidobro en la complejidad jubilatoria y exultante de *Revolico del Campo de Marte* con su chusmerío y elegancia, que logra conjurar en un proceso de rebajamiento textual de una risa que no es anodina ni banal.

OBRAS CITADAS

Arellano, Ignacio. "Introducción". *No hay burlas con el amor*. Pedro Calderón de la Barca. Pamplona: Ediciones Universidad de Navarra, 1981. 9-120.

_____. "Convenciones y rasgos genéricos en la comedia de capa y espada". *Cuadernos de Teatro Clásico* 1 (1988): 27-49.

Balavoine, Claudie "Au-dessous/ au-dessus de la plaine marine: dichotomie symbolique dans l'imaginaire de l'emblématique espagnole (1581-1640)". *L'imaginaire des espaces acuatiques en Espagne et au Portugal*. François Delpech (Ed.). París: Presses Sorbonne Nouvelle, 2009. 65-97.

Calderón de la Barca, Pedro. *No hay burlas con el amor*. Edición de Ignacio Arellano. Pamplona: Ediciones Universidad de Navarra, 1981.

Cardona, Rodolfo y Anthony Zahareas. *Visión del esperpento*. 2ª. edición. Madrid: Editorial Castalia, 1982.

Chen Sham, Jorge. "La especularidad dramática en *Los cuernos de don Friolera*". *Questionnement des formes-Questionnements du sens: Pour Edmond Cros*. Tomo I. Monique Carcaud-Macaire (ed.). Montpellier: Editions du CERS, 1997. 271-80.

Díez Borque, José Ma. "Mecanismos de construcción y recepción de la comedia española del siglo XVII. Con un ejemplo de Lope de Vega". *Cuadernos de Teatro Clásico* 1 (1988): 61-81.

García-Pelayo y Gross, Ramón. *Pequeño Larousse Ilustrado*. París: Ediciones Larousse, 1976.

Gili Gaya, Sanuel. *Curso superior de sintaxis española*. 14ª. edición. Barcelona: Bibliograf, 1982.

Mélendez, Priscilla. "Politicemos el humor y riámonos de la política: *Revolico en el Campo de Marte*". *Gestos* 10. 19 (1995): 133-137.

Montes Huidobro, Matías. *Cuba detrás del telón IV. Insularidad y exilio (1969-1979)*. Miami: Ediciones Universal, 2010.

San Pedro, Diego de. *Cárcel de amor –Arnalte y Lucenda–Sermón*. Edición de José Francisco Ruiz Casanova. Madrid: Ediciones Cátedra, 1995.

Rojas, Fernando de. *La Celestina*. Edición de Bruno Damiani, 10ª. edición. Madrid: Ediciones Cátedra, 1982.

Triana, José. "*Revolico en el Campo de Marte* (Pieza en tres actos)". *Gestos* 10. 19 (1995): 139-205.

Valle-Inclán, Ramón Ma. *Martes de carnaval*. Edición de Ricardo Senabre. Madrid: Editorial Espasa-Calpe, 1990.

A más de treinta años de distancia: una relectura de "*La noche de los asesinos:* texto y representación"

Kirsten F. Nigro
The University of Texas at El Paso

A manera de prólogo.

> Lo que sigue no es un ensayo académico; tampoco pretendía ser una ponencia formal cuando la leí en un panel en honor a Pepe Triana durante el encuentro sobre "Teoría y práctica del teatro cubano del exilio: celebrando a Virgilio" en enero del 2012. Lo único que he pretendido hacer es conversar con Pepe acerca de mi relación con él y con su obra maestra *La noche de los asesinos*. De ahí el tono informal e íntimo, hasta confesional de este escrito. Gracias Yara y Matías por la oportunidad de compartir estas palabras con Pepe, así como con los que las escucharon en Miami, y los que ahora las van a leer. KFN

En el anuncio para una reciente puesta de *La noche de los asesinos* en París (abril de 2011, en el Theatre de L'Opprimé), se refiere a esta más que conocida obra del amigo Pepe Triana como "el clásico del teatro cubano de todos los tiempos." No creo que esta aclamación sea hiperbólica o mera propaganda para atraer al tan exigente público teatral parisiense. Cuando uno considera el éxito que ha tenido esta obra desde su estreno en 1966 —los subsiguientes y numerosos montajes y el sinfín de artículos y comentarios que ha ocasionado— sencillamente no cabe duda de que ninguna otra obra teatral de autoría cubana ha tenido semejante trayectoria; y la verdad es que ninguna otra obra teatral de ningún otro dramaturgo latinoamericano tiene un "curriculum" tan ilustre. Hoy estamos, ciertamente, ante la presencia de una figura cumbre del teatro mundial —y no exagero— de cuya amistad he disfrutado durante largos años, aunque casi todos ellos han sido a larga distancia. Pepe Triana y yo nos hemos encontrado en lugares tan diversos y exóticos como lo son New Hampshire, Atenas, París, Cincinnati y ahora, Miami. Les agradezco tantísimo a los colegas Yara González-Montes y Matías Montes Huidobro el que me hayan invitado a esta reunión, donde de nuevo puedo disfrutar no sólo de su compañía sino también de la de Pepe y Chantal. Me es un tremendo honor estar aquí con todos ustedes. Gracias también a los numerosos patrocinadores de este importante congreso sobre la dramaturgia cubana del exilio.

De una manera muy íntima mi vida académica está ligada a Pepe Triana y a *La noche de los asesinos;* de ahí que estas palabras mías sean más de índole personal y conversacional que las de una ponencia formal y académica, en el estricto sentido de estas etiquetas. Lo que quisiera hacer ahora es echar una mirada hacia atrás, para deconstruir, o algo parecido, otras palabras mías de hace más de treinta años, y de esta manera considerar su vigencia y validez —o no validez— en esta segunda década del siglo XXI. En el otoño de 1977 yo publiqué un artículo en el renombrado *Latin American Theatre Review,* titulado "*La noche de los asesinos*: Playscript and Stage Enactment" (11.1, 45-57). A raíz de esta publicación, llegué a conocer a otros investigadores del teatro latinoamericano que llegarían a ser amigos personales y profesionales de toda la carrera mía hasta la fecha. Yo, una mera principiante en el campo, compartí ese número del *Latin American Theatre Review* con reconocidos académicos y dramaturgos como John Kronik, David William Foster y Matías Montes-Huidobro; sobra decir que me sentí muy pero muy bien acompañada. Lo más fenomenal de todo esto fue que poco después me llegó la noticia de que José Triana había leído mi artículo (en aquel entonces jamás me hubiera atrevido a llamarlo Pepe, como ahora lo hago con tanto cariño). Y aun más fenomenal fue la noticia de que le gustaba lo que yo había escrito. Tristemente para mí no sería hasta 1988 que nos conoceríamos y que tendríamos la oportunidad de hablar largamente sobre este magnífico texto suyo (fue en ese primer encuentro que Pepe me confesó que durante años había creído que yo —por mi nombre de pila— ¡era un hombre!).

En "*La noche de los asesinos*: Playscript and Stage Enactment" se acoplaron dos pasiones en mi joven carrera de investigadora del teatro latinoamericano: la problemática relación entre el texto dramático escrito y su posible representación teatral, y el texto dramático perfecto para explorar a fondo esta problemática. Mi locus de enunciación —el mundo académico norteamericano— era para mí un desafío y una mengua, ya que hacía muy difícil el ver una escenificación profesional latinoamericana de los textos que yo estudiaba. Por mi propia experiencia con el teatro y por mis lecturas de la teoría teatral de moda en esa época —especialmente la semiótica teatral— yo estaba convencida de que había que leer el texto escrito como algo más que literatura, como algo más que palabras escritas; así lo expliqué en mi artículo: "The text . . . can be viewed as a complex system of signs that function simultaneously to express the play's substance and to indicate how this substance could be translated into stage enactment" (45-46). Por supuesto que ésta no es una observación original ni tampoco genial, pero dentro de los análisis del teatro latinoamericano que hacíamos los profesores anglosajones —tan lejos geográficamente del hecho escénico— todavía no era tan obvio como lo es ahora. Yo me propuse probar la validez de esta propuesta con un texto que claramente sugería una traducción al escenario deslumbrante por su teatralidad, por su atrevido antirealismo, e intelectual y artísticamente desafiante por su ambigüedad, por sus espacios en blanco y capas y capas de posibles interpretaciones; o para tomar prestado de Roland Barthes, por su multivalente cadena connotativa.

Un aunque somero repaso de lo escrito sobre *La noche de los asesinos* confirma que ha sido objeto de múltiples lecturas que subrayan lo mítico, lo ritual, lo sicológico, lo existencial, lo sociológico, y lo politico en este texto, sin que ninguna de éstas necesariamente excluya o cancele a la otra. Algunos lectores hacen hincapié en cómo *La noche de los asesinos* figura dentro de la dramaturgia total de Triana, donde el recurso de los mitos griegos es una constante; otros lectores relacionan esta constante con lo ritual en la forma y en el contenido de las obras; hay quienes han visto en los juegos de Lalo, Cuca y Beba la exploración de los impulsos destructivos de la psique humana; para otros, estos juegos y su frustrado "no-desenlace" son la metáfora de la inexorable frustración existencial del ser humano, o de su siempre inacabada lucha por la libertad; en otras interpretaciones la desunión familiar representada en *La noche de los asesinos* es un comentario sobre la pobreza espiritual de la familia pequeño burguesa cubana; y en otras lecturas esta familia es más bien la metáfora del pueblo cubano bajo la represión del régimen de Batista tanto como el de Castro y su fallida revolución. El hecho de que Triana empieza a componer el texto durante la época de Batista y lo termina cuando la revolución castrista ya está congelándose, ha dado lugar a muchísima especulación sobre su "verdadero" propósito, así como su referente histórico y extrateatral. Sin embargo, también es verdad que en ese desván o sótano donde Lalo, Cuca y Beba juegan sus juegos metateatrales el tiempo histórico no existe; ahí el tiempo no es diacrónico, no avanza, es un tiempo paralizado que se repite y se repite. O sea, es ahistórico y por consiguiente, puede argüirse que el mundo escénico creado por José Triana en *La noche de los asesinos* no tiene otro referente sino el de sí mismo, una auto-referencialidad que podría interpretarse como un acto anti-revolucionario en lo ideológico o revolucionario en lo estético.

Sin duda alguna, *La noche de los asesinos* es bien pero bien difícil de asir, de destilar a una sola interpretación. Y para mí, es en esto donde reside su perdurabilidad, su continua fascinación y las interpretaciones de la obra que todavía —a más de cuarenta años de su estreno— se pelean y se contradicen entre sí. En 1977 yo planteé en mi análisis de *La noche de los asesinos* que más que nada, la sustancia unificadora de la pieza está en el juego entre lo real y lo irreal, entre lo verdadero y lo falso, y que la rebelión es con y contra los demonios interiores de los personajes. También planteé que hay una ironía fundamental que atraviesa toda la acción: "Througout the play, and notably during its final moments, it is clear that the parents are not the hyperbolic demons that their children, especially Lalo, would make of them. They are in fact pathetic little nobodies . . . [whose] failures and frustrations are diffused into the abuse they heap on each other and on their children. This petty, middle-aged couple is not the stuff of which bloody dictators are made, nor are their children. By the same token, the parents are too ordinary and their power too fragile to merit the exorcism elaborated by their progeny. Consequently, the noble and courageous connotations attributed to the characters' activities would seem to be highly ironic" (47). También concluí que "*La noche de los asesinos* does not speak to us only about revolution, although this is of some thematic importance when the text is given a literal reading" (47). Treinta y tantos años después me pregunto ¿pero qué quería decir yo con esto? ¿Qué el elemento de la revolución sólo se da con una lectura ingenua del texto? Me pregunto ahora cómo es posible que en ninguna parte de mi análisis yo mencionara la revolución cubana o el exilio interior que Pepe vivía en esos años antes de exiliarse al exterior, yéndose permanentemente a Francia. ¡La verdad es que ni siquiera mencioné a Cuba! Me pregunto ahora si no estaba yo sorda y ciega a una dimensión fundamental en la obra a pesar de que en ella tampoco se menciona a Cuba explícitamente. Me acuerdo muy bien que en algún momento, en algún congreso, un reconocido crítico cubano (residente en Estados Unidos) hablara de críticos "gringos" que escribían sobre *La noche de los asesinos* sin siquiera importarles el contexto histórico-cultural de la obra. Me sentí aludida, aunque indirectamente, pero ahora, al recordar que ambos publicamos artículos en ese mismo número del *Latin American Theatre Review* en el otoño de 1977, me pregunto si me estaba hablando directamente a y de mí. Y al responderme a mí misma, me explico (que no es lo mismo que me defiendo) al notar que en esos días muchos de nosotros buscábamos la manera de "universalizar" las obras de teatro latinoamericano que estudiábamos, al igual que se hacía con las novelas del Boom, que según tantos de sus admiradores (y hasta de sus mismos creadores), sí provenían de Latinoamérica, pero cuyo valor verdadero residía en el haber superado su contexto local y nacional. Además, yo, como muchos de mis colegas académicos, estaba en ese momento influida por los discursos teóricos del estructuralismo (mal o bien entendido), que supuestamente excluía (o mejor dicho, prohibía) toda referencia a lo extratextual; el texto y sus mecanismos interiores eran todo lo que debía importarnos. Quizá esto explique el que yo arguyera que *La noche de los asesinos* "make[s] a central dramatic statement which is glimpsed not so much in the play's story as in its overall structure. . . . This framework or structure helps to communicate the unifying idea of [the] dramatic text . . . where substance is largely conveyed by the way in which the dramatic action is made to happen" (47).

Si fuera a escribir "*La noche de los asesinos:* Playtext and Stage Enactment" hoy, en el 2012, no evadiría de manera tan total la cuestión de lo extratextual; al hacer esto hace tantos años, siento que dejé bien truncadas algunas posibilidades de mi análisis. Pero a la vez, me pregunto que si al enfatizar las conexiones de *La noche de los asesinos* con un momento preciso de la revolución castrista (y de la vida del dramaturgo) a estas alturas ¿no sería como encarcelar la obra crítica y temáticamente en el pasado? ¿Convertirla en un artefacto histórico? Francamente, no creo que la obra misma permita esto; al igual que su trío de personajes, se resistiría a la tiranía de tal encarcelamiento, sólo que a diferencia de ellos, *La noche de los asesinos* ganaría la lucha. Además, anclar la pieza en un determinado momento histórico, ¿no contradice lo que se plantéo al principio de esta ponencia, que esta obra es "el clásico del teatro cubano de todos los tiempos"? Para mí, *La noche de los asesinos* es como un receptáculo que puede llenarse de varias maneras, tanto con lecturas y propuestas escénicas anteriores, como también nuevas, del siglo XXI. Como ha señalado el crítico de arte John Berger en su reconocido libro *Ways of Seeing* (1972), nuestras interpretaciones siempre son producto de lo que conocemos. En las clases que dicto sobre el teatro latinoamericano, cuando estudiamos *La noche de los asesinos*, a veces les doy información a los alumnos sobre su contexto histórico y político (la verdad es que ellos saben menos que muy poco sobre la revolución cubana) y otras veces no se la doy. Pero a fin de cuentas, la obra misma les llega según sus propias experiencias; todos entienden lo que es el conflicto familiar (aunque no sea tan violento como el de Lalo, Cuca y Beba), y como muchos de estos alumnos son de origen mexicano fronterizo, bien conocen lo que es vivir con el miedo, rodeados de la violencia y de la corrupción política en una época de guerra entre su gobierno y su sociedad con la guerrilla del narcotráfico.

Como tantos alumnos universitarios hoy en día en mi país, los míos no tienen mucho conocimiento más allá de lo muy local y personal, pero como señora mayor de edad y con muchas experiencias personales, cuando yo ahora leo *La noche de los asesinos,* los tentáculos de la interpretación se me extienden muy lejos y por muchos lados. Si Susan Sontag alguna vez se declarara en contra de la interpretación, yo —pequeño ser que gira en galaxias mucho menores que las de ella— no puedo curarme del mal de la interpretación, y estoy convencida de que es por esto que mantengo hasta la fecha mi "affaire" con *La noche de los asesinos.* Pepe Triana me ofrece en ella no la seducción y promesa de encontrar en ella la verdad, sino muchas verdades que se complementan, se contradicen, se confirman y se cancelan; y esto francamente me apasiona. Hoy, a diferencia de hace más de treinta años, reconozco que el acto interpretativo tiene que ser "reflexivo," que al leer el texto de *La noche de los asesinos*, (o cualquier otro texto) también tengo que leerme a mí misma el texto que es Kirsten F. Nigro. De ahí mi afán aquí de releer y de deconstruir aquello que escribí en 1977, y en presencia del creador de mi objeto de adoración. No reniego de mi anterior interpretación, pero como he señalado, le encuentro serias omisiones y una casi total ceguera ante la importancia de mi propia textualidad en el proceso interpretativo. Como decimos en inglés, "it takes two to tango" y pienso que es precisamente este baile lo que le da tanta permanencia a *La noche de los asesinos* —cuya coreografia y bailarines cambian según los contextos de sus realidades. O quizás sería mejor hablar del jazz, con sus constantes improvisaciones y posibilidades de interpretación y de re-interpretación de un minuto a otro, según los músicos—

cada uno por su cuenta y también todos en conjunto.

Esos tentáculos de la interpretación a los que me referí hace poco los he extendido en direcciones nuevas y no nuevas; siguen aferrándose a connotaciones de la rebelión, del fracaso, de lo tiránico, de la realidad e irrealidad, de la obsesión, del odio—y del amor, expresado en las últimas y patéticas palabras de Lalo: "Ay, hermanas mías, si el amor pudiera... Sólo el amor." Pero muchos de los posibles referentes han cambiado para mí desde el 11 de setiembre del 2011. Tanto del terror vivido durante ese horrible día tiene orígenes en mucho de lo que también impulsa la dinámica perversa entre Lalo, Cuca y Beba: la lucha por el poder, los paradigmas éticos en conflicto, el miedo, los celos. También veo la sombra de *La noche de los asesinos* en la primavera árabe, en "la guerra" al terrorismo, en el continuo desencuentro entre los que mandan y los que no, así como en la aparente imposibilidad de la reconciliación familiar y mundial. Quizás más que otra cosa, veo el cinismo final de Beba y Cuca ante el llamado por el amor de su hermano refractado por todas partes en el odio y la intolerancia que más y más definen nuestras relaciones humanas por doquier. Obviamente, para mí *La noche de los asesinos* nunca podrá ser un texto "histórico"; siempre será "actual"—en 1966, en 1977, en 2012, en 20XX. Pepe me dirá si estoy delirando, pero conociéndolo como lo conozco, seguro que él apreciará que dentro del delirio hay posibilidades de creatividad y de percepciones deslumbrantes.

¿He extendido mis tentáculos interpretativos demasiado lejos? Quizás. No lo sé. Pero lo que sí sé es que en "*La noche de los asesinos*: Play Text and Stage Enactment" hay grave error, no de interpretación sino de lectura, y no sólo yo lo he cometido. El texto dice claramente que Lalo, Cuca y Beba son adultos que tienen algo de adolescentes: "Estos personajes son adultos y sin embargo conservan cierta gracia adolescente, aunque un tanto marchita." No me explico por qué yo como muchos otros hemos insistido en que son de veras adolescentes. ¿Cómo ha afectado este error las interpretaciones y las puestas escénicas de *La noche de los asesinos*? Creo que bastante. Bien me acuerdo de una larga y grata conversación con Pepe en el verano de 1989 durante un viaje en autobús, rumbo al antiguo teatro griego de Epidauro. Me contó que una de las más acabadas puestas de *La noche de los asesinos* que él había visto fue —si mal no me acuerdo—, aquí en Miami, en la cual Lalo, Cuca y Beba fueron representados por actores mayores, por los adultos que el texto pide. Y al ser adultos, todo el humor negro, así como la ironía y lo absurdo de su comportamiento, no podía sino hacerse patente. Me parece importante disculparme ahora, a más de treinta años de distancia, por este error mío, ya que ahora veo claramente las posibles y graves consecuencias de él; porque si Lalo, Cuca y Beba son adolescentes es mucho más fácil entender y hasta perdonar su comportamiento inmaduro. Pero siendo adultos, su comportamiento adolescente es mucho menos comprensible, es más una patología y difícilmente perdonable. Te pido disculpas, Pepe Triana, y aprovecho esta oportunidad también para agradecerte una vez más el regalo y el tesoro que es *La noche de los asesinos.*

FIN DEL TOMO I